साईश्री के अद्भुत देवदूत

सुशील भारती

प्रथम संस्करण
1998

डायमंड बुक्स

प्रथम संस्करण
सुशील भारती द्वारा रचित और डॉयमंड पॉकेट बुक्स देहली
एव
साई प्रकाशन, सागर द्वारा प्रकाशित

साई साहित्य के शिरडी में प्रमुख विक्रेता

(1) श्री साई लीला स्टोर्स
शिरडी - **423 109 (Mh)**

(2) शिरडी साई स्टोर्स
साई बाबा गुड्स एण्ड बुकसेलर
शिरडी - **423 109 (Mh)**

(3) स्वदेश न्यूज एजेन्सी
बस स्टेण्ड, शिरडी
शिरडी - **423 109 (Mh)**

(4) द्वारकामाई एम्पोरियम
शिरडी - **423 109 (Mh)**

(5) फूलचन्द खुशालचंद
बुक स्टाल
शिरडी - **423 109 (Mh)**

(6) सुरेशकुमार फूटरमल जैन
पूनम गेस्ट हाउस के सामने
शिरडी - **423 109 (Mh)**

ISBN : 81-288-0238-0

प्रकाशक : **डायमंड पॉकेट बुक्स (प्रा.) लि.**
X-30, ओखला इंडस्ट्रियल एरिया, फेज-II
नई दिल्ली-110020
फोन : 011-41611861
फैक्स : 011-41611866
ई-मेल : sales@diamondpublication.com
वेबसाइट : www.dpb.in

संस्करण : 2007
मुद्रक : आदर्श प्रिंटर्स, शाहदरा, दिल्ली - 32

Sai Sri Ke Adbhut Devdoot
By: Sushil Bharti

卐 ॐ श्री साई-भक्तानुग्रहकातराय नमः 卐

अपनी दिवंगत पत्नी

श्रीमती शैल बाला

को

मेरे एवं साई परिवार के सभी सदस्यों

द्वारा

श्रद्धासुमन समर्पित

❋ सुशील भारती ❋

अनुक्रमणिका

❖ ॐ श्री साई जय जय साई ❖

लेखक के घर साई दरबार की झांकी

यस्तं विश्वमनाद्यं स्वात्मनि सरिस्थतम् !
सर्वज्ञममलं विष्णुं सदा ध्यायन् विमुच्चते !!

श्री सुशील भारती द्वारा रचित

एवं

श्री साई बाबा संस्थान शिरडी की

अधिकृत नियतकालिक पत्रिका

श्री साई लीला

के जुलाई–अगस्त **96** के अंक से जनवरी–फरवरी **98** के अंक तक एक धारावाहिक के रूप में नियमित रूप से प्रकाशित अद्भुत कृति

साईश्री के अद्भुत देवदूत

अब एक पुस्तक के रूप में

सभी साई भक्तों को समर्पित

श्री नरेन्द्र कुमार (संचालक)

डायमंड पॉकेट बुक्स प्रा. लि. देहली

श्रद्धालु भक्तों को मेरे दो शब्द

मेरे अपने प्रिय साई भक्तों,

मधुर साई राम !

डायमंड पॉकेट बुक्स देहली के माध्यम से 'साई चिन्तन' के पश्चात्, मैं अपने वचनानुसार अपनी कृति **साईश्री के अद्भुत देवदूत** को एक पुस्तक के रूप में लेकर, आपके समक्ष पुनः प्रस्तुत हूँ ! श्रीसाई बाबा संस्थान शिरडी की अधिकृत नियतकालिक पत्रिका **श्री साईलीला** के माध्यम से, वे सभी साई भक्त जो इस पत्रिका के सदस्य हैं, मेरी इस कृति का पूर्ण आनन्द पहले ही ले चुके हैं ! इस सन्दर्भ में मुझे उनके ढेर सारे पत्र प्राप्त हुये हैं और उन सभी पाठकों के अनुरोध पर, अब मुझे अपनी इस कृति को एक पुस्तक के रूप में प्रकाशित करने हेतु, बाध्य होना पड़ा है !

वास्तव में साईश्री की सम्पूर्ण जीवन लीला, उनके बहुमूल्य उपदेशों, वचनों एवं संदेशों को पूर्ण रूप से शब्दों में पिरोना अत्यंत ही दुर्लभ है ! मैंने अभी तक अपनी प्रकाशित सभी कृतियों के माध्यम से, साईश्री के गुण, प्रभाव, मर्म और उनके अलौकिक जीवन से सम्बंधित सभी प्रमुख घटनाओं को प्रस्तुत करने में, जो अथक परिश्रम किया है—उसमें मेरे साई ने, मुझे प्रत्येक पग पर अपने ज्ञान और विवेक का एक सबल सहारा दिया है !

मुझे इस बात का अत्यंत ही आत्मिक सुख और संतोष है कि मेरी अब तक की प्रकाशित सभी कृतियों को साई भक्तों ने हृदय से सराहा है और वे सब उनके परायण द्वारा मुमुक्षु सन्मार्ग की ओर अग्रसर होने के लिये प्रेरित हो सके हैं ! इस दिशा में उनके प्यारे—प्यारे पत्रों ने, मुझे भी एक सबल प्रेरणा प्रदान की है और इसके लिये मैं उन सभी साई भक्तों का हृदय से आभारी हूं, जो मुझे निरन्तर अपने प्यारे प्यारे पत्र लिखते रहते हैं !

साईश्री के अद्भुत देवदूत से पूर्व, मैं सभी साई भक्तों के समक्ष अपनी निम्न कृतियां प्रस्तुत कर चुका हूँ और साईश्री की असीम कृपा और उनके शुभ आशीष से, इन सभी कृतियो के चतुर्थ, पंचम् एवं षष्टम् संशोधित संस्करण

अब तक प्रकाशित हो चुके हैं : –

१. साई दर्शन २. साई उपासना ३. साई सुख चालीसा ४. साई कृपा के पावन क्षण ५. साई संदेश ६. साई धाम ७. साई महिमा ८. बच्चों के साई (प्रथम भाग) ६. साई गीतमाला १०. साई चिन्तन

इसके अतिरिक्त तीन सौ पृष्ठों का **साईसरिता** शीर्षक के अन्तर्गत साईश्री के विषय में एक मूलग्रन्थ, जिसमें उनके जन्म से महासमाधि तक की सम्पूर्ण जीवनी, उनके अलौकिक चमत्कार, अवर्चनीय लीलायें और उनके अमूल्य उपदेश एवं संदेश संग्रहित हैं, शिरडी साई संस्थान के पास प्रकाशनार्थ विचाराधीन है ! संस्थान के अधिकारियों ने मेरी वो कृति, देश के कुछ प्रमुख विद्वानों के पास, उनकी राय और समालोचना हेतु भेजी हुई है ! ऐसी आशा है कि **डायमंड पॉकेट** बुक्स के माध्यम से, मैं **साई सरिता** शीघ्र ही प्रस्तुत करने में, समर्थ हो सकूँगा !

मैं शिरडी साई बाबा संस्थान के विद्यमान अध्यक्ष माननीय श्री द.म. सुकथनकर जी एवं संस्थान के विद्यमान कार्यकारी सम्पादक श्री विद्याधर ताठे जी का हृदय से आभारी हूँ कि उन्होंने मुझे संस्थान से जोड़ने हेतु, अपना एक वांछित और प्रशंसनीय सहयोग प्रदान किया है और इस क्षेत्र में आगे बढ़ने हेतु, मुझे एक आत्मीय प्रेरणा प्रदान की है ! भगवान श्री कृष्ण ने श्री मद्‌भगवद्‌गीता में श्री अर्जुन से कहा था

अजोऽपि सन्नव्ययात्मा भतानामीश्वरोऽपि सन् !
प्रकृतिं स्वामधिष्ठाय संभावाम्यात्ममायया ।।६।।
यदा यदा हि धर्मस्य ग्लानिर्भवति भारत ।
अभ्युत्थानमधर्मस्य तदात्मानं सृजाम्यहम् ।।७।।
परित्राणाय साधूनां विनाशाय च दुकृताम् ।
धर्म संस्थापनार्थाय संभवामि युगे–युगे ।।८।।

(गीता ४ – पृ. ६से८)

''हे अर्जुन ! मेरा जन्म प्राकृत मनुष्यों के सदृश नहीं हुआ है ! मैं अविनाशी स्वरूप अजन्मा होने पर भी, अपनी प्रकृति को अधीन करके, सदा योगमाया से प्रगट होता हूँ। जब इस धरती पर धर्म की हानि और अधर्म की

वृद्धि होती है, तो मैं अपने रूप को रचता हूँ और मैं इस पृथ्वी पर मानव योनि में अवतार स्वरूप प्रगट होता हूँ, जिससे साधु और संत पुरुषों का उद्धार हो सके, और धर्म स्थापन करने के लिये, दूषित कर्म और पाप करने वालों का मैं नाश कर सकूँ !"

अतः जब कभी किसी भी युग में, भगवान विष्णु इस पृथ्वी लोक पर, जन कल्याण हेतु मानव योनि में, अपना अवतार लेते हैं, तो वह स्वर्गलोक से ऐसी अनेक पुण्य आत्माओं को भी अपने साथ इस मानव योनि में लाते हैं, जो सदा उनकी कार्य प्रणाली में सहायक सिद्ध होती हैं !

इसी समान भगवान विष्णु ने इस कलियुग में, शिरडी के साईबाबा के स्वरूप में, जब अपना कलकी अवतार धारण किया था, तो वह भी अपने साथ इस धरती पर, स्वर्ग से अनेक देवदूत और पुण्य आत्माओं को मानव योनि में लेकर आये थे और उनके द्वारा उन्होंने अपनी कार्य प्रणाली को प्रभावी बनाया था। उनमें से कुछ निम्न प्रमुख देवदूतों और पुण्य आत्माओं के नाम, मैं अपनी इस कृति में सम्मिलित कर रहा हूँः–
(1) श्री उपासिनी महाराज (2) श्री दासगणु महाराज (3) श्री म्हालसापति जी (4) श्री नारायण गोविन्द चांदोरकर (5) बायजा माँ (6) श्री तात्या कोते (7) श्रीमती राधाबाई देशमुख (8) श्री माधवराव देशपांडे (9) श्रीमती लक्ष्मीबाई (10) श्री अब्दुल बाबा (11) श्री सीताराम दीक्षित (12) श्री.जी.एस. खापर्डे (13) श्री अन्ना साहेब दाभोलकर (14) श्री सी.जी. नारके (15) श्री एम.बी. रेगे (16) श्री आर.बी. पुरन्दरे (17) संत देवीदास (18) श्रीमंत बूटी साहेब।

अतः मैंने अपनी इस पुस्तक के माध्यम से सर्वप्रथम श्री दासगणु महाराज; श्री उपासिनी महाराज; श्री म्हालसापति जी; श्री नाना साहेब चान्दोरकर; वायजा मां एवं श्री तात्या कोते जी के जीवन चरित्रों के दिव्य दर्शन पर, निज शोध के आधार से, केवल उन मूल दृष्टांतों और परिदृष्यों पर, कुछ ऐसे प्रमुख प्रसंगों सहित प्रकाश डालने का प्रयास किया है, जो केवल भगवान श्री साईनाथ से सम्बन्धित हैं !

मैं शिरडी के उन सभी प्रमुख पुस्तक विक्रेताओं का जिनके नाम इस पुस्तक के पृष्ठ 2 पर अंकित हैं, हृदय से आभारी हूँ कि उन्होंने शिरडी में

अपना पूर्ण सहयोग देकर, मुझे इस क्षेत्र में आगे बढ़ने के लिए प्रोत्साहित किया है ! और सभी हिन्दी भाषी साई भक्तों को लाभान्वित किया है !

अन्त में, मैं **डॉयमंड पॉकेट बुक्स (प्रा.) लि.** नई दिल्ली के संचालक **श्री नरेन्द्र कुमार जी** का भी हृदय से आभारी हूँ कि उन्होंने मेरी इस अदभुत कृति के प्रकाशन में, अपना पूर्ण निःस्वार्थ सहयोग प्रदान किया है ! श्री नरेन्द्र कुमार जी की स्पष्टवादिता ने मुझे अत्यधिक प्रभावित किया है और भविष्य में मेरी सभी आगामी रचनायें, अब केवल 'डॉयमंड पॉकेट बुक्स' से ही प्रकाशित होंगी। मेरी सभी साई भक्तों से सविनय प्रार्थना है कि वह मेरी सभी पुस्तकों एवं कृतियों के विषय में, अपने निष्पक्ष विचार एवं सुझाव मुझे अवश्य लिखें!

अब मैं अपनी शुभकामनाओं सहित, आपसे इस आशा में विदा ले रहा हूँ कि **'साई सरिता'** को लेकर, आपके समक्ष शीघ्र प्रस्तुत होने का प्रयास करूँगा !

१२, अशोक रोड, सागर (केंट)
सागर (म.प्र.) ४७० ००१
२४८२०, फेक्स ०७५८२–२३०६८

आपका स्नेही

(एक साई सेवक)

<u>नोट</u>

इसके पश्चात् मैं अपनी किसी अन्य नवीन पुस्तक में श्री माधवराव देशपांडे (शामा), श्रीमती लक्ष्मी बाई, श्री अब्दुल बाबा, श्री सीताराम दीक्षित एवं श्रीमंत बूटी साहेब के जीवन का दिव्य दर्शन प्रस्तुत करने का हर सम्भव प्रयास करूंगा ।

स्वामी प्रज्ञानंद जी का शुभ आशीष

साई दर्शन के मर्मज्ञ एवं प्रखर साई भक्त श्री सुशील भारती जी की लेखनी से शिरडी साई संस्थान की अधिकृत पत्रिका, **श्री साईलीला** में **साईधाम** एवं **साईश्री के अद्भुत देवदूत** के अन्तार्गत प्रकाशित धारावाहिकों के पश्चात्, यह नाम साई भक्तों में, अब किसी के परिचय का मोहताज नहीं है ! धनीभूत साई निष्ठा के धनी श्री भारती जी ने प्रातः आराध्य पीड़ित मानवता के मसीहा, सच्चिदानंद सद्गुरू साईनाथ महाराज के जीवनवृत को, जिस सहज शैली में अभिव्यक्त किया है, उनका वह प्रयास अभिनंदनीय है ! बाबा श्री के हिन्दी भाषाभाषी भक्तों के लिये, श्री शिवराम ठाकुर और श्री भूपतिसिंह ठाकुर के पश्चात्, श्री भारती जी का अवदान चिरकाल तक स्मरण किया जायेगा !

साईश्री के आध्यात्मिक दर्शन पर आपकी लेखनी द्वारा, जो प्रमाणिक सामग्री अब तक प्रस्तुत की गई है, वह अन्यत्र किसी भी अन्य पुस्तक में एक साथ सुलभ नहीं है ! औपन्यासिक शैली में उनके द्वारा लिखा गया साईश्री का हिन्दी साहित्य, अद्योपान्त पढ़ने के लिए, प्रत्येक साई भक्त को विवश कर देता है ! यह उनकी अपनी लेखनी और शैली की विशेषता है ! श्री भारती जी द्वारा रचित और **साई प्रकाशन सागर** एवं **डॉयमंड पॉकेट बुक्स (प्रा.) लि.** दिल्ली द्वारा प्रकाशित उनकी सभी पुस्तकें अत्यंत ही पठनीय हैं और उनकी सभी रचनायें, प्रत्येक साई भक्त को एक मुमुक्षु की भांति सन्मार्ग की ओर प्रेरित करती हैं !

साईश्री के जीवन चरित्र पर सांगोपांग उनकी आगामी 300 पृष्ठीय नवीन कृति **साई सरिता** श्री हेगांडपंत द्वारा रचित **साई सच्चरित्र** के समान, इस परंपरा में एक अद्वितीय कृति सिद्ध होगी ! उनकी सभी कृतियों को पढ़ने के बाद, मैं यह लिखने का लोभ संवरण नहीं कर पा रहा हूँ :-

राम तुम्हारा चरित स्वयं ही काव्य है !
कोई कवि बन जाये सहज सम्भाव्य है !!

'राम' के स्थान पर 'साई' लिखने मात्र से श्री भारती जी पर साईनाथ की अहैतुकी कृपा परिलक्षित होने लगती है ! जैसे श्री तुलसीदास जी ने श्री राम की कृपा से भगवान श्री राम का गुणगान किया था, ठीक उसी परंपरा में साईश्री के गुणगान की पुनरावृत्ति साईकृपा से श्री भारती जी के माध्यम से हो रही है !

गहन अध्ययन, मनन और चिंतन के आधार पर, अनेक वर्षों की साधना के उपरांत, जिस सशक्त एवं समर्थ रूप में श्री भारती जी द्वारा 'साई साहित्य' का प्रणयनत किया जा रहा है, आने वाली पीढ़ियों के लिये वो सदा ही एक आलोक स्तंभ का कार्य करेगा !

मेरी एवं **साई प्रज्ञाधाम** की अशेष मंगल कामनायें श्री भारती जी के साथ हैं मैं सद्‌गुरू साईनाथ महाराज से प्रार्थना करता हूँ कि साई साहित्य जगत में श्री भारती जी की पहचान एक दूसरे हेमाडपन्त जी के रूप में बने!

प्रज्ञा मार्ग, साकेत, नई दिल्ली -17
✆ 011-6856666, 6867077

(स्वामी प्रज्ञानंद)
साई प्रज्ञाधाम

हरि ॐ

ईश्वर तत्व को न सूर्य....... न चन्द्रगा और न तारे प्रकाशित कर सकते हैं ! ईश्वर तो स्वतः लौकिक प्रकाश का एक साकार स्वरूप है ! शेष समस्त पदार्थ उसके प्रकाश से ही प्रकाशित होते हैं ! अतः वही परमतत्व ब्रह्म अथवा ईश्वर है ! किन्तु इस धरती का प्रागी कामना के वशीभूत होकर, इस कल्पित संसार को ही सब कुछ मान बैठा है ! उसकी इस भ्रांति को दूर करने के लिये ही, स्वयं भगवान् इस धरती पर साई बाबा के रूप में अवतीर्ण हुये थे !

श्री सुशील भारती जी अपनी पूर्ण निष्ठा से साईश्री के चरणों में सेवारत रहकर, अपनी लेखनी के माध्यम से, श्रीसाई बाबा के आदर्शों, उपदेशों और उनके जीवन की अवर्चनीय लीलाओं को जन–जन तक पहुंचाने का एक महान कार्य कर रहे हैं ! उनका यह कार्य, उन पर भगवान श्री साईनाथ की असीम कृपा को परिलक्षित करता है !

उनके द्वारा रचित साई श्री से सम्बन्धित हिन्दी भाषा में सभी पुस्तकें एवं रचनायें ऐसी अद्‌भुत एवं प्रमाणित कृतियां सिद्ध हो रही हैं, जो साई श्री की सत्यता....पवित्रता और महानता को पूर्ण रूप में प्रभूतिद करती हैं ! उनकी कृतियों द्वारा प्रत्येक साई भक्त को साईतत्व का प्रतीकात्मक अर्थ स्वतः ही समझ में आने लगता है–और उनके मन एक मुमुक्षु सन्मार्ग की ओर अग्रसर होने के लिये प्रेरित हो उठते हैं !

भारती जी के गहन अध्ययन, शोध, आत्मचिन्तन और उनकी लेखन शैली से प्रभावित होकर, हम उनकी कृति **साईधाम** को संस्थान की नियतिकालिक पत्रिका **श्री साईलीला** में एक धारावाहिक के रूप में पहले ही प्रकाशित कर चुके हैं। उसके पश्चात् **श्री साईलीला** के जुलाई अगस्त 96 के अंक से, उनकी एक और नवीन कृति **साई श्री के अद्‌भुत देवदूत,** हम नियमित रूप से तेरह कड़ियों में प्रकाशित कर रहे हैं ! इस अनोखी रचना की अब तक हम पांच कड़ियां प्रकाशित कर चुके हैं !

अतः मेरी एवं संस्थान के अन्य सदस्यों की भी अशेष मंगल कामनायें श्री भारती जी के साथ हैं और हमें पूर्ण विश्वारा है कि वह अपनी सशक्त लेखनी द्वारा साईश्री की श्रद्धा, विश्वास और सबूरी का संदेश, इसी समान सदा घर घर पहुंचाने का एक सफल प्रयास करते रहेंगे !

M. Sukthankar

अध्यक्ष

श्रीसाईबाबा संस्थान शिरडी

Sai Niketan
804-B, Dr. Ambedkar Road
Dadar, Mumbai 400014
✆ 4166556

卐 साई गायत्री महामंत्र 卐

ॐ शिरडी वासाय विदमहे
सच्चिदानंद धीमहि
तन्नो साई प्रचोदयात्

मधुतम साई धाम, परम पावन शिरडी निवासी ज्ञान स्वरूप प्रज्ञा प्रदाता, सच्चिदानंद स्वरूप ईश्वर को, यदि हम अन्तरात्मा में धारण करेंगे, तो जगत के स्वामी भगवान श्री साईनाथ हम सबकी बुद्धि को सन्मार्ग की ओर प्रेरित करेंगे !

देवदूत उपासनी महाराज अपने गुरू साईनाथ महाराज एवं शिष्या गोदावरी माता के साथ

प्रथम अध्याय

❖ श्री उपासनी महाराज ❖

अपनी इस पुस्तक के माध्यम से, मैं इसके प्रथम अध्याय में, सर्वप्रथम एक ऐसे अद्‌भुत और अनोखे देवदूत के जीवनचरित्र पर प्रकाश डालने का प्रयास कर रहा हूँ जिसे संपूर्ण जगत के साई भक्त उपासनी महाराज के नाम से जानते हैं। इस महान संत ने महाराष्ट्र के सटाणां ग्राम में, 15 मई सन् 1870 की शुभ बेला में एक ऐसे वंश में जन्म लिया था, जहाँ धार्मिक परम्पराओं और भारतीय संस्कृति का एक विशेष महत्व था ! उनके पिता का नाम गोविन्द उपासनी एवं माँ का नाम रुकमणीबाई था। इस उपासनी वंश के पूर्वजों का इतिहास सदा से बड़ा ही गौरवशाली रहा था ! इस महान विभूति ने भी अपने वंश के पूर्वजों की गौरवमयी परम्परा को, सद्‌गुरू सच्चिदानन्द भगवान श्री साईनाथ की असीम कृपा और उनके आशीष के बल पर आगे बढ़ाया और उन्होंने अपने वंश को समाज में एक विशेष प्रतिष्ठा और प्रधानता प्रदान की। वे मातापिता वास्तव में कितने धन्य होते हैं, जिनकी कोख से ऐसे महान देवदूत जन्म लिया करते हैं !

बाल्यावस्था

उपासनी महाराज के प्रपिता श्री गोपाल शास्त्री के नाम से प्रख्यात थे। वह वेदों के गहन अध्ययन, ज्योतिष शास्त्र और षडशास्त्रों में पूर्णतः पारंगत थे। उनकी छत्रछाया और कुशल निर्देशन में ही, काशीनाथ गोविन्द उपासनी महाराज ने अपनी बाल्यावस्था में, वैदिक और धर्म शिक्षा का गूढ़ अध्ययन प्रारंभ किया था। जब वह केवल पांच वर्ष के थे, तो उन्हें इस सत्य का प्रथम आभास हुआ था कि लौकिक शिक्षा के सहारे ब्रह्मज्ञान की प्राप्ति असम्भव है ! उसको प्राप्त करने के लिये, तपस्या द्वारा ईश्वरीयचिन्तन नितान्त आवश्यक है ! इसी कारण वह बचपन से ही एकान्तप्रिय और शान्त स्वभाव के हो गये थे।

एक बार अपने बाल्यकाल में, जब उन्हें अपने पड़ोस में एक शव देखने

का अवसर प्राप्त हुआ, तो उन्हें जीवन के आवागमन के चक्र का प्रथम बोध हुआ ! इस विचार ने उनकी अन्तरात्मा को पूर्ण रूप से झिंझोड़ डाला कि – "किसी को भी ईश्वरीयचिन्तन के बिना, अपने जीवन में मुक्ति कभी प्राप्त नहीं होगी.. और उसके आवागमन का चक्र सम्भवतः यूं ही निरन्तर चलता रहेगा !"

जीवन के प्रति उनका वैराग्य देखकर, उनके माता–पिता ने चौदह वर्ष की आयु में,उनका सन् 1884 में विवाह कर दिया था। उन्होंने अपने विवाह का हर सम्भव विरोध किया। किन्तु उन्हें अपने बुजुर्गों के निर्णय के सम्मुख झुकना पड़ा !

नियति को तो सम्भवतः और कुछ ही स्वीकार था ! अतः कुछ ही दिनों में उनकी पत्नी की सन् 1884 में ही मृत्यु हो गयी ! पत्नी के मृत्यु के उपरान्त, उनके मन में ईश्वर की प्राप्ति के लिये, गृहत्याग की छिपी भावना और भी अधिक बलवती हो उठी ! सन् 1884 में उन्होंने घर छोड़ने से पूर्व, अपने मातापिता के नाम एक पत्र लिखा और वह घर छोड़कर चुपचाप चले गये। नासिक आकर, उन्होंने अपने पिता के एक परम मित्र के परिवार में आश्रय लिया। उनके पिता के परम स्नेही मित्र, स्वयं एक विद्वान और योग्य कर्मकांडी पंडित थे। कुछ माह उनके सान्निध्य में रहकर, उन्होंने उनसे अद्भुत ज्ञान प्राप्त किया ! वह इस कठोर सत्य को जान सके कि – "चाहे कोई कितना ही विद्वान और वेदांत में पारंगत क्यों न हो जाये? वह ईश्वर की खोज में, तब तक अपने निर्दिष्ट स्थान पर नहीं पहुँच सकता है, जब तक कि उसकी सहायतार्थ, उसको एक पथप्रदर्शक के रूप में कोई गुरू नहीं मिलेगा ! बिना गुरू के न तो वह अपने जीवन में कोई निश्चित आश्रय पा सकेगा और न उसे अपने उद्गम और अन्त का कभी कोई भान हो सकेगा !"

अन्ततः उनके पिताश्री के परम मित्र ने, उन्हें कुछ माह अपने पास रखने के बाद, उन्हें समझाबुझाकर पुनः घर वापस भेज दिया ! जब वह अपने घर वापस लौट आये, तो उनके परिवार के सदस्यों ने इस विचार से उनका सन् 1885 में पुनः विवाह कर दिया, जिससे उनमें पत्नीमोह के कारण, घर और

गृहस्थी त्याग की भावना पुनः जाग्रत न हो सके !

अपने दूसरे विवाह के पश्चात्, उपासनी महाराज को विद्याअध्ययन के लिये, पूना भेज दिया गया। किन्तु वहां विद्याअध्ययन में उनका मन नहीं लगा और वह ईश्वर के चिन्तन के लिये, चुपचाप ओंकारेश्वर मंदिर में एकान्तवास करने लगे ! उन्हें अब अपने ईश्वरीय चिन्तन में एक आत्मिक सुख और मानसिक संतोष प्राप्त होने लगा था ! अपने इस चिन्तन के दौरान उन्हें ऐसे अनेक अनुभव प्राप्त हुये, जिनके मापदंडों ने, उनके मन में सनातन धर्म की प्राचीन संस्कृति को पाश्चातत्य के प्रभाव से बचाने के लिये, एक आश्रम के सृजन की भावना उत्पन्न की ! अनेक माह के अपने एकान्तवास के पश्चात्, जब मई 1890 में यह अनोखा देवदूत, पैदल ही अपने ग्राम सटांणा वापस लौट रहा था, तो नासिक से लगभग तेरह मील के दूरी पर भोरगढ़ नामक पहाड़ में, अचानक उन्हें एक विचित्र गुफा दिखाई दी जिसे देखकर उनके मन में इस गुफा में बैठकर, तपस्या करने के लिये प्रबल इच्छा उत्पन्न हुयी ! उन्हें ऐसा लगा कि अपनी मौन तपस्या के लिये जिस एकान्त स्थान की खोज में, आज तक उनका मन इधरउधर भटक रहा था, वो आज उन्हें मिल गया है! अब वह यहां निश्चिन्त होकर, बिना किसी अवरोध के अपनी तपस्या में पूर्ण रूप से तल्लीन रह सकेंगे ! अतः उन्होंने अपने घर वापस जाने का विचार त्याग दिया और वह पीपल के वृक्ष की डालियों और टहनियों का सहारा लेकर, उस दुर्गम गुफा में जाकर, अपनी घोर तपस्या हेतु, एक चट्टान पर बैठ गये!

अपनी इस घोर तपस्या में, उन्होंने अपने आध्यात्मिक बोध के सहारे, ब्रह्मानुभव का परमानन्द प्राप्त किया ! ऐसे परमानन्द की प्राप्ति तभी सम्भव होती है, जब कोई अपने मन को विषय पदार्थों से हटाकर, अंतर्मुख द्वारा स्वय को पूर्णरूप से, केवल अपनी आत्मा पर केन्द्रित करने में सफल हो जाता है !

उनकी इस तपस्या में अनेक माह व्यतीत हो गये ! एक ही अवस्था में स्थित रहने के कारण, अब उनके शरीर के अंगों की सपूर्ण क्रियायें पूर्ण रूप से बंद हो चुकी थीं ! जब वह अपनी तपस्या के पश्चात्, चैतन्य अवस्था में वापस लौटे, तो उन्हें इस सत्य का ज्ञान हुआ कि उनके शरीर के अंग पूर्णतः जकड़ चुके हैं।

गुरूकृपा की आवश्यकता

अगले क्षण ही ईश्वर की कृपा से सहसा आकाश से भारी वर्षा प्रारंभ हो गयी और जहां वह बैठे हुये तपस्या कर रहे थे, वहां उनके इर्दगिर्द वर्षा का जल धीरे धीरे एकत्रित होने लगा। उन्होंने उस जल में अपने शरीर के शिथिल और जकड़े हुए अंगों को मसल मसलकर क्रियाशील बनाया। फिर उन्हें उसी गुफा में यह दैवीय स्वर गूंजते हुये सुनायी दिये – "ब्रह्मानन्द में लीन होकर, तुमने अभी तक मेरे निराकार स्वरूप को जाना है वत्स ! मेरे साकर रूप की प्राप्ति, केवल गुरुकृपा द्वारा ही सम्भव है ! आत्मा प्रत्येक इन्सान के अपने मन और बुद्धि से बहुत परे है ! इसमें उसका अपना ज्ञान और तर्क, उसकी कभी कोई सहायता नहीं कर सकेगा ! केवल गुरुकृपा ही उसका आगे का मार्ग प्रशस्त कर सकेगी ! जब तुम भी अपने गुरू को पा लोगे, तो उसमें तुम्हें ईश्वर के साकार रूप के स्वतः ही दर्शन प्राप्त होने लगेंगे !"

अपने इस प्रथम ब्रह्मानुभव के पश्चात्, जब वह गुफा से बाहर निकले, तो अब वह अपनी कमजोरी और निर्बलता के कारण, आगे के सफर के लिये स्वयं को पूर्ण असमर्थ अनुभव कर रहे थे ! अतः वह कुछ दिनों के लिये, पास ही एक रावलवाड़ी नामक ग्राम में, अपने एक परिचित परिवार में, विश्राम हेतु ठहर गये। वहां उन्हें अपने पिताश्री की मृत्यु का शोक संदेश और अपने प्रपिता श्री गोपाल शास्त्री की गंभीर बीमारी के विषय में विदित हुआ। वह अपने परिवार में सबसे अधिक, अपने प्रपिता को ही प्रेम करते थे। उनका मन अपने प्रपिता के पास शीघ्र पहुंचने के लिये विचलित होने लगा। अतः दो दिन वहां विश्राम करने के पश्चात्, वह वहां से अपने ग्राम राटांणा के लिये तत्काल रवाना हो गये !

जब वह अपने घर पहुंचे, तो दो दिन पूर्व ही नागपंचमी के शुभ दिन, उनके प्रपिता का भी स्वर्गवास हो चुका था ! दुःख और पीड़ा में उनके नेत्रों से अविरल अश्रुधारा बहने लगी ! मार्मान्तक क्षणों की पीड़ा में, उनका अन्तर विह्नल हो उठा ! अतः उन्होंने अपने प्रपिता की पुण्य स्मृति में, वैद्यकी का

गूढ़ अध्ययन प्रारंभ करने का मन ही मन निर्णय लिया ! वह अपनी इस पढ़ाई हेतु, सन् 1892 से सन् 1895 तग सांगली में रहे। इस बीच उनके परिवार की आर्थिक दशा निरंतर अत्यंत ही गिरती गयी और लोकमान्य बालगंगाधर तिलक जी ने, उपासनी परिवार की, अपनी ओर से पूर्ण आर्थिक सहायता की!

आयुर्वेद और संस्कृत की अपनी पढ़ाई पूर्ण करने के पश्चात्, उन्होंने सर्वप्रथग अमरावती में अपनी वैद्यकी का व्यवसाय प्रारंभ किया। फिर वह कुछ वर्षों के उपरान्त, अमरावती से नागपुर आ गये। हर सम्भव प्रयास करने पर भी, जब उनका मन व्यवसाय में नहीं लगा, तो वह अपने मन के सुख और शांति की खोज में, अपने जीवन की उलझन भरी राहों पर भटकते भटकते, दिनांक 11-1-1910 को ओंकारेश्वर मंदिर पुनः पहुंच गये। फिर वह वहीं निवास करने लगे। कुछ दिनों पश्चात्, एक दिन अनायास ही उनकी तबियत वहां गंभीर रूप से खराब हो गई ! कुछ मिनटों के लिये उनकी श्वांस और हृदयगति भी पूर्णताया रुक गई थी। फिर किसी दैवीय शक्ति के कारण, उनकी ठहरी हुई श्वांस और हृदय गति अचानक ही पुनः चलने लगी ! इस घटना में, यद्यपि उनके प्राण तो बच गये थे, किन्तु अब वह भयंकर रूप से श्वांस के रोग के शिकार हो गये थे ! उन्होंने अपने इस गंभीर रोग के निदान हेतु, हर सम्भव डाक्टरी एवं अन्य इलाज किये; किन्तु इस दिशा में उनके सभी प्रयास विफल सिद्ध हुये ! जीवन के प्रति, अपने मन में एक गहरी निराशा लिये हुये, वह अन्ततः अप्रैल 1911 को किसी ऐसे योगी की खोज में, पुनः तीर्थ यात्रा पर निकल पड़े, जो अपनी दैवीय शक्ति के सहारे, उन्हें उनके श्वांस के रोग से मुक्ति दिला सके !

राहुड़ी पहुँचकर, उनकी भेंट एक ऐसे वृद्ध पुरूष से हुई, जिसके देसी इलाज ने, उनके रोग पर एक चमत्कारिक प्रभाव किया और ईश्वर की अपार शक्ति और महिमा के सहारे, वह कुछ ही दिनों में धीरे धीरे पूर्ण स्वस्थ हो गये !

साईबाबा की शरण में

पूर्ण स्वस्थ होने के पश्चात्, जब वह ज्योजरी और बम्बई पहुँचे, तो वहा

उनकी कुछ ऐसे लोगों से भेंट हुई, जिन्होंने उन्हें शिरडी के इस अद्भुत संत और कलकी अवतार भगवान श्री साईनाथ महाराज के विषय में, प्रथम आत्मज्ञान प्रदान किया ! उनके द्वारा वह इस सत्य को जान सके कि इस धरती पर शांति का संदेश देने और विश्व का कल्याण करने के लिये, शिरडी के साईबाबा के रूप में, स्वयं ईश्वर इस कलियुग में पृथ्वी पर अवतरित हुये हैं ! उन्हें ऐसा अनुभव होने कि जिस ब्रह्मज्ञान और जीवन की एक सच्ची शांति की खोज में, वह विगत बीस वर्षों से आज तक निरन्तर इधर उधर भटक रहे थे। उन्हें साईबाबा की शरण में जाकर, अपने उस लक्ष्य की अवश्य प्राप्ति हो सकती है ! साईबाबा के प्रति श्रद्धासुमन से उनका मन भर उठा। वह साईश्री के तत्काल दर्शनों के लिये, अंदर से अत्यंत ही विचलित और उत्कंठित हो उठे ! उन्हें ऐसा अनुभव होने लगा कि अभी तक उनके अपने जीने का, वास्तव में कोई अर्थ नहीं था और वह निरर्थक ही इधर उधर व्यंर्थ में भटक रहे थे ! साईबाबा के प्रति एक भक्तिभाव में सहज ही, उनके अधर धीरे से बुदबुदाने लगे–

युग युग बीते लेके ईश्वर का नाम ।
तुम कब बुलाओगे साई अपने धाम ।।

शिरडी के साईबाबा की लीला सदा ही अवर्चनीय और निराली रही है! उन्हें जब किसी को अपने समीप बुलाना होता है, तो अपनी दिव्य किरणों द्वारा, वह उसे मन के सभी अंधेरों को मिटाकर, उसे अपनी ओर खींच लेते हैं।

इस तरह दिनांक 27-6-1911 को उपासिनी महाराज भी, प्रथम बार साईश्री के दर्शनार्थ शिरडी पहुंचे। साईबाबा के दर्शनों हेतु, मस्जिद में जाने से पूर्व, उनके मन में एक विचित्र सा कौतूहल समाया हुआ था ! फिर जब वह साई श्री के चरणों में नतमस्तक हुये, तो साईबाबा ने आशीर्वाद स्वरुप अपना एक हाथ उनके शीष, पर रखते हुये कहा

"तुमने यहाँ आने में बहुत देर लगा दी काशीनाथ ! न जाने कब से मैं तुम्हारी आने की यहां प्रतीक्षा कर रहा हूँ ! जिस प्रकार वैराग्य और गुरू के उपदेश के बिना, किसी को भी आत्मज्ञान प्राप्त नहीं हो सकता है ! ठीक उसी

समान अपने गुरू की भक्ति के बिना, वह अपने जीवन में मोक्ष का आत्मिक सुख भी प्राप्त नहीं कर सकता है ! पिछले अनेक जन्मों में, सदा ही तुम्हारा मुझसे एक आत्मिक संबंध रहा है ! पिछले जन्मों में, जीवन के अनेक मोड़ों पर, मैंने तुम्हें सदा प्रेम, भक्ति, विश्वास और करुणा का पाठ पढ़ाया है ! यह न भूलो वत्स कि जब भी कोई मानव योनि में, इस धरती पर आता है, तो उसके अपने **कर्मयोग** के अनुसार ही, उसके जीवन में परिस्थितियों का निर्माण होता है ! भाग्य के अनुसार, जो भी परिस्थिति सामने आती है, उसे निःसंकोच आने दो ! उससे डरो मत ! उसके साथ रहने और जीने की अपनी आदत डालो ! जब तुम ऐसा कर सकोगे, तभी तुम्हारे जीवन की भटकन समाप्त हो जायेगी और तुम अपने जीवन में शांति, सुख और संतोष का अनुभव प्राप्त कर सकोगे !''

साई श्री के इस आध्यात्मिक और ज्ञानरूपी संदेश ने उपासनी महाराज पर, मानसिक रूप से अपना एक गहन प्रभाव किया ! उनके नेत्र सजल हो उठे ! उन्होंने साईश्री के दोनों कमलचरण कसकर पकड़ लिये और वह अपने रुंधे हुए स्वरों में बोले –

''पिछले बीस वर्षों से, मैं मोक्ष और ब्रह्मज्ञान की खोज में निरन्तर इधर उधर भटक रहा हूँ ! मेरा आत्मिकसुख, संतोष और शांति मुझसे कहीं दूर भाग रही है ! मेरी अपनी भटकन ही, मुझे आज आपके इन कमल चरणों में खींच लाई है ! अब मुझे अपने इन कमल चरणों में परम आश्रय दीजिये देवा, जिससे मेरे अंदर की भटकन सदा के लिये दूर हो सके और मैं अपने इस जीवन में, उस लक्ष्य को पा सकूं, जिसके लिये मैं हर क्षण अंदर ही अंदर बेचैन और उद्वेलित रहता हूँ !''

एक भेदभरी मुस्कान अब साई श्री के अधरों पर सिमट आयी और वह उपासनी महाराज को सान्तावना देते हुये बोले – ''तुम इस धरती पर मानवयोनि में, अपना एक निश्चित ध्येय और लक्ष्य लेकर आये हो ! इस लक्ष्य की पूर्ति के लिये, मेरा आशीर्वाद सदा तुम्हारे साथ रहेगा ! इस धरती पर तुम्हारा अधिकार बहुत बड़ा होगा ! तुम सारे संसार का कल्याण करोगे और अपने सत्कर्मों द्वारा, तुम इस धरती पर सनातनधर्म को जीवन्त रख सकोगे ! युगों युगों तक तुम्हारा नाम अत्यंत ही आदर और सम्मान से लिया जायेगा !''

इस तरह उपासनी महाराज ने तीन वर्षों के लिये, साई श्री के निकट सान्निध्य में, शिरडी में ही निवास किया ! वह साई बाबा के आदेशानुसार, अब शिरडी के खंडोबा मंदिर में निवास करने लगे थे ! अब उनका अधिकांश समय साईबाबा के निकट समीप्य में ही व्यतीत होने लगा था !

बाबा श्री की शरण में आने के पश्चात्, उपासनी महाराज को अपनी अनेक भूलों के कठोर प्रायश्चित भोगने पड़े थे ! किन्तु उन्होंने अपने सद्‌गुरु में, सदा ही एक अटल विश्वास और श्रद्धा रखकर, सभी कष्टों को सहर्ष सहन किया था ! उन्होंने किसी भी मूल्य पर अपने मन की शांति विचलित नहीं होने दी और वह शिरडी में हर क्षण साईश्री के एक आत्मचिन्तन में तल्लीन रहे !

जिस तरह स्वर्ण, सदा प्रखर अग्नि में तपने के बाद ही कसौटी पर खरा उतरता है। ठीक उसी समान उपासनी महाराज की भी परीक्षा की यह कठिन घड़ी थी !

उन्होंने साईश्री की शरण में रहकर, इस सत्य का पूर्ण आभास किया कि साई श्री के दर्शन मात्र से ही, दुखी मानव अपना दुःख भूल जाते हैं ! उनके मन में, अपने जीवन की नई दिशा के प्रति, एक नवीन उल्लास भर उठता है और फिर वह साईकृपा से धीरे धीरे उस परम आनन्द को प्राप्त करने लगते हैं, जो उन्हें मोक्ष की राह पर ले जाता है !

साई श्री की करुण दृष्टि में सदा ही अपने भक्तों के लिये, एक वात्सल्य प्रेम भरा रहता था। दैवीय तेज में चमकते हुये उनके मुखमंडल को देखकर, ऐसा प्रतीत होता था कि जग को शांति समभाव और एकता का संदेश देने के लिये, साक्षात् ईश्वर इस धरती पर अवतरित हुये हैं ! उन्होंने अपने भक्तों को निष्काम **कर्मयोग** और **भक्तियोग** के द्वारा ईश्वर की प्राप्ति का एक सरल मार्ग दिखाया था ! उपासनी महाराज को शिरडी में अपने तीन वर्ष 29-6-1911 से 25-7-1914 के प्रथम प्रवास के दौरान, अनेक विषम परिस्थितियों का सामना करना पड़ा था ! कई बार उन्हें वहां बिना भोजन के, अपने अनेक दिन व्यतीत करने पड़े थे ! किन्तु उन्होंने अपनी इस कठिन परीक्षा में, अपना विवेक और धैर्य नहीं खोया !

उनके मन में प्रत्येक जीव और प्राणी के प्रति दयाभाव उत्पन्न करने के लिये और उनके अंदर ऊँचनीच का समाया हुआ भेदभाव, मिटाने के लिये, साईश्री ने उनकी दो बार कठोर परीक्षा ली थी। एक बार खंडोबा मंदिर में जब वह अपना भोजन पका रहे थे, तो उस समय साईश्री कुत्ते का छद्म भेष धारण करके, उनके सम्मुख उपस्थित हुये ! उपासनी महाराज ने उस कुत्ते को भोजन देने की बजाय, साई श्री को नैवेध अर्पण करने के विचार से, मस्जिद की ओर चले गये ! दूसरी बार साई श्री शूद्र के छद्म भेष में उनकी परीक्षा लेने के लिये, उनके सम्मुख प्रगट हुये थे ! सन् 1911 के जुलाई माह से अक्टूबर माह तक, यह अद्भुत घटना उपासनी महाराज के साथ दो बार घटित हुई थी और दोनों बार वह साई श्री के सम्मुख अपनी परीक्षा में पूर्ण असफल सिद्ध हुये ! प्रत्येक बार उन्होंने छद्म भेष में, आये हुये साईश्री को भोजन अर्पित नहीं किया और उन्हें घृणा से दुतकार दिया !

* * *

श्री जी. एस. खापर्डे एक योग्य और विद्वान पंडित थे। उन्हें सनातन धर्म के अनेक धर्मग्रंथों का पूर्ण ज्ञान था। वह वेद और पुराणों में भी पूर्ण पारंगत थे ! साईबाबा के दर्शनों हेतु, जब वह दिनांक 1-12-1911 को शिरडी आये, तो साईबाबा ने उपासनी महाराज को उनसे धर्मग्रंथों की शिक्षा और ज्ञान प्राप्त करने की आज्ञा दी। उन्होंने साईश्री की आज्ञा का सहर्ष पालन किया ! अतः एक माह के लिये, उन्होंने श्री खापर्डे जी की सेवा में रहकर, उनसे धर्मग्रंथों की शिक्षा और ज्ञान प्राप्त किया ! अब उपासनी जी के परिवार के सभी सदस्य इस बात को लेकर अत्याधिक चिंतित और परेशान थे कि पिछले दो वर्षों से, वह एक बार भी, अपने ग्राम सटाणा वापस क्यों नहीं लौटे हैं और उन्होंने अपने परिवार के किसी भी सदस्य को, इस बात की सूचना अभी तक क्यों नहीं दी है कि वह आजकल कहां हैं ?

उनके भ्राता श्री बालकृष्ण जी को एक परिचत व्यक्ति द्वारा, जब यह विदित हुआ कि उन्होंने पिछले सप्ताह काशीनाथ जी को, शिरडी में देखा था, तो वह उनकी खोजखबर लेने के लिये, अगले दिन ही शिरडी को रवाना हो गये !

दिनांक 1-1-1912 को बालकृष्ण उपासनी जी शिरडी पहुँचे और उन्होंने

साईबाबा के शुभ दर्शनों के उपरान्त, उनसे अपने भ्राता काशीनाथजी के विषय में आवश्यक पूछताछ की ! साईश्री ने अपनी ओर से उन्हें सान्तावना देते हुये कहा –

"तुम अपने भाई के लिये व्यर्थ में इतने चिंतित ओर परेशान क्यों हो रहे हो ? उसका जन्म सांसारिक मायामोह के बंधनों में बंधने के लिये नहीं हुआ है; बल्कि उसका जन्म इस धरती पर अनेक महान और महत्वपूर्ण कार्य करने के लिये हुआ है ! उसे अपने अद्‌भुत और प्रशंसनीय कार्यों के कारण, इस धरती पर इतना बड़ा अधिकार प्राप्त होगा, जैसा कि आज तक इस कलियुग में कभी किसी भी संत को प्राप्त नहीं हुआ होगा ! उसे एक दिन अपने आत्मज्ञान के शिखर पर पहुँचना है और अनेक जनकल्याण के कार्य करने हैं ! वह सदा ही साधकों का मार्गदर्शन करेगा और सबके समक्ष ईश्वर प्राप्ति का मार्ग सुलभ करके, वह अपने भक्तों को एक नई दिशा की ओर ले जायेगा ! आजकल वह खंडोबा मंदिर में निवास करता है और तुम अपने भाई से वहीं जाकर मिल सकते हो !"

साईबाबा के आदेशानुसार, जब बालकृष्ण जी अपने भाई से मिलने खंडोबा मंदिर पहुँचे, तो उस समय काशीनाथ जी अपनी दोनों आँखे मूंदे हुये, साईचिंतन में पूर्ण लीन थे ! जब उनकी चिंतन की मुद्रा टूटी, तो अपने भ्राता को अपने समक्ष पाकर, वह हतप्रभ रह गये ! वह भावावेश में उनके गले से लिपट गये और परिवार के सभी सदस्यों के विषय में, उन्होंने उनसे आवश्यक पूछताछ की !

जब बालकृष्ण जी ने अपने भाई से, कुछ दिनों के लिये घर वापस चलने का आग्रह किया, तो काशीनाथजी ने अपनी एक दीर्घ निश्वास के साथ अपने भाई से कहा –

"अभी तो मेरी यहां तपस्या और साधना प्रारंभ हुई है भय्या ! ऐसी अवस्था में, मेरा अभी घर वापस लौटना कैसे संभव हो सकता है ? लेकिन यह मेरा आपसे वचन है कि यहां से किसी अन्य स्थान पर जाने से पूर्व, मैं परिवार के सभी सदस्यों से मिलने के लिये एक बार घर अवश्य वापस आऊंगा!"

अन्ततः श्री बालकृष्ण जी अपने मन में एक गहरी उदासी लिये हुये, शिरडी

से सटांणा ग्राम वापस लौट आये।

❋ ❋ ❋

एक योग्य और विद्वान पंडित होने के नाते काशीनाथ जी को सनातन धर्म के सभी धर्मग्रंथों का पहले से ही पूर्ण ज्ञान था ! किन्तु श्री खापर्डेजी से प्राप्त शिक्षाओं ने, अब उनके ज्ञान में और भी अधिक बढ़ोत्तरी कर दी थी और वह अपने ज्ञान के प्रति पूर्ण सजग और परिपक्व हो गये थे ! किन्तु साईश्री से ब्रह्मज्ञान की प्राप्ति के लिये, अभी संभवतः उन्हें और भी अनेक कठिन एवं कठोर परीक्षाओं से गुजरना था !

साईश्री की निष्काम भक्ति और सेवा में लीन रहकर, काशीनाथ उपासनी जी ने दिनांक 6 फरवरी 1992 से 10 अगस्त 1912 के मध्य साईश्री की महानता और महिमा के वर्णन हेतु, अनेक भजनों, कविताओं और गीतों की रचना की थी। साईश्री के प्रतिदिन पूजन में, आज भी जो महिम्नस्तोत्रम और पुष्पांजलि का प्रयोग होता है, उसके मूल रचनाकार श्री काशीनाथ उपासनी जी ही हैं !

साईश्री के शिरडी में प्रथम आगमन और पवित्र नीम वृक्ष के नीचे निवास और तपस्या करने की ऐतिहासिक स्मृति में, जब कुछ प्रमुख भक्तों के मध्य, साईश्री की पावन पादुकाओं के निर्माण और स्थापना के विषय में विचारविमर्श हुआ, तो इस सन्दर्भ में खंडोबा मंदिर में जाकर, काशीनाथ उपासनीजी से भी परामर्श ली गई। उपासनी महाराज ने पादुकाओं की रूपरेखा में, अपनी ओर से अनेक आवश्यक सुधार किये और उन्होंने अपने द्वारा रचित निम्न श्लोक, पादुकाओं के नीचे लिख दिया, जो नीम वृक्ष के महात्म्य और साईश्री की **योगशक्ति** का द्योतक है –

सदा निंबवृक्षस्य मूलाधिवासात्
सुधास्राविणं तिक्तमप्यप्रियं तम् ।
तरुं कल्पवृक्षाधिकं साधयन्तं
नमामीश्वरं सद्गुरुं साईनाथम् ।।

अन्ततः काशीनाथ जी का विचार सबने स्वीकार किया और उनके बताये हुये सुधारों के अनुसार, पादुकायें बम्बई में तैयार कराई गईं !

फिर दिनांक 10-8-1912 को श्रावण की पूर्णिमा के शुभदिन, प्रातःकाल 11 बजे, एक बड़े समारोह और धूमधाम के साथ उन पवित्र पादुकाओं को श्री जी.के. दीक्षित और काशीनाथ उपासनी जी अपने मस्तक पर रखकर, खंडोबा मंदिर से द्वारकामाई लाये। साईबाबा ने उन पादुकाओं को स्पर्श करते हुये, काशीनाथ उपासनी जी से कहा –

"यह भगवान के श्री चरण हैं काशीनाथ ! इनकी नीम के वृक्ष के तले यथाविधि स्थापना कर दो ! इन पादुकाओं में अनेक व्याधियों से मुक्ति देने के गुण सदा समोहित रहेंगे !"

साईश्री की आज्ञानुसार काशीनाथ उपासनीजी और दादा केलकर ने उन पवित्र पादुकाओं की स्थापना हेतु, संपूर्ण वैदिक रीति से यथाविधि पूजन संपन्न किया !

अब काशीनाथजी को इस सत्य पर पूर्ण विश्वास हो चुका था कि ईश्वर के साकार रूप की प्राप्ति केवल गुरुकृपा द्वारा ही संभव हो सकती है ! जब तक गुरु की कृपा प्राप्त नहीं होगी, तब तक इंसान का अपना ज्ञान और तर्क सार्थक नहीं हो सकता है ! अतः अब वह दिनरात साईश्री की, अपने गुरू के रूप में निष्काम भक्ति और सेवा करने लगे थे !

अपनी तपस्या और साधना के अंतिम चरण में, उन्होंने दिनांक 13-1-1913 से अन्न ग्रहण करना त्याग दिया था और सबसे अलगथलग रहने के विचार से, अब वह अपना मौनव्रत धारण करके, खंडोबा मंदिर में हर क्षण अपनी तपस्या में लीन रहने लगे थे ! अन्य सभी लोगों के लाख प्रयास करने पर भी, उन्होंने अपना व्रत नहीं तोड़ा और वह हर क्षण खंडोबा मंदिर में, केवल जल पर ही निर्भर रहकर, तीन माह तक निरन्तर अपनी कठोर तपस्या में लीन रहे !

धीरे धीरे उनकी दशा अत्यंत ही गंभीर हो गई और दिनांक 18-4-1913 को, उनकी नाड़ी की गति केवल 40 प्रति मिनट रह गई ! उन्होंने फिर भी अपन व्रत नहीं तोड़ा। फिर 15-7-1913 को उनकी नाड़ी की गति, केवल 20 प्रति मिनट रह गई और अब सबको ऐसा पूर्ण विश्वास होने लगा कि वह किसी भी क्षण मृत्यु को

प्राप्त हो जायेंगे !

अन्ततः दिनांक 14-1-1914 को बापूसाहेब जोग, म्हाल्सापति, तात्या, दादा केलकर, शामा और कुछ अन्य भक्तों के साथ, स्वयं साईश्री खंडोबा मंदिर पधारे ! उन्होंने काशीनाथ जी के शीष पर जैसे ही गुरूआशीष स्वरूप अपना हाथ रखा, तो उन्हें साईश्री के स्वरूप में, प्रथम बार **भगवान विष्णु** का साक्षात्कार हुआ ! चाहकर भी उनके अधरों से एक शब्द भी बाहर नहीं निकल सका और वह अपनी निर्बलता के कारण, उनके चरणों में एक और लुढ़क गये ! वह अपनी डबडबाई नजरों से साईश्री के उस सगुणरूप को एकटक निहारने लगे ! साईश्री ने एक गुरू के रूप में, अब उन्हें अपना आशीर्वाद प्रदान करते हुये कहा –

"तुम अपनी कठोर परीक्षा में पूर्ण सफल हुये हो वत्स ! मेरे आशीर्वाद से, अब तुम्हें इस धरती पर अपना वो संपूर्ण अधिकार प्राप्त होगा, जिसके लिये तुम मानवयोनि में, इस धरती पर एक देवदूत के रूप में अवतीर्ण हुये हो ! इस **सृष्टि** में, जो कुछ भी **स्थूल, सूक्ष्म, चेतन** और **जड़** के स्वरूप में, तुम्हें आज दृष्टिगोचर हो रहा है, वास्तव में वही तत्व, **ब्रह्म** का **तत्वज्ञान** है ! अब तुम यथार्थ में अपनी **भक्तियोग** द्वारा, ज्ञान की संपूर्ण योग्यताओं को प्राप्त कर चुके हो! आज से इस धरती के लोग तुम्हें युगोंयुगों तक काशीनाथ गोविन्द उपासनी के नाम से नहीं, बल्कि उपासनी महाराज के नाम से जानेंगे ! तुम एक ऐसे अध्यात्मिक शक्तिकेन्द्र और आश्रम की स्थापना करोगे, जहां तुम्हारे उपदेश, विनयशीलता और तुम्हारी अद्वितीय शिक्षापद्धति, **आत्मस्वरूप** बनकर, प्रत्येक व्यक्ति के भटकते मन को एक सच्ची शांति और सुख प्रदान करेगा !"

फिर साईश्री की आज्ञानुसार, बापूसाहेब जोग ने अपने साथ लाया हुआ तरल भोजन, उपासनी महाराज को स्वयं अपने हाथ से खिलाया और इस तरह उनका अनेक माह से रखा हुआ व्रत, आज समाप्त हुआ।

❊ ❊ ❊

फिर उपासनी महाराज दिनांक 15-7-1914 को साईश्री से आज्ञा लेकर, उनकी महानता के प्रचार हेतु, शिरडी से शिंडी आ गये। वहां से वह नागपुर और

फिर 15-10-1914 को खड़गपुर आकर, वह चिन्नास्वामी के मकान में 25-12-1914 तक, किसी अन्य के नाम से अज्ञातवास के रूप में रहे ! वहां उन्होंने साई श्री की महानता का निरन्तर अपने प्रवचनों द्वारा प्रचार किया !

अपने मन में ऊँचनीच का संपूर्ण भेदभाव मिटाने के लिये, उन्होंने 10-2-1915 से अगस्त 1915 तक, एक शूद्र के साथ, उसकी झोपड़ी में निवास किया। वह सदा उसके साथ ही भोजन किया करते थे और वहां आसपास रहने वाले दरिद्र और शूद्र परिवार के सभी सदस्यों के मध्य, वह प्रायः प्रतिदिन साईश्री के उपदेशों पर अपने प्रवचन दिया करते थे !

फिर वह सन् 1915 के अगस्त माह के अंतिम सप्ताह में, खड़गपुर से नागपुर आ गये और कुछ माह वहां रहने के पश्चात्, वह शिंदी होते हुये, साईदर्शन हेतु सन् 1916 के जनवरी माह में, पुनः शिरडी वापस लौट आये !

इस बार उपासनी महाराज, जब साईश्री के चरणों में नतमस्तक हुये, तो साईबाबा ने उन्हें अपने गले से लगाते हुये, अपने सम्मुख बैठे हुये अन्य भक्तों से कहा –

"यह देवदूत मेरी अपनी आत्मा का एक दूसरा स्वरूप है !" – फिर वह उपासनी महाराज की ओर मुखातिब होकर बोले – "तुम्हारे इधरउधर भ्रमण करने का प्रवास, अब समाप्त हो चुका है उपासनी ! अब तुम साकुरी में रहकर, उस आश्रम की कल्पना को साकार करो – जहां तुम अपने **आध्यात्म** के **तत्वज्ञान** और धर्म की मान्यताओं का सृजन कर सको ! अपनी **भक्तियोग** और प्रवचनों के सहारे, अब तुमने लोगों को इस **त्रिकालोवाधित** सत्य को समझाना है कि **यथा तथा सत्र तत्र सम एवावतिण्ठतै !'** तुमने अब अपने समीप आने वाले सभी भक्तों को, सैद्धान्तिक रूप से सही और गलत का उचित और अनुचित भेद बताना है जिससे वे सब इस तथ्य की सच्चाई को जान सकें कि प्रत्येक प्राणी के जीवन में, उसके अपने कर्मों के सिद्धान्तों का क्या औचित्य है ? तुम उन्हें अपने ज्ञान द्वारा यह समझा सकोगे कि बुद्धि का वैभव क्या है और उसके सहारे जीवन को किस तरह सार्थक बनाया जा सकता है ?"

साईश्री के इस अद्‌भुत और आत्मिक उपदेश ने उपासनी महाराज पर, मानसिक रूप से एक गहन प्रभाव किया और उन्हें अपनी वो राह अब स्पष्ट नजर आने लगी, जिस पर अग्रसर होकर, उन्हें अपनी मंजिल को प्राप्त करना था ! हर्षोल्लास में उनके नेत्रों से अविरल अश्रुधारा बहने लगी और वह अपने अश्रुओं से साई श्री के कमल चरणों को धोने लगे !

कुछ माह के लिये शिरडी में पुनः साईश्री के निकट सान्निध्य में रहने के पश्चात्, उपासनी महाराज अपने गुरू का आशीर्वाद लेकर, सन् 1916 के जून माह में, जब वह साकुरी ग्राम की सीमा के निकट पहुंचे, तो उस समय वह अपने शरीर पर कपड़ों के स्थान पर केवल टाट का एक जीर्ण सा टुकड़ा धारण किये हुये थे ! पूर्णरूप से रात्रि हो जाने के कारण, उस समय संपूर्ण ग्राम, की सीमा के बाहर एक श्मशान घाट की टूटीफूटी झोपड़ी को उन्होंने अपनी कर्मभूमि के रूप में चुना और वह वहां उस झोपड़ी में निवास करने लगे! उन्होंने अपनी उस झोपड़ी में अपने गुरू महाराज भगवान श्री साईनाथ के एक चित्र की स्थापना की, जो आज भी उनकी पुण्यस्मृति में, वहां उस झोपड़े में यथावत् मौजूद है !

उन्होंने उस झोपड़े में निवास करते हुये अपनी दिनचर्या कुछ इस प्रकार निश्चित कर ली थी कि वह अपने गुरू की प्रातःकालीन उपासना, माध्यान्ह उपासना, सायंकालीन उपासना और रात्रि उपासना नियमित रूप से किया करते थे ! फिर शेष समय में, वह अपने पास आने वाले लोगों के आध्यात्मिक एवं परमार्थिक उन्नति के लिये, प्रवचन और उपदेश दिया करते थे ! वह उन्हें यह समझाने का पूर्ण प्रयास करते थे कि **साधक** बनने के लिये, शास्त्रविहित एवं शास्त्र आचारविचार का पालन करना नितान्त आवश्यक है !

उनके प्रवचनों में सदा भगवद्‌गीता का गूढ़तत्व निहित रहता था ! उनका अपना विश्वास था कि संपूर्ण सृष्टि की रचना प्रकृति और आत्मा के मिलन से हुई है ! यदि हम अपनी आत्मा को इस संसार के दोषों और बुराईयों से किसी प्रकार मुक्त रखने में सफल हो सकते हैं, तो हम प्रकृति द्वारा मोक्ष और मुक्ति को सरलता पूर्वक प्राप्त कर सकते हैं ! उनके विचार से नारी में, पुरुष से कहीं अधिक सत्वगुण

सदा मुख्य और स्थाई रूप से उपस्थित रहते हैं ! पुरुष सदा से कर्मप्रधान होने के कारण, सदा रजोगुण से प्रभावित रहता है !

उन्हें इस बात पर पूर्ण विश्वास था कि धर्मकर्म के सभी प्रमुख कार्यों के लिये, नारी ही सर्वोपरि और पवित्र है ! क्योंकि स्त्रियों में अहंकारहीनता, उदारता और सहनशक्ति अधिक मात्रा में विद्यमान रहती है ! नारी जाति के नैसर्गिक गुण ही समाज का संरक्षण और पालन कर सकते हैं ! इसलिये जब तक स्त्री जाति को हमारे समाज में पूर्ण सम्मान और प्रतिष्ठा नहीं मिलेगी – तब तक किसी भी मूल्य पर, समाज में धर्म जागृति और बौद्धिक एवं नैतिक उन्नति संभव नहीं है !

साईबाबा के आशीर्वाद और उनकी असीम कृपा के कारण, अब धीरेधीरे उपासनी महाराज के इर्दगिर्द उनके भक्तों की संख्या बढ़ने लगी थी ! उनके चुम्बकीय व्यक्तित्व का आकर्षण, अब लोगों को अपनी ओर खींचने लगा था ! उनके उपदेश और प्रवचन लोगों की मीमान्तक पीड़ाओं को छूने लगे थे और उनमें ईश्वर के प्रति नवचेतना जागृत होने लगी थी !

जब भी साईश्री के दर्शनों के लिये उपासनी महाराज का मन विचलित होता था, तो वह कुछ घंटों के लिये साकुरी से शिरडी आ जाते थे, और फिर वह उसी दिन अपनी कर्मभूमि पर वापिस लौट आते थे ।

15 अक्टूबर 1918 को जब साईश्री ने अपना महानिर्वाण प्राप्त किया, तो इस दुःखद सूचना को पाते ही, उपासनी महाराज अपने नेत्रों में अश्रुओं का एक भारी सैलाब लिये हुये, शिरडी आ गये ! बहुत देर तक वह अपने गुरू के पार्थिव और निर्जीव शरीर से लिपटकर रोते रहे ! फिर उन्होंने ही श्रीभाटे के साथ बूटी की हवेली के मध्य कक्ष में, संपूर्ण वैदिक रीतिरिवाज के अनुसार, उनकी समाधि की अंतिम क्रिया संपन्न की !

बाबा श्री के समाधिस्थ हो जाने के पश्चात्, अब उनका शिरडी से मोह भंग होने लगा था ! साई श्री ने भी उनके स्वप्न में प्रगट होकर, उन्हें अपना आदेश दिया कि अब वह साकुरी में ही रहकर, अपने आश्रम की स्थापना की ओर हर सम्भव प्रयास करें ! उन्होंने उन्हें स्वप्न में आश्वासन दिया कि इस शुभकार्य हेतु, उनका

शुभ आशीर्वाद सदा उनके साथ रहेगा !

अक्टूबर 1918 से अक्टूबर 1920 के मध्य धीरेधीरे श्मशान भूमि का वो भाग, अब एक ऐसे पवित्र स्वर्गीयस्थल के रूप में परिवर्तित होने लगा था जहां प्रतिदिन प्रातः के 4.30 बजे से रात्रि के 10 बजे तक भजन पूजन, अनुष्ठान कीर्त्तन और प्रवचन इत्यादि के कार्य निरंतर चलते रहते थे !

उपासनी महाराज ने अपने प्रवचनों में सदा ही अपने भक्तों से कहा था कि– "मानवयोनि में आने के बाद, प्रत्येक प्राणी को सांसारिक प्रपंचों में फंसना ही पड़ता है ! किन्तु उसे सांसारिक कर्तव्यों का पालन करते हुये, सदा ईश्वर से अपना दृढ़ सम्बन्ध स्थापित रखना चाहिये ! कष्टों और विघ्नों से घबराकर, उसे अपने सत्कर्म का त्याग कभी नहीं करना चाहिये और ईश्वर पर अपनी पूर्ण निष्ठा से अपना दृढ़ विश्वास बनाये रखना चाहिये ! उसकी यह निष्ठा ही, उसे एक न एक दिन इस भवसागर से अवश्य पार कर देगी ! फिर उसे अपने मोक्ष की राह स्पष्ट नजर आने लगेगी !"

अपने गुरु भगवान श्री साईनाथ की पावन महासमाधि की द्वितीय पुण्यतिथि के पूजन हेतु, उपासनी महाराज 12 अक्टूबर 1920 को काशी गये और वहां भगवान विश्वनाथ के पवित्र मंदिर में, उन्होंने संपूर्ण सनातन एवं वैदिक रीति के अनुसार, उनकी पुण्यतिथि का पूजन संपन्न किया !

वहां से साकोरी वापस आने के पश्चात्, अब उन्होंने अपने मन की शांति के लिये, पुनः एक माह का मौन व्रत धारण कर लिया। अपने इस मौनव्रत के दौरान, उन्होंने अपने आश्रम को एक नया स्नरूप देने के लिये, मन ही मन अनेक योजनायें निश्चित कीं !

सभी भक्तों ने उनकी योजनाओं को साकार करने में, अपना हर सम्भव आर्थिक सहयोग प्रदान किया। अनेक कन्याओं ने भी अपनी निष्काम भक्ति के साथ, आश्रम के सभी कार्यों हेतु, स्वयं को समर्पित किया और साईकृपा एवं भक्तों के सहयोग से, धीरेधीरे अब उस श्मशान भूमि का रूप बदलने लगा। वहां आश्रम की प्रगति के साथ--साथ, अनेक भवनों का निर्माण प्रारम्भ हो गया !

फिर अपने ध्येय और लक्ष्य की पूर्ति के लिये ईश्वर और अपने गुरू से प्रार्थना हेतु, उपासनी महाराज ने दिनांक 25-11-1921 को चौदह माह के लिये, स्वयं को एक पिंजरे स्वरूप झोपड़ी में, पूर्णतया कैद कर लिया ! उस पिंजड़े में हर क्षण वह अपनी तपस्या में ही लीन रहते थे ! वह चौदह माह तक, एक क्षण को भी उस पिंजड़े से बाहर नहीं निकले, और वह प्रतिदिन अपनी नित्य क्रियायें भी, उसी पिंजड़े में किया करते थे !

उनकी इस अनोखी तपस्या के विषय में, देश के अनेक भागों में गंभीर चर्चे होने लगे ! उनके दर्शनों हेतु, अब वहां आनेजाने वालों की हर क्षण एक भारी भीड़ एकत्रित रहने लगी ! उपासनी महाराज ने अपनी इस अद्भुत तपस्या के दौरान अपने भक्तों को, जीवन के दर्शनशास्त्र पर अनेक गंभीर प्रवचन और धर्मोपदेश दिये। उनके वही प्रवचन और धर्मोपदेश सन् 1923-24 के मध्य **साई वाक सुधा** और फिर **उपासनी वाक सुधा** के नाम से मराठी और गुजराती भाषा में, पांच भागों में प्रकाशित हुये !

इससे पूर्व सन् 1920 में नाथ माधो ने, उपासनी महाराज की जीवनी भी सर्वप्रथम मराठी भाषा में प्रकाशित की थी। फिर उनके प्रवचन और धर्मोपदेश के प्रकाशन के पश्चात्, अब वो अद्भुत देवदूत संपूर्ण महाराष्ट्र में ही नहीं, बल्कि भारत के अनेक प्रान्तों में भी पूर्ण चर्चित हो गया था !

अपनी आध्यात्मिक सिद्धियों और साईश्री की उपासना के सहारे, उपासनी महाराज का नाम एक महान संत के रूप में, अब दूरदूर तक फैलने लगा था ! देश के हर प्रान्त से, उनके दर्शनों हेतु अनगिनत लोग साकुरी आने लगे थे और साकुरी में हर क्षण उनके भक्तों की एक भारी भीड़ एकत्रित रहने लगी थी ! सन् 1927 से सन् 1932 तक उनकी ख्याति अपनी चरम सीमा पर पहुंच चुकी थी !

दांडी सत्याग्रह से पहले, कोपरगांव में एक सभा को सम्बोधित करने के लिये, जाते समय नांदगांव के श्री प्रल्हाद सेठ गुप्ता और बम्बई के श्री गोविन्ददास नारायणदास के साथ, **राष्ट्रपिता महात्मा गांधीजी** भी अपनी पत्नी कस्तूरबा को लेकर, उपासनी महाराज के शुभ दर्शनों एवं उनके आशीर्वाद हेतु साकुरी आये थे ! उपासनी महाराज ने महात्मा गांधी को अपना आशीर्वाद प्रदान करते हुये कहा था –

"देश को गुलामी की जंजीरों से आजाद कराने में, तुम्हारा योगदान और बलिदान युगोंयुगों तक सदा इस धरती पर याद किया जायेगा ! मेरा और साईश्री का आशीर्वाद इस शुभ कार्य हेतु, तुम्हारे साथ सदा रहेगा - और तुम अपने ध्येय ओर लक्ष्य में एक न एक दिन अवश्य सफल होगे !"

फिर जब तक उपासनी महाराज, अपने गुरू साईश्री के आदर्शों और उनके तत्वज्ञान पर स्थिर रहे, उनकी ख्याति में दिनरात प्रगति होती रही! किन्तु जब वह नारी के मोह और धन के लोभ में फंसकर, अपने आदर्शों से डगमगाने लगे, तो उनकी ख्याति भी धीरेधीरे कम होने लगी !

नवम्बर सन् 1932 में, जब उपासनी महाराज ने अपने आश्रम की पांच कन्याओं को, अपने स्वरूप में भगवान श्रीकृष्ण की प्राप्ति का लोभ देकर, अपने साथ एक आत्मिक सम्बन्ध स्थापित किया, तो उनकी इस क्रिया के विरोध में कुछ ऐसे प्रमुख साईभक्तों ने, जो प्रारम्भ से ही उपासिनी महाराज के विरोधी थे अपनी आवाज उठाई ! अनेक समाचार पत्रों ने भी उनके इस विरोध का खुलकर साथ दिया और उन्होंने उपासनी महाराज के विरुद्ध अपने समाचार पत्रों द्वारा ऐसा प्रचार किया, जिसके फलस्वरूप उपासनी महाराज की ख्याति को अचानक एक गहरा धक्का लगा !

सन् 1934 में **भांगरे दिवाकर केस** में, जब उन्हें और उनकी शिष्या सती गोदावरी को अहमदनगर की अदालत में उपस्थित होना पड़ा, तो उनके भक्तों के मध्य एक विचित्र सी सनसनी फैल गई ! अन्ततः बम्बई की अदालत ने सन् 1934 में **देवदासी एक्ट** स्वीकृत किया, जिसके अनुसार इस तरह ईश्वर प्राप्ति का प्रलोभन देकर, कोई भी किसी कन्या और नारी के साथ अपना आत्मिक एवं शारीरिक सम्बन्ध स्थापित नहीं कर सकता है और ऐसा करना एक कानूनी अपराध माना जायेगा !

किन्तु उपासनी महाराज पर, अदालत द्वारा स्वीकृति, इस कानून का कोई विशेष प्रभाव नहीं पड़ा ! उन्होंने सन् 1935 में अपने आश्रम की अन्य दो कन्याओं के साथ, पुनः अपने आत्मिक सम्बन्ध स्थापित कर लिये ! मगर इस बार उन्होंने उन

कन्यायों से अपने आत्मिक सम्बन्ध, उनके साथ अपना आदर्श विवाह करने के उपरान्त, स्थापित किये थे ! फिर **बम्बई देवदासी एक्ट** के अनुसार, जब उन पर इस अपराध के लिये, अदालत में पुनः मुकदमा चला, तो निचली अदालत द्वारा, उन्हें इस अपराध के लिये दोषी ठहराया गया ! किन्तु ऊपरी अदालत ने, उन्हें इस तथ्य पर निर्दोष रिहा कर दिया कि उन्होंने अपने आश्रम की कन्याओं से, अपना **आदर्श विवाह** करने के पश्चात् ही, उनसे अपने **आत्मिक** एवं **शारीरिक** सम्बन्ध स्थापित किये हैं ! अतः यह अपराध अब **देवदासी एक्ट** के अंतर्गत नहीं आता है !

इसके पश्चात् उपासनी महाराज ने सन् 1934 से सन् 1937 तक, इसी समान आश्रम की अन्य और छः कन्यायों के साथ, अपने आत्मिक सम्बन्ध स्थापित किये !

इन अप्रत्याशित घटनाओं के कारण, अब उपासनी महाराज की सार्वजनिक रूप से लोकप्रियता एक दम घट गई थी ! किन्तु वह इससे विचलित नहीं हुये! उन्होंने अपनी लोकप्रियता को पुनः एक नया मोड़ और आयाम देने के प्रयास में, अपने आश्रम में सन् 1938 में **नारी यज्ञ संस्था** स्थापित की। उन्होंने सर्वप्रथम अपने मार्गदर्शन और उपस्थिति में, आश्रम की कन्याओं द्वारा सन् 1938 में प्रथम यज्ञ कराया !

इस तरह उपासनी महाराज ने भारत की प्राचीन यज्ञ परम्परा को एक नवचेतना प्रदान की और उसे जागृत रखने की दिशा में, उन्होंने हर सम्भव प्रयास किया ! उन्होंने आश्रम की बारह कन्यायों को विद्वान शास्त्रियों द्वारा अपने मार्गदर्शन में शास्त्रोक्त पद्धति से यज्ञ करने का शिक्षण दिलाया। फिर साकुरी के आश्रम में स्थापित **महिला यज्ञ संस्था** को एक नवीन स्वरूप प्रदान करने के उद्देश्य से, उन्होंने आश्रम मे ही एक यज्ञशाला का निर्माण कराया। और इस तरह उन्होंने प्राचीन यज्ञ परम्परा को पुनः जीवन्त किया !

फिर सन् 1936 में, उन्होंने अपने निर्देशन में, आश्रम की कन्यायों से **रुद्र यज्ञ** कराया ! इस यज्ञ के समय ज्योतिर्मठ के शंकराचार्यजी भी वहां स्वयं उपस्थित थे ! उन्होंने यज्ञ की प्रणाली की भूरिभूरि प्रशंसा करते हुये कहा था –

"ऐसे यज्ञ की साकार कल्पना, केवल उसी स्थान पर की जा सकती है, जहां स्वर्ग की देवियां स्वयं उपस्थित हों ! कन्यायों द्वारा ऐसे यज्ञ, केवल पुरातनकाल में ही सम्भव थे, क्योंकि उस काल में स्त्रियों को पूर्ण वेदाधिकार प्राप्त थे ! वह वेदों एवं पुराणों का गूढ़ अध्ययन करके, ऐसे विशिष्ट **होम** और **हवन** इत्यादि में ऋषियों और मुनियों का सदा साथ दिया करती थीं !"

तत्पश्चात् उपासनी महाराज ने सन् 1941 के जनवरी माह में मकरसंक्रान्ति के शुभ पर्व पर, स्वयं स्त्री का भेष धारण करके, माता गोदावरी और आश्रम की अन्य कन्याओं के साथ, विधिवत रूप से **सूर्ययज्ञ** कराया ! उन्होंने नारी के भेष में, इस यज्ञ की स्वयं पूर्ण आहुति दी थी ! यह वास्तव में उनके जीवन का एक अद्भुत और अलौकिक प्रसंग था !

❋ ❋ ❋

इस तरह उपासनी महाराज द्वारा स्थापित **यज्ञसंस्था** द्वारा सन् 1938 से आज तक प्रतिवर्ष आश्रम की माता जी एवं कन्याओं द्वारा नियमित रूप से सात यज्ञ संपन्न किये जाते हैं ! आश्रम की सभी कन्यायें **यजुर्वेद, ऋगवेद** और **सामवेद** के ज्ञान में पूर्ण प्रवीण और निपुण हैं ! आश्रम की कन्याओं द्वारा किये गये सभी यज्ञ पुरोणोक्त होते हैं ! उन्हें वेदों की विकृतियों का भी पूर्ण ज्ञान प्राप्त है ! वे सब पद, क्रम, जटा और घन पद्धति से वेदों के पठन में भी पूर्ण प्रवीण और दक्ष हैं ! उनके द्वारा सभी मंत्रों का उच्चारण अत्यंत ही शुद्ध, कर्णप्रिय और इतना मधुर होता है कि वो सुनने वालों के अंतर को छू लेता है !

दिनांक 26-4-1941 को उपासनी महाराज ने अपनी शिष्या गोदावरी मां के शीष पर, अपना वरदहस्त रखते हुये कहा था –

"सम्भवतः मेरे जाने का समय अब निकट आ रहा है! मेरे पश्चात्, इस आश्रम का संपूर्ण कार्यभार अब तुम्हारे कंधों पर ही होगा ! मैंने अपने जीवन में अपने गुरू भगवान श्री साईनाथ से, जो कुछ भी **आत्म** एवं **ब्रह्मज्ञान** प्राप्त किया था, वो मैं तुम्हें अपनी शिष्या के रूप में बहुत पूर्व ही दे चुका हूँ ! आज तक तुमने अपने गुरू में पूर्ण और अटूट श्रद्धा रखकर, उसकी हर क्षण निष्काम और सतत सेवा की है ! तुम

किसी भी अप्रत्यक्षित प्रसग और लांछन से कभी विचलित न होकर, अपने आत्मविश्वास पर सदा दृढ़ और अडिग बनी रही हो ! तुमने सदा इस कथन पर दृढ़ विश्वास रखा कि – **सद्‌गुरु सारिखा असता, पाठिराखा इतरांचा लेखा कोण करी।** अतः तुम अपने गुरु के प्रति एक दृढ़ विश्वास के सहारे ही, आज अपने अध्यात्मज्ञान की उच्च शिखर पर पहुंच चुकी हो और तुम्हें अपना आत्मज्ञान, अपनी गुरूसेवा के बदले में प्रसाद स्वरूप मुझसे प्राप्त हुआ है ! मेरे पश्चात् अब तुम अपने जीवन में इस आश्रम के माध्यम से, अनेक जनकल्याण के कार्य करोगी ! साधकों का समुचित मार्गदर्शन करके, उनके लिये ईश्वर की प्राप्ति और मोक्ष का मार्ग सुलभ करोगी !"

फिर उपासनी महाराज ने धीरे धीरे अपने आश्रम का संपूर्ण दायित्व कुछ ही दिनों में गोदावरी मां को पूर्ण रूप से सौंप दिया और वह आश्रम की ओर से पूर्ण निश्चिन्त होकर, दिनांक 12-12-1941 को अपने पूज्य शिरडी के साईबाबा और श्री ज्ञानेश्वर महाराज की समाधि को अपनी अंतिम श्रद्धांजलि अर्पण करने के लिये, पहले शिरडी और फिर वह वहां से आलंदी चले गये। आलंदी से पूना होते हुये, वह दिनांक 16-12-1941 को पुनः साकुरी वापस लौट आये।

साकुरी में उन्होंने अपने सभी भक्तों को, अपने पावन पिंजड़े में बैठकर, दिनांक 20-12-1941 और 21-12-1941 को अपने अंतिम दर्शनों के साथ, उन्हें अपना आशीर्वाद प्रदान किया ! फिर 21-12-1941 को संध्या के पांच बजे, वह साकुरी से अपने ग्राम सटांणा के लिये, अपने परिवार के सभी सदस्यों से अंतिम भेंट करने के विचार से रवाना हो गये।

❋ ❋ ❋

उन्होंने दिनांक 22-12-1941 को अपने जन्मस्थान सटांणा ग्राम में, अपनी पुण्यस्मृति में, स्वयं अपने हाथ से **बारह ज्योतिर्लिंग** स्थापित किये ! फिर वह दिनांक 23-12-1941 को सटांणा से अपनी कर्मभूमि साकुरी वापस लौट आये। वहां से लौट आने के पश्चात्, उन्होंने अपने आश्रम के किसी भी सदस्य से कोई भी बातचीत नहीं की और अपना मौनव्रत पुनः धारण कर लिया !

किसी को सपने में भी ऐसी आशा नहीं थी कि उपासनी महाराज का यह

मौनव्रत, उनकी सतत साधना और आराधना का अंतिम चरण है ! किन्तु गोदावरी मां को अपने **आत्मज्ञान** के सहारे, अपने गुरू के जीवन के इन अंतिम क्षणों का पूर्ण आभास हो चुका था ! अतः उन्होंने अपने गुरू को उनके इस मौनव्रत के दौरान, एक क्षण को भी अकेला नहीं छोड़ा ।

दिनांक 24-12-1941 को साकुरी आश्रम में, साईश्री की प्रातः की कांकड़ आरती समाप्त हो जाने के पश्चात्, उपासनी महाराज ने अपनी एक अंमित हिचकी के साथ **साई राम** कहा और उनकी महान आत्मा ने, उनका नश्वर शरीर त्याग दिया ! इस तरह भगवान श्री साईनाथ के साथ, मानवयोनि में स्वर्गलोक से आयी हुयी एक अद्भुत देवदूत की पुण्य आत्मा, पुनः स्वर्गलोक वापस लौट गई !

यह दुःखद सूचना एक तेज लहर के समान आसपास के सभी नगरों में फैल गई कि उपासनी महाराज समाधिस्त हो गये हैं ! दुःख ओर गहरे शोक में डूबे हुये उनके सभी भक्त, साकुरी में उनके अंतिम दर्शनों हेतु एकत्रित होने लगे। सबने मिलकर इस अद्भुत और महान देवदूत को अपनी अश्रुपूर्ण अंतिम श्रद्धांजलि अर्पित की! दिनांक 25-12-1941 को उनके पावन पिंजरे के सम्मुख, संपूर्ण वैदिक रीति से, उनकी अंतिम क्रिया संपन्न की गई और वहीं उनका पार्थिव शरीर, एक समाधि में सदा के लिये एक गहरी चिरनिद्रा में विसर्जित कर दिया गया !

फिर दिनांक 13-1-1942 की शुभमुहुर्त में, उपासनी महाराज की संगमरमर से बनी हुई एक विशाल प्रतिमा की, उनके पावन पिंजरे में स्थापना कर दी गई और पिंजरे से बाहर उनकी पवित्र पादुकायें सुशोभित कर दी गईं ! उसके पश्चात् दिनांक 14-1-1943 को उपासनी महाराज के पावन पिंजरे के सम्मुख, श्री दत्तात्रेय महाराज की संगमरमर की एक मूर्ति के साथ, भगतान श्री साईनाथ के उस चित्र की भी विधिवत स्थापना कर दी गई, जिसे उपासनी महाराज ने साकुरी आने पर, सर्वप्रथम अपने झोपड़े में स्थापित किया था और वही चित्र उनका सदा एक मार्गदर्शन करता रहा था !

अब मैं भी अपनी श्रद्धापूर्ण श्रद्धांजलि के साथ, भगवान श्री साईनाथ के इस

महान और अद्भुत देवदूत उपासनी महाराज के जीवनचरित्र की पावन कथा को अपने शत्शत् नमन के साथ समाप्त कर रहा हूँ और इस पुस्तक के द्वितीय अध्याय में, मैं साईश्री के एक और महान देवदूत श्री दास गणु महाराज के जीवनचरित्र को प्रस्तुत करने का प्रयास कर रहा हूं।

卐 ॐ श्री साई भक्ताभयप्रदाय नमः 卐

***

SHRI UPASANI BABA'S

CHARTERS

(1)

Accept things as they are. This is the greatest of all Mantras. The man who achieves this has no need to fear anything.

(2)

Yognas and Satkarma when performed with the expectation of material benefit do not lead to eternal bliss.

(3)

Every hymn of the Vedas, nay every letter of it is a potent Mantra by itself.

***

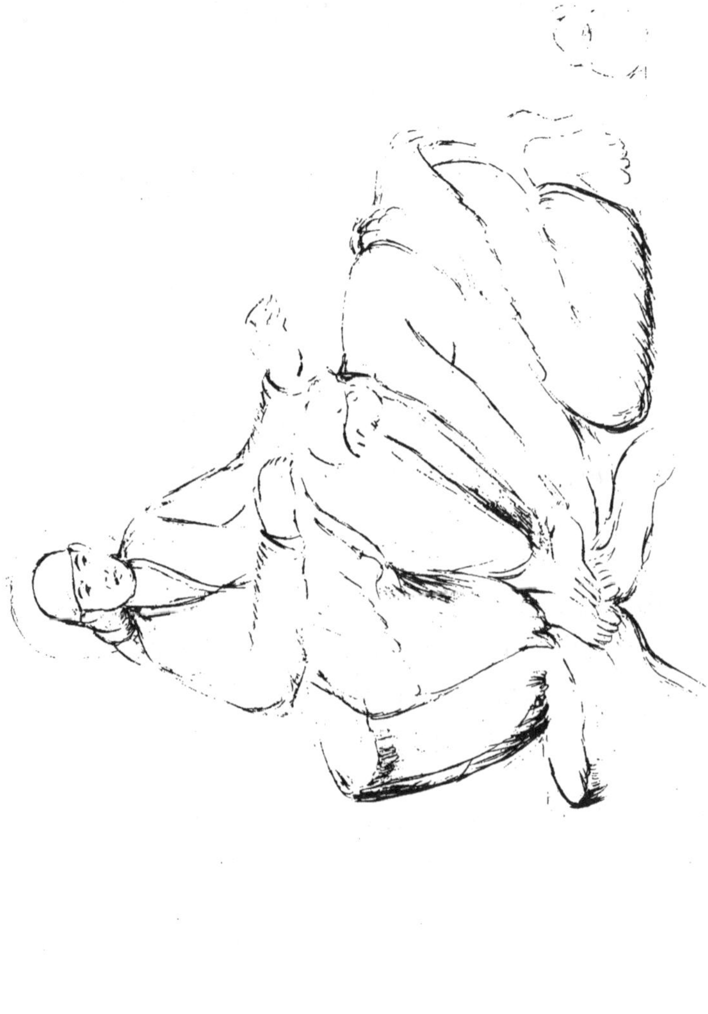

साईश्री के पावन चरणों से निकलती हुई गंगा यमुना का दासगणु द्वारा आत्मदर्शन

द्वितीय अध्याय

❖ श्री दासगणु महाराज ❖

नादेड़ के एक साधारण से ब्राह्मण परिवार में जन्में दास गणु जी के माता–पिता ने, उनका नाम गणेश रखा था। बचपन से ही गीतसंगीत और नृत्य इत्यादि में उनकी विशेष रुचि थी ! कुशाग्र बुद्धि के होते हुये भी, विद्या अध्ययन में उनका मन नहीं लगता था ! पढ़ाई की ओर अपनी अरूचि के कारण, उन्हें बचपन में अनेक बार अपने पिता श्री से कठोर दंड भोगने पड़े थे ! किन्तु वह अपनी मां के अत्यंत दुलारे थे और वह सदा उन्हें गणु के नाम से पुकारती थीं !

धीरेधीरे उनके अन्दर छिपी कला, विकसित होने लगी और वह स्वयं गीतों की रचना करने लगे ! उनके प्रारम्भकाल के वो गीत इतने गन्दे, सस्ते और उत्तेजक हुआ करते थे कि कुछ वेश्याओं ने उनके गीतों को, अपनी शैली में ढालकर, अपनी महफिलों में पेश किये। इस प्रक्रिया ने गणपतराव के पिता श्री को अब अत्यंत ही चिन्तित कर दिया था ! अन्ततः उन्होंने अपनी निज भागदौड़ के सहारे, अपने पुत्र को पुलिस विभाग में सिपाही की नौकरी पर नियुक्त करा दिया ! फिर एक सुशील कन्या से उनका विवाह भी कर दिया।

अपनी ट्रेनिंग पूर्ण करने के पश्चात्, सौभाग्य से एक अर्दली के रूप में उनकी नियुक्ति, नानासाहेब चांदोरकर के पास हो गई। उन दिनों नानासाहेब चांदोरकर अहमदनगर में डिप्टी कलेक्टर के पद पर कार्यरत थे।

गणपतराव को जब भी अपनी नौकरी से अवकाश मिलता था, तो वह अहमदनगर की नाटक मंडलियों में, नारी के पात्र का अभिनय किया करते थे। उन्हें मंच पर नारी के स्वरूप में अभिनय करना, गाना एवं नृत्य करना अत्यंत ही प्रिय लगता था !

उनकी ईमानदारी, मेहनत और निष्ठापूर्ण कार्यशैली से नाना साहेब चांदोरकर भी अत्यंत ही प्रभावित थे ! उन्होंने एक बार गणपतराव की कार्यशैली की प्रशंसा

करते हुये उनसे कहा था --

"मैं तुम्हारे कार्य से अत्यंत ही प्रसन्न और सन्तुष्ट हूँ ! तुम एक न एक दिन पुलिस सबइन्सपेक्टर अवश्य बनोगे ! मैं इस दिशा में अपनी ओर से पूरा प्रयास करूंगा और अंग्रेजी सरकार से, तुम्हारी उन्नति के लिये पूर्ण सिफारिश करूंगा !"

अपने अफसर के इन शब्दों को सुनकर, गणपतराव के चेहरे पर खुशी और एक गहरे आत्मविश्वास की अनेक लकीरें उभर आईं ! उन्होंने मन ही मन पंढरपुर में विराजमान भगवान विठ्ठल को नमन किया, जिनके वह बचपन से ही बड़े उपासक थे !

सन् 1890 तक शिरडी के साई बाबा की कीर्ति और ख्याति अपनी चरम सीमा पर पहुंच चुकी थी ! उनके दर्शनों हेतु, देश के प्रत्येक कोने से आने वाले सभी जातियों के लोगों की, अब शिरडी में एक भारी भीड़ एकत्रित रहने लगी थी। हिन्दु और मुसलमानों के मध्य, जो वैमनस्य अठ्ठाहरवीं शताब्दी से बढ़ गया था। उसे दूर करने के लिये ही, शिरडी के साई बाबा कलकी अवतार के रूप में, मानवयोनि में अवतरित हुये थे ! उनका सभी के लिये यही उपदेश था कि **राम** और **रहीम** में किंचित मात्र भी कोई भेद नहीं है ! यह दोनो एक ही शक्ति के दो रूप हैं !

साईश्री बाह्य रूप से यद्यपि एक साधारण से फकीर का अभिनय करते रहते थे ! किन्तु जो उनको अनन्य भाव से नमन करके, उनकी शरण में आ जाते थे, तो फिर उन्हें अन्य साधना के करने की कोई आवश्यकता नहीं पड़ती थी ! उनकी कृपा से, उनके भक्तों के घर किसी भी वस्तु का कभी कोई अभाव नहीं रहा....और न कभी भविष्य में रहेगा, क्योंकि वह अपने भक्तों के कल्याणार्थ, सदैव स्वयं चिन्तित रहते हैं ! साईश्री ने हिन्दु और मुसलमानों के मध्य **समभाव** की, जो पवित्र मशाल शिरडी गें प्रज्वलित की थी उसका पुंज प्रकाश अब धीरेधीरे सम्पूर्ण भारत में फैलने लगा था !

इस फैलते प्रकाश को देखकर, अंगरेजी सरकार चिन्तित होने लगी थी ! उन विदेशियों को ऐसा लगने लगा था कि साई लहर के कारण यदि हिन्दू और

मुसलमानों के मध्य फैला हुआ, यह वैमनस्य धीरेधीरे पूरे देश में समाप्त हो गया, तो फिर भारत को और अधिक गुलाम बनाये रखना, उनके लिये सम्भव नहीं हो सकेगा ! अतः अहमदनगर के कलेक्टर को ऊपर से गुप्त निर्देश प्राप्त हुये कि साई बाबा के विषय में पूरी छानबीन की जाये !

उन दिनों अहमदनगर का कलेक्टर, स्वयं एक अंगरेज अफसर था। और डिप्टी कलेक्टर के पद पर कार्यरत नाना साहेब चान्दोरकर, उनके एक विश्वसनीय मातहत अफसर थे। उन्होंने साईबाबा के विषय में, आवश्यक खोजबीन का कार्य चान्दोरकर साहेब को निःसंकोच सौंप दिया !

नानासाहेब चान्दोरकर स्वयं एक धार्मिक विचारों के व्यक्ति थे! वह सनातन धर्म के अनुयायी होने के नाते, भगवान श्री कृष्ण को अपना इष्ट मानते थे और भगवद् गीता पर पूर्ण विश्वास रखते थे ! उन्होंने अपने कुछ परिचित लोगों से यद्यपि शिरडी के साई बाबा की अनेक अवर्चनीय लीलायें और चमत्कारिक कहानियां सुनी थीं। किन्तु वे सारी कहानियां और घटनायें उन्हें कभी प्रभावित नहीं कर सकीं ! क्योंकि उनकी दृष्टि में साधुसंतों और फकीरों की ऐसी चमत्कारिक कहानियों का कभी कोई विशेष महत्व नहीं था !

अपने इन्हीं विचारों में लीन कि शिरडी के साई बाबा की वास्तविकता का पता किस तरह लगाया जाये, परेशान से नानासाहेब चान्दोरकर, अपने ऑफिस के कमरे में, बड़ी बेचैनी से इधरउधर टहल रहे थे कि ठीक उसी क्षण उनके अर्दली गणु ने, उनके कमरे में प्रवेश किया और अपने मालिक को आज आवश्यकता से अधिक परेशान पाकर, उसने साहस जुटाकर उनसे पूछा–

"आप किस बात को लेकर आज इतना परेशान हैं हुजूर ?"

नानासाहेब चान्दोरकर ने अपनी कुर्सी पर बैठते हुये, एक बहुत ठंडी और गहरी निश्वास ली ! फिर उन्होंने अपने संयत स्वरों में उत्तर दिया –

"पिछले कुछ वर्षों से, शिरडी में साई बाबा नाम का जो संत अपना डेरा जमाये बैठा है, उसको लेकर अंगरेजी सरकार अब कुछ चिन्तित नजर आ रही है। उसकी पूरी खोजबीन और गतिविधियों पर नजर रखने के लिये, कलेक्टर साहब

को ऊपर से हुक्म मिला है, उन्होंने इस काम की पूर्ण जिम्मेदारी मुझे सौंप दी है !"

"तो इसमें इतनी चिन्ता करने की क्या बात है हुजूर ? आप इस काम की जिम्मेदारी मुझे सौंप दीजिये। मैं एक हफ्ते में साईबाबा का खुला चिट्ठा आपके सामने पेश कर दूंगा !"

गणु के इस कथन को सुनकर, एक उपहास पूर्ण धीमी सी हंसी, चान्दोरकर साहेब के अधरों पर सिमट आई और वह गणु से बोले – "यह काम तुम्हारे बस का नहीं है गणु ! यह गुप्त कार्य मुझे गुप्तचर विभाग के, किसी योग्य और विश्वसनीय अफसर को सौंपना होगा ! यद्यपि मेरे मन में आज तक किसी भी साधुसंत और फकीर के लिये, कभी कोई भी श्रद्धा उत्पन्न नहीं है हुई ! किन्तु मैं स्वयं धार्मिक प्रवृत्ति का होने के नाते, यह कभी भी नहीं चाहूंगा कि किसी भी साधुसंत पर बिना किसी कारण कोई अन्याय हो !"

इस पर गणु ने एक पूर्ण विश्वास के साथ पुनः आग्रह करते हुये कहा – "तो फिर इस कार्य का भार, आप अपने गुप्तचर विभाग को सौंपने से पूर्व, एक अवसर अपने इस गणु को दीजिये। आपके इस गणु के पास ऐसे अनेक गुणी कलाकार हैं, जो साधुसंतों की पूरी पोल खुलवाने में पूर्ण समर्थ हैं !"

अन्ततः चान्दोरकर साहब को गणु का प्रस्ताव मानना पड़ा, उन्होंने इस कार्य हेतु, उसे शिरडी जाने की सहर्ष अनुमति दे दी।

उन्हें क्या मालूम था कि जिस साई बाबा के विषय में, वह सम्पूर्ण खोजबीन करने का प्रयास कर रहे हैं वो कोई साधारण संत नहीं; बल्कि वो अनन्त का एक साकार रूप हैं, वह ब्रह्मांड के सर्वभूतों में व्याप्त हैं ! वह एक ऐसे सद्गुरू हैं, जो प्रत्येक जीव को उसके कर्मों के अनुसार जन्म और मृत्यु से मुक्ति दिलाने में पूर्ण समर्थ हैं ! यथार्थ में वह अखण्ड सचिच्दानन्द हैं ! जब उन्हें अपने किसी नये भक्त को, अपने पास बुलाना होता है, तो वह चाहें हजार कोस की दूरी पर क्यों न हो, वह अपनी सर्वव्यापकता और दिव्यता के सहारे, उसके इर्दगिर्द ऐसी अवस्थायें और परिस्थितियां उत्पन्न कर देते हैं कि वह स्वयं शिरडी की ओर कुछ इस समान खिंचता चला आता है, जैसे किसी धागे से बंधी हुई कोई चिड़िया खिंचती चली आती है !

चान्दोरकर साहब और गणु को इस सत्य की, सपने में भी आशा नहीं थी कि साई श्री ने उन दोनों को, अपने भक्त के रूप में, अपने समीप बुलाने के लिये ही, विचित्र सी यह सम्पूर्ण परिस्थितियां स्वयं उत्पन्न की हैं !

❊ ❊ ❊

इस तरह सन् 1860 में, गणु अपने मन में एक निश्चित योजना लिये हुये, अपनी नाटक मंडली के कुछ प्रमुख कलाकारों के साथ शिरडी आ गये। उनके साथ आये हुये कलाकारों में मेनका नाम की एक बीस वर्षीय ऐसी नर्तकी भी थी, जो स्वर्ग की किसी अप्सरा के समान अत्यंत ही सुन्दर थी ! वह किसी को भी अपनी ओर पूर्णरूप से आकर्षित करने में पूर्ण समर्थ थी !

शिरडी पहुंचकर, गणु को वहां का सम्पूर्ण वातावरण साईमय लगा! उसने देखा कि वहां हर धर्म और जाति के लोग बिना किसी परस्पर भेदभाव के एकत्रित हैं और उन सबके अधरों पर प्रेमवश बस साईश्री की महानता के ही चर्चे हैं !

दोपहर की आरती समाप्त हो जाने के पश्चात्, जब साईश्री के इर्दगिर्द मस्जिद में भीड़ एकदम कम हो गई, तो अपनी निश्चित योजना के अनुसार, गणु ने मेनका को साईबाबा के पास भेज दिया और वह स्वयं अपने कुछ अन्य कलाकारों के साथ ओट में छिपकर, वहां का नजारा देखने लगा !

अपने पैरों में घुंघरू बांधे हुये, अदा में इठलाती और बलखाती हुई मेनका ने, साई बाबा के सम्मुख जाकर, सर्वप्रथम उन्हें प्रणाम किया। फिर उसने साईबाबा को अपनी ओर आकर्षित करने के प्रयास में, अपने उभरे हुये उरोजों को एक विचित्र सी मुद्रा में धीरे से मटकाया और एक मोहक मुस्कान के साथ वह बोली –

"आपकी दया और कृपा के चर्चे सुनकर ही, मैं आपका आशीर्वाद लेने आई हूँ और आपके सम्मुख अपना नृत्य प्रस्तुत करने की आज्ञा चाहती हूँ !"

त्रिकालदर्शी और **सर्वज्ञ** होने के कारण, साईश्री अपने पास आने वाले प्रत्येक प्राणी के हृदय की बात, बहुत पूर्व ही जान लेते थे ! अतः उन्हें उस नर्तकी और गणु की मूर्खता पर हंसी आ गई! उन्होंने एक क्षण को उस ओर देखा, जहां

ओट में गणु छिपा हुआ था, फिर उन्होंने नर्तकी की ओर अपनी विचित्र सी नजरों से, घूरकर देखते हुये कहा –

"इस द्वारकामाई में आने वाले प्रत्येक प्राणी की, किसी भी इच्छा का, मैं कभी निरादर नहीं करता हूँ ! यदि तुम्हें अपने नृत्य पर इतना भरोसा है कि तुम अपने नृत्य द्वारा किसी को भी भ्रमित करके, उसे अपनी ओर आकर्षित कर सकती हो, तो तुम्हें मेरी ओर से अपना नृत्य प्रस्तुत करने की पूर्ण आज्ञा है !"

किन्तु नर्तकी ने अपने गाने की एक लम्बी अलाप के साथ, जैसे ही अपना नृत्य प्रारम्भ किया, तो उसी क्षण उसके पैरों में बंधे हुये घुंघरू, टूटकर एक ओर फर्श पर बिखर गये और वह स्वयं चक्कर खाकर एक ओर लुढ़क गई ! उसके गाने की लय और स्वर स्वतः ही एक भक्तिगीत में परिवर्तित हो गये। वह साईश्री की भक्ति में डूबकर, बेसुध सी अब उस भजन को झूमझूमकर गाने लगी !

जब उसे अपनी इस दशा का होश आया, तो वह अपने अपराध की क्षमा के लिये, साई बाबा के चरणों में गिर पड़ी! उसके मुख से केवल यही शब्द बाहर निकल सके – "यह किसी आवाज थी देवा.......?"

साईश्री ने एक भेदभरी मुस्कान के साथ उत्तर दिया – "यह तुम्हारे अपने अन्तर की वो आवाज थी बेटी, जिससे तुम आज तक स्वयं अनजान थीं ! तूमने मुझसे मेरा जो आशीर्वाद चाहा था, वो आशीर्वाद तुम्हें मिल गया है बेटी। इसी कारण तुम आज अपनी अन्तरआत्मा की वो आवाज स्वयं सुनने और पहचानने में समर्थ हो सकी हो, जिससे तुम आज तक अनजान थीं !"

अब मेनका, साई बाबा के चरणों में बेसुध सी गिर पड़ी और वह सिसकती हुई बोली –

"मुझे क्षमा कर दीजिये देवा....! मैं अपने दूषित विचारों और कर्मों के लिये अत्यन्त ही लज्जित हूँ !"

साईश्री ने आशीर्वाद स्वरूप अपना एक वरदहस्त, उसके शीष पर रखते हुये कहा– "इसमें तुम्हारा अपना कोई दोष नहीं है बेटी ! वास्तव में दोषी और

अपराधी तो वो है, जिसने तुम्हें मेरी परीक्षा लेने के लिये, मेरे पास भेजा था और वह स्वयं सामने की ओट में छिपकर सारा नजारा देख रहा है !"

अगले क्षण ही गणु, अपने दोनों हाथ जोड़े हुये ओट से बाहर आ गया। इससे पूर्व कि वह साई बाबा के चरणों में गिरकर अपने अपराध की क्षमा मांगे, साई बाबा ने एक क्षण को अपनी प्रश्नसूचक दृष्टि से गणु की ओर देखा और वह बोले – "तुम्हारा नाम गणपति दत्तात्रेय है न ? और तुम नानासाहेब चान्दोरकर के पास अर्दली का काम करते हो ! तुम्हारी मां तुम्हें गणु के नाम से पुकारती थीं!"

"जी....देवा !"

"तुम्हें.......गीत लिखने और गाने का बहुत शौक है !"

"जी.... देवा !"

"यदि गीत और संगीत का तुम्हें इतना ही शौक है, तो तुम अपने सस्ते और गंदे गीतों को लिखने की बजाय, अपने जीवन को सार्थक बनाने के लिये, पंढरपुर के उस भगवान विट्ठल पर लिखो, जिसको तुम अपना इष्ट मानते हो ! तुम मेरी परीक्षा लेने का निश्चय करके यहां आये थे ! लो मैं अब तुम्हारे सम्मुख बैठा हूं ! तुम जिस तरह चाहो, मेरी परीक्षा ले सकते हो !"

बाबाश्री के इस कथन पर, गणु अन्दर से अत्यंत ही लज्जित हो उठा ! वह उनके चरणरज में लोटकर अपनी भूल की क्षमा मांगने के लिये, जैसे ही उनकी ओर बढ़ा, तो साईश्री क्रोधित होकर, अपने ऊँचे स्वर में चीखते हुये बोले –

"अरे ओ मूर्ख ! ऐसे संत के चरण क्योंकर छूना चाहिये, जो हिन्दुओं को **अल्हा** और **मुसलमानों** को **राम** का पाठ पढ़ाता है और वह इस पावन मस्जिद में **समभाव** की पवित्र ज्योति जलाकर, सबको अपना यह संदेश देना चाहता है कि **राम** और **रहीम** में किंचित मात्र भी कोई भेद नहीं है !"

साईश्री के इस कथन को सुनकर, अब गणु अन्दर से और भी अधिक द्रवित हो उठा ! उसे ऐसा अनुभव हुआ कि वास्तव में साईश्री अन्तर्यामी और पूर्ण सर्वज्ञ हैं ! तभी तो वह अपने पास आने वाले प्रत्येक प्राणी के मन की बात का पूरापूरा रहस्य जान लेते हैं ! गणु अपनी इस मुर्खता पर अत्यंत ही लज्जित को उठा कि

वह एक ऐसे महान और निर्विकार संत की परीक्षा लेने के विचार से, यहां क्यों आया था ?

अपनी भूल के पश्चात्ताप में, अब गणु के नेत्रों से अविरल अश्रुधारा बह रही थी ! उसका कंठ पूर्णतया रूंध गया था ! लाख प्रयास करने पर भी, उसके मुख से एक भी शब्द बाहर नहीं निकल पा रहा था ! बस उसके कम्पित हॉठ, इस सत्य का संकेत दे रहे थे कि उसके मन के सम्पूर्ण दूषित विचार, अब पूर्णतया दूर हो चुके हैं ! अन्ततः गणु ने अब अपना साहस जुटाकर, साईश्री के दोनों चरण कसकर पकड़ लिये। वह अपनी करूण सिसकियों के साथ, अपने नेत्रों से बहती हुई अविरल अश्रुधारा से, उनके कमलचरण धोने लगा। अब साईश्री को भी उस पर दया आ गई। उन्होंने एक क्षण को अपनी प्रेमपूर्ण दृष्टि से उसकी ओर निहारा ! फिर वह अपनी एक मधुर मुस्कराहट के साथ उससे बोले –

"क्या तुम्हारे मन की समस्त शंकायें अब दूर हो सकी हैं अथवा नहीं ?"

दासगणु ने अपने संयत स्वरों में उत्तर दिया– "मैं अपनी भूल के लिये स्वयं ही अत्यंत लज्जित हूं देवा ! मुझसे ऐसा प्रश्न करके, मुझे और अधिक लज्जित मत कीजिये और मेरी भूल और दोष के लिये मुझे क्षमा कर दीजिये ! वास्तव में अपनी नौकरी की उन्नति का लोभ, मुझे इस दूषित कार्य के लिये उकसाकर शिरडी खींच लाया था। मुझे क्या मालूम था कि मैं जिसके विषय में खोजबीन करने जा रहा हूँ, ... वह स्वयं **अभेद** और **अनन्त** है !"

इस पर साई बाबा ने बहुत स्नेह से गणु के शीष पर, आशीर्वाद स्वरूप अपना एक हाथ फेरते हुये, अपनी शान्त मुद्रा में पुनः कहा –

"पिछले जन्मों के शुभकर्मों और संस्कारों के कारण ही, तुम्हें अपने इस नवीन जन्म में पुनः मानवयोनि प्राप्त हुई है गणु ! तुम्हारी इस योनि की पूर्ण सार्थकता तभी सम्भव हो सकेगी...जब तुम अपने अच्छे कर्मों की सहायता से, अपने इस जीवन में भक्ति और ज्ञान के सहारे, **ब्रह्मज्ञान** को प्राप्त कर सकोगे ! **ब्रह्मज्ञान** को प्राप्त करने के लिये, भक्ति के साथसाथ **आत्मज्ञान** भी अत्यंत ही आवश्यक है! प्रत्येक प्राणी को यह **आत्मज्ञान** तभी प्राप्त हो सकता है ...जब वह अपनी इन्द्रियों

और वृत्तियों को केन्द्रित करके अपने चैतन्य से **एकत्व** को प्राप्त करने का प्रयास करेगा !" – साईश्री के इस अद्भुत उपदेश का सुनकर, गणु की आत्मा आनन्दित हो उठी ! अब उसके मन की सम्पूर्ण अज्ञानता और अशान्ति पूर्णरूप से नष्ट हो चुकी थी !

साईश्री के शुभदर्शन से, गणु ने अपने जीवन में प्रथम बार परमानंद अनुभव किया ! अब उसे इस सत्य पर पूर्ण विश्वास हो गया कि साई बाबा कोई एक साधारण संत नहीं हैं; बल्कि वास्तव में वह **परब्रह्मस्वरूप** साक्षात् ईश्वर हैं ! गणु ने आत्मविभोर होकर, साईश्री के पावन चरणों में अपना शीष झुकाकर विनती करते हुये कहा –

"इस दास को अपने चरणों से अब कभी अलग मत करना देवा और मुझे इतनी शक्ति और ज्ञान प्रदान करना कि मैं अपने गीतों और छन्दों में, आपके साक्षात् और साकार स्वरूप की महिमा का वर्णन कर सकूँ !"

साईश्री ने गणु की इस विनती को सुनकर, एक दीर्घ और गहरी निश्वास ली ! वह अपने संयत स्वरों में बोले –

"मेरी यह मस्जिद अत्यंत ही पुरातन और पवित्र है गणु और यह शिरडी मेरी हजारों और करोड़ों वर्ष पुरानी कर्मभूमि है ! जब भी कोई ऊँचनीच और धर्म के भेदभाव से मुक्त होकर, इस मस्जिद और इसके संत पर पूर्ण विश्वास करने लगेगा, तो उसे अपने जीवन में, अपने ध्येय और लक्ष्य की प्राप्ति अवश्य होगी ! मेरा आशीर्वाद पाने के लिये, प्रेम और श्रद्धा द्वारा किया हुआ, मात्र एक ही **नमस्कार** पर्याप्त है ! आज के बाद, तुम्हें इस धरती के लोग गणु नहीं; बल्कि अब दासगणु के नाम से जानेंगे !"

इस तरह दासगणु ने साईश्री के प्रथम दर्शनों में ही, उनके पावन चरणों में अपना आत्मसमर्पण कर दिया ! और उनके दर्शनों से पूर्ण सन्तुष्ट और सुखी होकर, वह साईश्री से प्रसाद स्वरूप **उदी** लेकर, शिरडी से अहमदनगर वापस लौट आये।

अहमदनगर पहुँचकर, दासगणु ने नानासाहेब चान्दोरकर को शिरडी की विस्तृत वार्ता सविस्तार सुनाई। फिर अन्त में उन्होंने नानासाहेब को अपना सुझाव

देते हुये कहा –

"बेटी मैना ताई का विवाह हुये आठदस वर्ष बीत चुके हैं ! किन्तु उसकी गोद संतानसुख से अभी तक वंचित है ! यदि आप उसे शिरडी ले जाकर, साईश्री का आशीर्वाद प्राप्त करेंगे, तो मुझे पूर्ण विश्वास है कि बेटी मैना को अवश्य ही संतान की प्राप्ति होगी !"

गणु के मुख से एक संत की अविश्वसनीय प्रशंसा सुनकर, नानासाहेब प्रसन्न होने की बजाय, मन ही मन क्रोध में खीज उठे और वह उस पर क्षणिक झुंझलाते हुये बोले –

"तू निरा मूर्ख है गणु ! इसी कारण तू कोरी भावुकतावश एक झूठे भ्रम और अन्धविश्वास में खो गया है और एक साधारण से फकीर को **ईश्वर** का साक्षात् अवतार मान रहा है ! तुझे मैनाताई की चिन्ता हो रही है, और मैं इस बात को लेकर परेशान और चिन्तित हूँ कि मैंने तुझे जिस कार्य से शिरडी भेजा था..वो तू पूर्ण करके वापस नहीं लौटा है ! कल मैं कलेक्टर साहब को क्या जबाब दूंगा ?"

"यदि आप बुरा न मानें, तो मैं एक बात आज कहना चाहता हूं हुजूर !"

"क्या अब और कुछ कहने के लिये तेरे पास बाकी रह गया है ?"

"जी हुजूर ! कहना तो मैं आज बहुत कुछ चाहता हूँ ! लेकिन इस समय मैं सिर्फ इतना ही कहूंगा कि आप इन अंग्रेज अफसरों को खुश करने के लिये, उनकी निस्वार्थ सेवा में दिनरात लगे रहते हैं ! उनका एक हुक्म बजाने के लिये, आप आगे..आगे और मैं आपके पीछे..पीछे दिनरात भागता रहता हूँ ! कहीं ऐसा न हो हुजूर कि साई बाबा तक पहुँचने के लिये, आपको मेरे पीछेपीछे चलना पड़े !"

गणु के इस अन्तिम वाक्य को सुनकर, अब चान्दोरकर साहब क्रोध में पूर्णतया बिफर उठे ! वह अपने ऊँचे स्वर में चीखते हुये बोले –

"यू इडीयट ! गैट आउट फ्रॉम माई रूम !"

अगले क्षण ही गणु उनके कमरे से चुपचाप बाहर आ गया। उसके जाने के पश्चात्, अब चान्दोरकर साहब भी एक गहरे सोचविचार में डूब गये !

अपनी प्रथम भेंट में ही गणु, साईश्री से इतना मानसिक रूप से प्रभावित हो गया था कि अब वह हर क्षण उनकी पुण्यस्मृति में ही खोया रहता था ! यद्यपि अब उसका मन अपने सरकारी कार्य में बिल्कुल नहीं लगता था। किन्तु उसकी यह हार्दिक अभिलाषा थी कि उसने किसी न किसी तरह अपने विभाग में ..बइंस्पेक्टर का पद अवश्य प्राप्त करना है।

उसने मन ही मन यह निश्चय किया कि अगली बार जब वह साईश्री के दर्शनों हेतु शिरडी जायेगा, तो वह इस कार्य हेतु, स ्बाबा से अवश्य प्रार्थना करेगा। किन्तु उसे क्या मालूम था कि इस विषय में साईश्री उसकी कोई सहायता नहीं करेंगे, क्योंकि उन्होंने उसके भविष्य हेतु, कोई अन्य योजना पहले से ही निश्चित की हुई थी !

धीरेधीरे गणु के विचारों गें अब एक विशाल परिवर्तन आ गया था। उसके इस परिवर्तन के कारण, चान्दोरकर साहब भी अब उसे अपनी अर्दली की ड्यूटी हेतु, अयोग्य समझने लगे थे ! अतः उन्होंने उसका हवलदार के पद पर प्रमोशन कराकर, उसे नगर के एक प्रमुख पुलिस थाने पर नियुक्त करा दिया था।

गणु को जब भी अपने कार्य से अवकाश मिलता था, तो वह चान्दोरकर साहब के परिवार के सदस्यों से मिलने के लिये, उनके बंगले अवश्य आ जाता था। वह वहां चान्दोरकर साहब की पत्नी और उनकी बेटी के सम्मुख बैठकर, सदा साईश्री की महानता के अनेक चर्चे किया करता था !

***

पुलिस नगर के प्रमुख थाने पर अपनी नई ड्यूटी की नियुक्ति के कारण, वह पिछले दो माह से चाहकर भी शिरडी नहीं जा पा रहा था। अन्ततः दो माह की लम्बी ड्यूटी के उपरान्त, जब उसे तीन दिन का पूर्ण अवकाश मिला, तो उसने तत्काल

ही साईश्री के दर्शनों हेतु, शिरडी के लिये प्रस्थान किया।

साईश्री के सम्मुख नतमस्तक होने के पश्चात्, वह अपनी शान्त मुद्रा में एक ओर बैठकर, मन ही मन यह सोचने लगा कि वह साईश्री के सम्मुख अपनी प्रार्थना कब और किस रूप में रखे ? इससे पूर्व कि गणु इस विषय में कुछ निश्चय कर पाता कि साईश्री ने उसे अपने संकेत द्वारा अपने समीप बुलाकर, उससे स्वयं कहा–

"मैं अच्छी तरह जानता हूँ कि तुम्हारे मन में सबइन्स्पेक्टर बनने की हार्दिक अभिलाषा है ! किन्तु तुम्हें अपनी नौकरी के पद पर उन्नति का मोह सदा के लिये त्यागना पड़ेगा, और तुम्हें अपनी यह नौकरी भी सदा के लिये छोड़नी पड़ेगी। क्योंकि पुलिस की नौकरी, तुम्हारे लिये प्रयुक्त नहीं है गणु ! तुमने तो द्वारद्वार भटककर, अपने गीतों....भजनों और प्रवचनों द्वारा इस धरती पर **ब्रह्मज्ञान** का पुंज प्रकाश फैलाना है ! अपने इष्ट की आराधना और भक्ति के बन्धनों में बंधकर, तुमने राह से भटके हुये इंसानों में, **ईश्वरीय विश्वास** की एक ऐसी नई **चेतना** उत्पन्न करनी है, जिससे उन्हें **मुक्ति** और **मोक्ष** की राह स्पष्ट नजर आने लगे !

साईश्री के इस कथन ने गणु को एक गहरे आश्चर्य में डुबो दिया ! इस सोच ने उन्हें और भी अधिक विस्मित कर दिया कि वास्तव में बाबाश्री इतने **सर्वज्ञ** और **सर्वव्यापक** हैं कि उनसे किसी भी प्राणी के मन का कोई भी भेद और रहस्य छिपा नहीं रह सकता है ! वह एक ऐसे **सर्वशक्तिमान** और **सर्वभूतों** के ज्ञाता हैं कि वह प्रत्येक प्राणी के भूत, वर्तमान और भविष्य से पूर्ण परिचित रहते हैं और वह अपनी दैवीय शक्ति के सहारे, किसी के भी भाग्य की रेखाओं को बदलने में पूर्ण समर्थ हैं ! अतः गणु ने अपना साहस संजोकर, एक बार पुनः साईश्री के समक्ष अपनी इच्छा को दोहराते हुये कहा –

"मैं आपकी इच्छानुसार समय आने पर, पुलिस विभाग की यह नौकरी अवश्य छोड़ दूंगा देवा ! किन्तु अपनी नौकरी छोड़ने से पूर्व, कम से कम एक वर्ष के लिये, सबइन्स्पेक्टर के पद पर कार्यरत रहने की, मेरी हार्दिक अभिलाषा है ! मैं इस पद हेतु, अपनी विभागीय परीक्षा भी उत्तीर्ण कर चुका हूँ। यदि इस कार्य हेतु,

आपकी इस दास पर कृपादृष्टि हो जायेगी, तो मेरे जीवन की सबसे बड़ी अभिलाषा अवश्य पूर्ण होगी !"

गणु की इस विनती ने साईश्री पर अपना कोई विशेष प्रभाव नहीं किया ! किन्तु उनके अधरों पर एक भेदभरी मुस्कान अवश्य सिमट आई। फिर वह बोले –

"तुम्हारी यह हार्दिक अभिलाषा सम्भवतः कभी पूर्ण नहीं हो सकेगी गणु ! क्योंकि विधाता ने तुम्हें इस मानवयोनि में भेजने से पूर्व, तुम्हारे भाग्य में जो कुछ भी पहले से **निश्चित** किया हुआ है, उसे **अनिश्चित** करने का इस सेवक को कोई अधिकार नहीं है ?"

साईश्री के इस उत्तर ने अब गणु को एक गहरी उदासीनता में डूबो दिया ! उसके चेहरे पर इस बात की गहन पीड़ा के चिन्ह स्पष्ट झलकने लगे कि साईश्री ने उसकी अभिलाषा की पूर्ति हेतु, उसे अपना आशीर्वाद क्यों नहीं प्रदान किया है?

गणु को अत्याधिक बेचैन और उद्वेलित पाकर, अब उसे समझाने का प्रयास करते हुये, साईश्री ने उससे पुनः कहा –

"तुम यह न भूलो गणु कि जग का रिश्ता और मोह के बन्धन, मात्र एक कच्चे धागे के समान होते हैं ! इसी कारण जब **अन्त** समय आता है, तो कोई भी किसी का सगासम्बन्धी और उसका अपनापराया उसके साथ नहीं जाता है ! बस इंसान के अपने कर्म ही, अन्त समय उसके साथ जाते हैं.... और वह अपने उन कर्मों के अनुसार ही, अपनी अगली योनि ग्रहण करता है ! इसीलिये जीवन में **आत्मानुभूति** प्राप्त करने के लिये बिना किसी के **मोह** के अनवरत परिश्रम नितान्त आवश्यक होता है ! जो भी कोई इस दिशा में, जितना प्रयत्न करता है ....उसे उसी समान ईश्वर से **अभिन्नता** भी प्राप्त होती है ! किन्तु तुम्हें इस दिशा में बहुत आगे बढ़ना है और अपने निश्चय पर दृढ़ रहकर, जीवन के गतिमान दृश्य को शान्तिपूर्वक देखना है ! वास्तव में ईश्वर ही **सर्वशक्तिमान** है और उसके अतिरिक्त इस धरती के प्रत्येक प्राणी का कोई भी अन्य संरक्षणकर्ता नहीं है ! उसकी कार्यप्रणाली बड़ी ही अलौकिक, अनमोल....और कल्पना से परे है ! उसकी इच्छा से ही इस धरती पर सब कार्य होते हैं !"

साईश्री के इस अध्यात्मिक और दार्शनिक उपदेश ने दासगणु पर मानसिक रूप से अपना एक गहन प्रभाव अवश्य किया ! किन्तु उसके मुख पर इस दुख और पीड़ा के चिन्ह, अब भी स्पष्ट झलक रहे थे कि साईश्री ने उसकी हार्दिक अभिलाषा की पूर्ति के लिये, उसे अपना कोई आशीर्वाद प्रदान नहीं किया है !

अन्ततः अपने मन में एक गहरी उदासी और निराशा लिये हुये, दास गणु उसी दिन शिरडी से वापस लौट आये। उन्होंने मन ही मन यह निश्चय कर लिया कि अब वह भविष्य में, साईश्री के दर्शनों हेतु....तब तक शिरडी नहीं जायेंगे, जब तक साईश्री उनकी अभिलाषा की पूर्ति हेतु, उन्हें अपना आशीर्वाद प्रदान नहीं करेंगे!

फिर धीरेधीरे समय बीतने लगा ! अब गणु के विभागीय कार्य में, स्वयं अपने आप ऐसी अनेक असमायिक उलझनें और कठिनाइयां उत्पन्न होने लगीं थीं कि वह अपनी सरकारी नौकरी में, हर क्षण अत्यंत ही चिन्तित और परेशान रहने लगे थे । किन्तु अपनी कठिन सी कठिन परिस्थिति में, जब भी गणु ने साईश्री का स्मरण किया, तो उन्होंने उसकी दयनीय दशा पर तरस खाकर, उसे हर बार उसकी कठिन परिस्थिति से सुरक्षित बाहर निकाल लिया। इस तरह उसके शत्रु उसे किसी भी प्रकार की कोई हानि पहुंचाने में कभी सफल नहीं हो सके ! गणु के प्रति साईश्री की यह अप्रत्यक्ष सहायता, उसे बारबार उनके समीप खींच लाती थी ! वह यह सोचने पर विवश हो जाते थे कि क्यों न वह पुलिस की इस नौकरी को सदा के लिये छोड़ दें, जिसमें हर क्षण अब उनके सम्मुख विषम कठिनाइयां और मुसीबतें अपना मुँह बाये खड़ी रहती हैं ! किन्तु वह इस भय के कारण ऐसा करने का साहस नहीं जुटा पा रहे थे कि नौकरी छोड़ देने के पश्चात्, उनके परिवार के सदस्यों का पालनपोषण कैसे होगा ?

❋ ❋ ❋

एक बार गणु अपने उच्च्च अधिकारियों से बिना छुट्टी लिये और उन्हें बगैर सूचित किये, अपने एक सहयोगी मित्र के साथ, समीप के किसी अन्य क्षेत्र में स्थित, एक ऐसे मंदिर के दर्शनों हेतु चले गये, जिसकी मान्यता और प्रसिद्धी दूरदूर तक फ़ैली हुई थी। उनके एक दूसरे सहयोगी ने, जो उनसे सदा ही मनमुटाव और बैर

रखता था, इस बात की सूचना थाना प्रभारी को दे दी। थाना प्रभारी भी गणु के साथ अपने निज मतभेदों के कारण, उससे कभी प्रसन्न नहीं रहता था !

जब शाम को गणु अपनी तीर्थयात्रा से वापस लौटा, तो उसने स्वयं को पूर्णरूप से कठिन परिस्थितियों में घिरा पाया ! उसे अपने एक अन्य साथी से विदित हो गया था कि थाना प्रभारी ने उसके खिलाफ अपनी कागजी कार्यवाही पूर्ण करके, उसे नौकरी से निलंबित कराने की अपनी ओर से पूर्ण तैयारी कर ली है !

अतः गणु थाने पर अपनी हाजिरी देने की बजाय, भागता हुआ गोदावरी नदी के तट पर आया और वह उस नदी का जल अपनी दोनों अंजुलि में भरकर, पूर्ण श्रद्धा और विश्वास के साथ, साईश्री की उपासना और आराधना करने लगा ! उसने अपनी सहायता हेतु, साईश्री से विनती करते हुये कहा –

"देवा ! इस बार मुझे नौकरी से निलंबित होने से बचा लीजिये ! मैं आपको वचन देता हूँ कि उचित अवसर आते ही, आपकी इच्छानुसार मैं पुलिस की यह नौकरी अवश्य छोड़ दूँगा !"

दूसरे क्षण ही एक बूढ़ा सा व्यक्ति न जाने कहाँ से भागता हुआ, उसके समीप आया और वह उससे बोला –

"पास के सिरपुर गांव के कुछ बहादुर लड़कों ने, दो डाकुओं को घेरकर पकड़ रखा है ! उन्होंने अपनी लाठियों से उन्हें मारमार कर अधमरा कर दिया है ! गांव वालों ने उन डाकुओं के पास से लूट और डकैती का बहुत सारा माल भी बरामद किया है। तुम तत्काल ही वहां जाकर, उन डाकुओं को गिरफ्तार करके, थाने ले जाओ। इससे तुम्हें अपनी मुसीबत से छुटकारा मिल जायेगा और वरिष्ठ अधिकारी तुम्हारे इस कार्य के लिये, तुम्हारी सराहना भी करेंगे !" – अपना यह संदेश देकर वो बूढ़ा व्यक्ति, उसकी आंखों से अगले क्षण कहीं ओझल हो गया!

किंकर्त्तव्यविमूढ़ और ठगा सा गणु यह सोचने लगा कि उसे सूचना देने वाला यह बूढ़ा व्यक्ति आखिर कौन था ? वह कहाँ से आया था ? और अचानक कहाँ अदृश्य हो गया है ?

कुछ क्षणों के गहन सोचविचार के पश्चात्, गणु को इस सच्चाई का तत्काल ही बोध हो गया कि उसकी प्रार्थना सुनकर, उसे थाना प्रभारी की योजनाबद्ध कार्यवाही से बचाने के लिये, स्वयं साईश्री एक बूढ़े के भेष में उसे सूचना देने आये थे !

दूसरे ही क्षण साईश्री का मन ही मन नमन करता हुआ गणु, अपने तेज कदमों से सिरपुर गांव की ओर चला गया। उसने वहां जाकर उन दोनों डाकुओं को गिरफ्तार किया और वह गांव के बहादुर लड़कों को अपने साथ लेकर थाने आ गया।

इससे पूर्व कि थाना प्रभारी, ड्यूटी से बारह घंटे की एक लम्बी अनुपस्थिति के विषय में, दासगणु से कोई प्रश्न करता, उसने स्वयं ही अपनी ओर से अपनी सफाई देते हुये कहा –

"यह दोनों, डाकू कल्लन सिंह के गिरोह के सक्रिय सदस्य हैं ! मुझे मुखबिर से सूचना मिली थी कि यह लोग साधारण भेष में सिरपुर गांव में पूर्णिमा के दिन डकैती डालने के विचार से, टोह लेने के लिये आने वाले हैं। मैं इनकी टोह लेने के विचार से, सिरपुर गांव की ओर गया हुआ था। इससे पूर्व कि यह दोनों गांव से सुरक्षित भागने में सफल होते, गांव के इन बहुदर लड़कों ने इन्हें चारों ओर से घेर लिया और अपनी लाठी के प्रहारों से, इन दोनों की यह दुर्गति बना दी है !

फिर गणु ने इन डाकुओं के पास से बरामद हुये लूट के माल का थाना प्रभारी द्वारा निरीक्षण कराया। थाना प्रभारी ने उन डाकुओं पर डकैती और लूट के अधिनियम के अन्तर्गत केस पंजीबद्ध करके, उन्हें सलाखों के पीछे, अदालत की कार्यवाही हेतु बन्द कर दिया।

जब थाने में एकत्रित भीड़ पूरी तरह समाप्त हो गई, तो थाना प्रभारी ने बरामद हुये लूट के माल में से कुछ जेवर अपने पास रखने की इच्छा, दास गणु के समक्ष प्रगट की ! किन्तु दासगणु ने अपने अफसर का यह प्रस्ताव स्वीकार नहीं किया और उसने बरामद हुये सम्पूर्ण माल की स्वयं लिस्ट तैयार करके, सब वस्तुयें थाने के खजाने में जमा करा दीं ! गणु के इस विपरीत व्यवहार से थाना प्रभारी अब

उससे और भी अधिक चिढ़ गया !

अब एस.पी. और डी. आई. जी. साहब ने गणु के कार्य से प्रसन्न होकर, उसकी सहायक उपनिरीक्षक के पद उन्नति हेतु, उसका केस मंजूर करके, उसकी फाइल आगे बढ़ा दी थी !

❊ ❊ ❊

दो माह उपरान्त, एक बार पुनः साईश्री ने गणु की, उस समय सहायता की, जब मुखबिर की सूचना के अनुसार थाना प्रभारी ने जानबूझकर, हवलदार गणु को बन्दूकों और हथियारों से लैस अन्य दस सिपाहियों का नेतृत्व सौंपकर, डाकू कल्लन सिंह के गिरोह के कुछ अन्य सक्रिय सदस्यों को गिरफ्तार करने हेतु, अहमदनगर के उत्तरपूर्व दिशा में स्थित, घने वन में भेजा था।

किन्तु इससे पूर्व कि गणु अपने साथी सिपाहियों के सहारे, उन डाकुओं को जीवित पकड़ने के लिये, अपनी योजनाबद्ध घेराबंदी करता, वे चारों डाकू वहां से सुरक्षित भागने में सफल हो गये। जब गणु ने उनका अकेले ही पीछा किया, तो दुर्भाग्यवश गणु उनकी पकड़ में आ गया। उन डाकुओं ने उसकी बन्दूक और कारतूस उससे छीन लिये, और वे उसे पकड़कर, अपने अन्य ठिकाने पर ले गये।

अपने अन्य सुरक्षित ठिकाने पर पहुंचने के पश्चात्, उन डाकुओं ने गणु की डटकर पिटाई की, जिसके कारण वह पीड़ा में कराहता हुआ बेसुध सा एक ओर जमीन पर लुढ़क गया ! फिर जब गणु ने अपनी सहायता हेतु, मन ही मन साईश्री को याद किया, तो साईश्री ने अपनी दैवीय शक्ति के सहारे, उन डाकुओं के मन में ऐसी भावना उत्पन्न कर दी कि वे उसे जान से मारने की बजाय, उसे इसी अवस्था में जीवित छोड़कर वहाँ से तत्काल ही कहीं भाग गये !

कुछ देर बाद, गणु के अन्य साथी, उसकी खोज में भटकते भटकते वहीं आ गये, जहाँ गणु अपनी अर्धमूर्छित अवस्था में पड़ा हुआ दर्द और पीड़ा में कराह रहा था !

फिर जब गणु को पूर्णरूप से होश आया, तो उसने स्वयं को अहमदनगर के सरकारी अस्पताल में डाक्टरों से घिरा पाया। उसकी पत्नी भी, वहीं उसके पास मौजूद थी।

तीन दिन के पश्चात्, जब वह अस्पताल से डिस्चार्ज होकर, अपने घर पहुँचा, तो अब उसने मन ही मन निश्चय कर लिया कि वह पुलिस की इस नौकरी को अवश्य छोड़ देगा, जिसके कारण आज उसकी यह दुर्दशा हुई है !

थाना प्रभारी के अतिरिक्त विभाग के अन्य सभी उच्च अधिकारी, अब गणु को एक वीर, कर्मठ और योग्य कर्मचारी के रूप में जानने लगे थे ! डी. आई. जी. साहब उसके कार्य से इतने प्रभावित हुये कि उन्होंने स्वयं निज प्रयास करके, उसकी दो सप्ताह के अन्दर सहायक उपनिरीक्षक के पद पर उन्नति करके, उसे उसी थाने में नियुक्त कर दिया !

थाना प्रभारी को गणु की यह उन्नति फूटी आँख नहीं भा रही थी। गणु के साथ अपने निज मतभेदों के कारण, अब उसने उसे योजनाबद्ध तरीके से, किसी ऐसे गम्भीर केस में फंसाने का निश्चय कर लिया था कि उसकी उन्नति किसी न किसी तरह, अवनति में परिवर्तित हो जाये ?

एक माह के अन्दर थाना प्रभारी ने गणु के विरूद्ध एक निश्चित योजना बनाई ! उसकी इस योजना में थाने के कुछ अन्य कर्मचारियों ने भी अपने थाना प्रभारी का साथ दिया। अन्ततः उसे थाने के खजाने से दस हजार रुपये के गबन के झूठे केस में फंसा दिया, जिसके फलस्वरूप उसे तत्काल ही निलंबित करके, **लाईन अटैच** कर दिया गया और उसके विरूद्ध गंभीर रूप से विभागीय कार्यवाही प्रारंभ हो गई !

गणु को ऐसा लगने लगा कि यदि वह अपना यह केस हार गया, तो उसकी नौकरी तो जायेगी ही और निर्दोष होते हुये, उसे निरपराध ही जेल की भी हवा खानी पड़ेगी !

अब उसे, स्टेशन छोड़कर, कहीं बाहर जाने की आज्ञा नहीं थी ! वह प्रार्थना हेतु साईश्री के पास शिरडी जाने में भी पूर्ण असमर्थ था ! अतः एक दिन वह उनके चित्र के सम्मुख बैठकर, उनका स्मरण करते हुये, फूटफूटकर रोने लगा ! कुछ देर तक जी भरकर रो लेने के पश्चात्, वह अपनी हिचकियों और सिसकियों के साथ साईश्री से प्रार्थना करते हुये बोला —

"आप तो अच्छी तरह जानते हैं देवा कि मैं निर्दोष हूँ ! मुझे जानबूझकर इस झूठे केस में फंसाया गया है ! मुझे इस बार इस नई मुसीबत से पुनः बचा लीजिये देवा। मैं आपको वचन देता हूं कि इस केस के समाप्त होने के पश्चात, मैं स्वयं ही पुलिस की इस नौकरी से, अपना त्यागपत्र दे दूंगा !"

अब गणु को ऐसा लगा कि साईश्री का चित्र उसके सम्मुख सजीव हो उठा है और वह उससे कह रहा है –

"मेरे होते हुये....मेरे भक्त को कभी कोई हानि नहीं पहुँचा सकता है ! मैंने तुम्हें बहुत पहले ही सचेत कर दिया था कि पुलिस की नौकरी तुम्हारे लिये प्रयुक्त नहीं है ! किन्तु तुम अपने अन्दर के लोभ के कारण, इस नौकरी को अभी तक नहीं छोड़ सके हो और अन्ततः तुम्हें आज इतनी बड़ी मुसीबत का सामना करना पड़ रहा है। अब तुम्हारी भलाई इसी में है कि अपनी ओर से गबन गई रकम की पूर्ति करके, स्वयं को इस केस से सुरक्षित बचा लो और फिर अपनी नौकरी से त्यागपत्र दे दो।"

अगले दिन गणु ने उन अफसरों के समक्ष, जो इस केस की विभागीय छानबीन हेतु विभाग की ओर नियुक्त हुये थे, गबन गई रकम को, दो दिन के अन्दर अपनी ओर से पूर्ति कर देने का आश्वासन दिया !

तत्काल ही गणु ने अपनी पत्नी के समस्त जेवर गिरवी रखकर, पैसा एकत्रित किया और गबन की हुई दस हजार रुपयों की धनराशि, अपनी ओर से सरकारी खजाने में जमा करा दी ! इस तरह इस झूठे केस से छुटकारा पाने के बाद, गणु ने अपने ठोस और तत्वपूर्ण कारणों का हवाला देते हुये, अपने विभाग को, अपना सहर्ष त्यागपत्र सौंप दिया !

❋ ❋ ❋

अपनी नौकरी से त्यागपत्र देने के पश्चात्, सर्वप्रथम गणु ने शिरडी जाकर, साईश्री के दर्शनों का निर्णय किया। शिरडी आकर उसने बाबा श्री के कमल चरणों में नतमस्तक होते हुये कहा --

"आपकी इच्छानुसार मैंने पुलिस की नौकरी सदा के लिये छोड़ दी है देवा ! मुझे नहीं मालूम कि अब मेरे परिवार का पालनपोषण कैसे होगा ? मेरे पास अपनी न कोई निज जमीन है और न पूर्वजों की कोई जायदाद ! अपनी पत्नी के सम्पूर्ण गहने गिरवी रखकर, मैंने स्वयं को इस झूठे केस के कलंक से बचाया है !"

साईश्री ने एक सहज भाव से उसे सान्त्वना देते हुये कहा– "तो इसमें इतना चिन्तित होने की क्या बात है ? जब तुम मेरे शरणागत हो गये हो, तो अब अपनी समस्त चिन्ताओं का भार तुम मुझ पर छोड़ दो ! मेरे भक्तों के घर अन्न तथा वस्त्रों का कभी अभाव नहीं रहता ! यह मेरा **वैशिष्टय** है कि जो भी पूर्ण **श्रद्धा और विश्वास** से मेरी शरण में आ जाता है तो उसके कल्याणार्थ मैं सदैव स्वयं चिन्तित रहता हूँ ! अब मैं तुम्हें इतना धन....वैभव और यश दूँगा कि तुमने उसकी कभी सपने में भी कल्पना नहीं की होगी। वास्तव में तुम जिस शुभ कार्य हेतु, इस धरती पर मानवयोनि में आये हो, उसमें तुम्हारी पुलिस की नौकरी पूर्ण बाधक थी और तुम उस नौकरी में रहकर, अपनी उस अध्यात्मिक उन्नति को कभी प्राप्त नहीं कर सकते थे, जिसके सहारे अब तुमने **आत्मज्ञान** और **ईश्वरचिन्तन** प्राप्त करना है ! अब तुम्हें अपने इष्ट और ईश्वर में पूर्ण आस्था और विश्वास रखकर, अनेक स्थानों पर अपने मधुर कीर्त्तन और उपदेशों द्वारा राह से भटके हुये लोगों को ईश्वरीय शक्ति की ओर आकर्षित करना है और उसके **सर्वव्यापी** स्वरूप से उन्हें परिचित कराना है !"

इस तरह एक विशाल परिवर्तन के साथ, दासगणु के जीवन में एक नया अध्याय प्रारम्भ हुआ ! उसने अपना प्रथम संकीर्तन अपनी मधुर आवाज में साईश्री के सम्मुख विष्णु सहस्त्रनाम के पाठ के गायन से प्रारम्भ किया और साईश्री से आशीर्वाद प्राप्त करने के पश्चात्, वह अपने जीवन की एक नई राह पर निकल पड़ा!

अब साईश्री की कीर्ति पूना और अहमदनगर के अनेक जिलों में पूर्णरूप से फैल चुकी थी ! अतः दासगणु जी ने अपने मधुर कीर्तन और वेदान्त विवेचन एवं प्रवचन द्वारा साईश्री की कीर्ति को सर्वप्रथम बम्बई प्रान्त में फैलाने का निर्णय लिया ! दासगणु जी कोकण में, जब भी कहीं कीर्तन पर जाते थे, तो वह सर्वप्रथम सदा साईश्री के एक चित्र को चौकी पर स्थापित करते थे। फिर उनका प्रवचन चाहें संत तुकाराम जी, अथवा श्री नामदेव जी या फिर संत ज्ञानेश्वर जी महाराज पर

क्यों न हो ? किन्तु उनका प्रवचन अन्ततः सदा साईश्री की महानता की विवेचना पर ही समाप्त होता था, वह कीर्त्तन में सम्मिलित होने वाले प्रत्येक प्राणी को सदा इस बात के लिये प्रेरित करते थे कि जो भी कोई शिरडी जाकर, इस महान सतपुरुष और अद्वितीय ईश्वरीय अवतार के दर्शन करेगा, तो साईश्री की कृपा और आशीर्वाद से उसकी सम्पूर्ण मनोकामनायें अवश्य पूर्ण होंगी !

दासगणु द्वारा साईश्री का यह अनोखे ढंग का प्रचार और प्रसार, इतना महत्वपूर्ण सिद्ध हुआ कि अब बम्बई प्रांत से भी प्रतिदिन सैकड़ों और हजारों लोग साईश्री के दर्शनों हेतु, शिरडी आने लगे ।

इस तरह दासगणु जी का भी यश अब धीरेधीरे चारों ओर फैलने लगा था और उनका कीर्तन सभी श्रोताओं के हृदयों पर, अपना एक स्थायी प्रभाव अंकित करने लगा था। उन्हें यश और वैभव के साथसाथ अब अपने प्रत्येक कीर्तन में पर्याप्त मात्रा में धन भी, चढ़ावे के रूप में आरती में प्राप्त होने लगा था ! कुछ ही माह में, साईश्री की असीम कृपा से अब उनके पास काफी धन एकत्रित हो गया और उनकी दरिद्रता पूर्णतया दूर हो गई ! उन्होंने साईश्री की आज्ञानुसार, अपने आश्रम हेतु पंढरपुर में, काफी बड़ा घर खरीद लिया और वह अपनी पत्नी सहित वहाँ रहने लगे।

उन्होंने अपनी उस कुटिया में निवास करने के उपरान्त, साईश्री की आराधना हेतु, रहम भिक्षा और प्रार्थना पद के स्वरूप में निम्न दो गीतों की रचना की, जो आज भी शिरडी में साईश्री के प्रतिदिन पूजन एवं अर्चनम् में सम्मिलित हैं –

साई रहम भिक्षा

साई रहम नजर करना,
बच्चों का पालन करना ।
जाना तुमने जगत पसारा,
सब ही झूठ जमाना ।।१।।
साई ......पालन करना !

मैं अंधा हूँ बन्दा आपका,
मुझको प्रभु दिखलाना ।
दास गनू कहें अब क्या बोलूं
थक गई मेरी रसना ।।२।।
साई .... पालन करना !

प्रार्थना पद

रहम नजर करो, अब मोरे साई ।
तुम बिन नहीं, मुझे मां बाप भाई !
मैं अंधा हूं बन्दा तुम्हारा
मैं न जानूं अल्ला इलाही ।।१।।
रहम नजर....... मेरे साई !

खाली जमाना मैंने गंवाया ।
साथिया घर का किया न कोई ।
अपनी मशिद का झाडू गनू है ।
मालिक हमारे तुम बाबा साई ।।२।।
रहम नजर....मेरे साई !

दास गणु जी को अपनी कीर्तन के व्यस्त प्रोग्रामों से जब भी एकदो दिन का अवकाश मिलता था, तो वह पंढरपुर जाने की बजाय, सर्वप्रथम साईश्री के दर्शनों हेतु शिरडी आते थे। साईश्री अपने शुभ आशीष के उपरान्त, उनसे विष्णु सहस्त्रनाम के पाठ का गायन सदा अवश्य सुनते थे !

साईश्री ने दासगणु की कीर्त्तन पद्धति में भी विशाल परिवर्तन किया ! वह सदा से **नारदीय कीर्त्तन पद्धति** के पक्ष में थे। किन्तु दासगणु महाराज को **हरिदास कीर्त्तन पद्धति** अत्यंत ही रूचिकर और प्रिय लगती थी, अतः जब वह कहीं भी कीर्त्तन करने जाते थे, तो सदा अपने सिर पर एक साफा बांधते थे ! वह एक लम्बा कोट, कमीज और एक लम्बी सी धोती धारण करते थे, और उनके कंधे पर सदा ही एक स्वच्छ गमछा टंगा रहता था। वह उपर्युक्त रीति से पूर्ण सजधज कर ही कीर्त्तन

पर जाया करते थे।

एक बार जब वह साईश्री के दर्शनों हेतु शिरडी आये हुये थे, तो उनके कुछ भक्तों ने, उन्हें कीर्त्तन हेतु कोपरगांव में आमंत्रित किया। उन्होंने अपने भक्तों का आमंत्रण सहर्ष स्वीकार कर लिया। वह ऊपर वर्णित रीति से सजधज कर, कीर्त्तन हेतु कोपरगांव जाने से पूर्व, साईश्री का आशीर्वाद लेने मस्जिद आये ।

बाबाश्री ने अपनी प्रश्नसूचक दृष्टि से एक क्षण को दासगणु की ओर निहारा, फिर वह व्यंग में अपनी एक फफती कसते हुये बोले – "दूल्हा राजा ! इस प्रकार बनठन कर कहां जा रहे हो ?"

दासगणु जी ने उन्हें प्रणाम करने के पश्चात् अपना संक्षिप्त सा उत्तर दिया – "मैं कीर्त्तन के लिये कोपरगांव जा रहा हूँ देवा !"

इस उत्तर को सुनकर साईश्री क्षणिक क्रोधित हो उठे और वह अपने ऊँचे स्वरों में बोले – "अरे ओ मूर्ख ! हरिकीर्त्तन में एक दूल्हे के समान सजधज कर जाने की क्या आवश्यकता है ? कीर्तन पद्धति के जन्मदाता तो नारद मुनि जी हैं ! वह कटि से ऊपर, अपने शीष तक कभी कोई वस्त्र धारण नहीं करते थे। वह अपने हाथ में वीणा लेकर, सदा **नारायण...नारागण** का हरिकीर्त्तन करते हुये, अपनी इस अवस्था में तीनों लोकों में विचरते रहते थे ! तुम भी अपने इन वस्त्रों को अभी मेरे सामने उतारकर, मेरी धुनी को समर्पित कर दो क्योंकि हरिकीर्त्तन करते समय, इन्हें शरीर पर धारण करने की कभी कोई आवश्यकता नहीं है ?"

दासगणु ने साईश्री की आज्ञानुसार अपने सभी वस्त्र उतारकर तत्काल ही उनकी धुनी को समर्पित कर दिये। फिर कीर्त्तन करते समय, दासगणु जी ने ऐसे वस्त्र कभी भविष्य में नहीं पहनें और वह सदैव कमर से ऊपर के अंग खुले रखकर, अपने हाथ में करताल एवं गले में रुद्राक्ष की माला पहनकर, हरिकीर्त्तन किया करते थे।

ईश्वर चिन्तन और हरि भजन में विशेष अभिरूचि होने के कारण, साईश्री अपनी मस्जिद में अपने भक्तों से **कीर्त्तनसप्ताह** भी कराते थे। एक बार जब दासगणु जी उनके दर्शनों हेतु शिरडी आये हुये थे, तो साईश्री ने उन्हें इस बार **विष्णु सहस्त्रनाम** के पाठ के गायन की बजाय, **कीर्त्तनसप्ताह** करने की आज्ञा दी ।

दासगणु ने उनकी आज्ञा सहर्ष स्वीकार करते हुये कहा – "मुझे आपकी आज्ञा शिरोधार्य है देवा ! किन्तु मुझे आपकी ओर से इस बात का पूर्ण आश्वासन मिलना चाहिये कि सप्ताह के अन्त में, आज यहाँ भगवान विट्ठल स्वयं साक्षात् प्रगट होंगे !"

साईश्री ने अपना हृदय स्पर्श करते हुये अपने संयत स्वरों में उत्तर दिया – "यहां सबके समक्ष भगवान विट्ठल अवश्य प्रगट हो सकते हैं गणु ! किन्तु यहां उपस्थित सभी भक्तों में उनके प्रति पूर्ण श्रद्धा, विश्वास और उत्सुकता का होना अत्यंत अनिवार्य है ! ठाकुरनाथ की डंकपुरी, विट्ठल की पंढरी और रणछोड़ की द्वारका जब यहीं इस शिरडी में मौजूद हैं तो भगवान विठ्ठल क्या कहीं बाहर से आयेंगे ? जब भक्तों में प्रेम और भक्ति का स्त्रोत प्रवाहित होगा, तो भगवान विट्ठल उसे स्वयं ही अपनी नजरों से दृष्टिगोचर होने लगेंगे !"

फिर ठीक कुछ इसी समान **कीर्त्तनसप्ताह** में घटित भी हुआ ! कीर्त्तन के दौरान दास गणु जी और काका साहेब दीक्षित, जब पूर्ण श्रद्धा और विश्वास से कीर्त्तन में लीन थे, तो उन्हें अचानक साईश्री के स्वरूप में कुछ क्षणों के लिये, भगवान विट्ठल का साक्षात् रूप दृष्टिगोचर हुआ ! उनके सजल नेत्रों से अविरल अश्रुधारा बहने लगी और वे दोनों कीर्त्तन करते हुये झूमझूम कर नाचने लगे !

कीर्त्तनसप्ताह समाप्त होने के पश्चात्,, साईश्री ने काका दीक्षित और दासगणु जी से प्रश्न किया – "क्यों क्या भगवान विठ्ठल आये थे ? तुम सबको उनके दर्शन हुये अथवा नहीं ! वास्तव में तुमने उन्हें दृढ़ता से पकड़कर नहीं रखा था। इसीलिये वह यहाँ अधिक देर नहीं ठहर सके !"

इसके पश्चात् दासगणु जी ने उसी दिन दोपहर के समय निम्न गीत की रचना की और उन्होंने संध्या की आरती से पूर्व, अपनी पूर्ण भक्ति के साथ उसे साईश्री के समक्ष गाकर, उनके कमल चरणों में समर्पित किया –

गीत

"शिरडी वासी साई कन्हैया, सुन ले मेरी पुकार ।
तेरे हवाले मोरी नय्या, साई कर दो पार ।।

चहुँ दिश छाया घोर अंधेरा, तू ही एक आधार ।
तेरे भरोसे मेरा पंढरपुर, तू ही है पालनहार ।।
शिरडी वासी साई कन्हैया, सुन ले मेरी पुकार ।।"

अपने इस भजन के दौरान, दास गणु जी को एक बार पुनः कुछ क्षणों के लिये साईश्री के स्वरूप में, भगवान विठ्ठल के दर्शन हुये ! वह साईश्री के चरणों से लिपटकर बोले –

"बाबा तेरी महिमा किस विधि गाऊँ।
तेरो अन्त कहीं नहीं पाऊँ।।

❋ ❋ ❋

इस घटना के पश्चात् दासगणु जी की साईश्री के प्रति घनिष्टता और आत्मीयता पहले से और भी अधिक बढ़ गई थी ! बाबाश्री के आशीर्वाद के सहारे, अब दासगणु धीरेधीरे आध्यात्मिक उन्नित के उच्च शिखर पर पहुंच गये थे और उन्हें पूर्णरूप से **आत्मज्ञान** भी प्राप्त हो गया था। आत्मज्ञान के कारण, अब उनके मन में मराठी भाषा के एक सुप्रसिद्ध धर्मग्रन्थ **अमृतानुभव** पर अपनी टीका और समालोचन लिखने की प्रेरणा अंकुरित हुई ! जब उन्होंने इस कार्य को प्रारम्भ करने से पूर्व, कुछ अन्य विद्वानों से विचारविमर्श किया, तो उन्होंने दास गणु से यह कहकर, उन्हें पूर्णरूप से हतोत्साहित कर दिया कि यह कार्य अत्यंत ही कठिन और दुर्लभ है !

किन्तु लेखन के इस कठिन कार्य को प्रारम्भ करने का दासगणु जी मन ही मन पूर्ण निश्चय कर चुके थे ! उन्हें अपने साईश्री पर पूर्ण विश्वास था कि वह अपने इस दास को इतना साहस,बल... ज्ञान और विवेक अवश्य प्रदान करेंगे, जिससे यह दुर्लभ और कठिन कार्य सरलता पूर्वक पूर्ण हो सके !

उन्होंने समालोचना और टीका का लेखन कार्य प्रारम्भ करने से पूर्व, शिरडी जाकर, सर्वप्रथम साईश्री का आशीर्वाद प्राप्त किया ! फिर साईश्री की असीम कृपा से उन्होंने यह कठिन और दुर्लभ कार्य पांच माह के अन्दर, सफलता पूर्वक पूर्ण

कर लिया ! जब उनकी यह पुस्तक प्रकाशित हुई, तो प्रान्त के प्रायः सभी विद्वान लेखकों और समालोचकों ने दासगणु जी के इस प्रयास की भूरिभूरि प्रशंसा की !

इसके पश्चात् दास गणुजी के मन में, साईश्री की प्रेरणा के सहारे, **ईशोपनिषद** को, मराठी भाषा के ओवी छन्दों में, अनुवाद करने के लिये इच्छा अंकुरित हुई ! वह इस सच्चाई से भलीभांति परिचित थे कि इस महान धार्मिक उपनिषद का मराठी भाषा के ओवी छन्दों में अनुवाद करना अत्यंत ही दुर्लभ और एक कठिन कार्य है। किन्तु उन्हें इसका विश्वास था कि यदि साईश्री ने उन्हें इस कार्य हेतु, अपना सहर्ष आशीर्वाद प्रदान कर दिया, तो वह इस कठिन कार्य को भी पूर्ण करने में पुनः अवश्य सफल होंगे !

अतः साईश्री का आशीर्वाद प्राप्त करने के विचार से जब दासगणु जी शिरडी पहुँचे, तो वह उनकी आदरपूर्वक चरण वन्दना करने के पश्चात्, उनके सम्मुख एक शान्त मुद्रा में मौन बैठ गये ! यह सचमुच कैसा विचित्र संयोग था कि जिस कार्य के आशीर्वाद हेतु, दासगणु जी साईश्री का आशीर्वाद लेने के विचार से उनके पास आये थे, तो उस समय साईश्री अपने सम्मुख बैठे हुये सभी भक्तों को **ईशोपनिषद**, का संक्षिप्त परिचय दे रहे थे और वह अपने सम्मुख बैठे हुये भक्तों को समझाते हुये कह रहे थे –

"इस उपनिषद में वैदिक संहिता के मंत्रों का समावेश है और इसमें **यजुर्वेद** के अन्तिम अध्याय के कुछ अंश भी सम्मिलित हैं ! इसमें केवल अठारह श्लोक हैं और यह श्लोक **आत्मतत्व** वर्णन के साथसाथ, **कर्मयोग** के सिद्धान्तों को भी पूर्ण रूप से प्रतिबिम्बित करते हैं ! वास्तव में यह उपनिषद, अन्य सभी उपनिषदों की अपेक्षा, इस कारण से श्रेष्ठतर माना जाता है, क्योंकि इसमें आत्मसम्बन्धी ऐसे गूढ़ तत्वों का संग्रह है, जो कि सबको एक असाधारण अन्तर्दृष्टि प्रदान करता है।"

जब साईश्री का अपना यह कथन पूर्ण हो गया, तो दासगणु ने उनके सम्मुख अपने दोनों हाथ जोड़कर उनसे प्रार्थना करते हुये कहा--"मैं इस महान उपनिषद का मराठी भाषा के ओवी छन्दों में अनुवाद करना चाहता हूँ देवा और इस दुर्लभ कार्य हेतु, मुझे आपका आशीर्वाद चाहिये ..... !"

साईश्री ने अपनी सौम्य और शान्त मुद्रा में, दासगणु की ओर सस्नेह निहारा, और फिर वह बोले –

"इसका मराठी भाषा में वास्तविक अर्थ सहित अनुवाद करना, एक दुष्कर कार्य है गणु ! जब तक किसी को आत्मसाक्षात्कार नहीं होगा, तब तक वह उसमें निहित **सारतत्व** का, वास्तविक अर्थ कभी नहीं समझ सकेगा !"

दासगणु ने प्रार्थना करते हुये साईश्री से पुनः कहा – "इस कार्य हेतु यदि आपका आशीर्वाद मेरे साथ रहेगा देवा, तो मुझे पूर्ण विश्वास है कि मैं इस दुष्कर कार्य को भी पूरा करने में अवश्य सफल हो सकूंगा !"–इस पर साईश्री धीरे से मुस्कराये और पुनः बोले –

"मेरा आशीर्वाद तो सदा मेरे सभी भक्तों के साथ रहता है ! मैं उनके उत्तम विचारों को सदा प्रोत्साहन देता हूँ ! तुम्हारा भी विचार अत्यंत ही उत्तम और श्रेष्ठ है गणु ! कर्म करना, तुम्हारा अपना कर्तव्य है ! तुम मेरे मालिक पर विश्वास रखकर, निर्भय होकर अपना कर्म करते जाओ और फ़ल की आशा उस सर्वशक्तिमान पर छोड़ दो, जो सबका मालिक है !"

साईश्री का आशीर्वाद लेकर, अगले दिन दासगुण जी पंढरपुर वापस लौट आये ! अब वह अपनी कुटिया में रहकर, दिन रात **इषोपनिषेद** के अनुवाद के कार्य में व्यस्त रहने लगे !

अनेक महीनों की दिनरात की मेहनत के उपरान्त, वह इस पवित्र उपनिषद का मराठी भाषा के ओवी छन्दों में अनुवाद करने में सफल तो अवश्य हो गये। किन्तु इस उपनिषद में निहित **सारतत्व** को पूर्णरूप से समझ न पाने के कारण, वह अपने कार्य से पूर्ण सन्तुष्ट नहीं हुये ।

उन्होंने अपनी शंका निवारण हेतु अन्य कई विद्वानों से इस विषय में आवश्यक परामर्श और वादविवाद भी किया। किन्तु उनकी समस्याओं को कोई भी समुचित और सन्तोषजनक हल प्रदान नहीं कर सका। उनके लेखन में उत्पन्न हुई समस्यायें पूर्ववत् पहले के समान ही जटिल बनी रहीं ! और वह इसी कारण अब अत्यंत ही असंतुष्ट, उदास और चिन्तित से रहने लगे थे !

अन्ततः अपनी शंकाओं के निवारण हेतु अब उन्होंने शिरडी जाकर, साईश्री के दर्शन करने का निश्चय किया।

शिरडी आकर, उन्होंने साईश्री की चरण वंदना की और कांकड आरती के पश्चात, शुभ अवसर पाते ही, दासगुण जी ने अपने मन की सभी शंकायें और लेखन में उत्पन्न हुई सभी समस्याओं को साईश्री के सम्मुख रखकर, उनके निवारण हेतु, उनसे सविनय प्रार्थना की।

साईश्री ने दासगणु के मन में उत्पन्न हुई शंकाओं को ध्यानपूर्वक सुना और वह उसे अपना आशीर्वाद प्रदान करते हुये सहज भाव से बोले –

"इसमें चिन्ता करने की कोई आवश्यकता नहीं है गणु ! जब तुम बम्बई के उपनगर विलेपार्ले में, काका दीक्षित के घर जाओगे, तो वहाँ दीक्षित की नौकरानी की छोटी बहन, तुम्हारी सभी शंकाओं का निवारण कर देगी !"

वहां उपस्थित अन्य भक्तों ने जब साईश्री के यह वचन सुने, तो वे सब मन ही मन यह सोचने लगे कि बाबा श्री अवश्य ही आज दासगुण जी के साथ विनोद कर रहे हैं, क्योंकि एक अशिक्षित नौकरानी, गणु की गम्भीर शंकाओं और समस्याओं का कैसे निवारण कर सकती है ? किन्तु दासगणु को अपने साईश्री के कथन पर पूर्ण विश्वास था। वह उनके मुख से निकले हुये प्रत्येक वचन और वाक्य को सदा साक्षात् **ब्रह्मवाक्य** के समान मानते थे !

अतः उन्होंने शिरडी से तत्काल ही काका दीक्षित के घर विलेपार्ले जाने का निश्चय किया। वह साईश्री का आशीर्वाद और उनकी अनुमति लेकर, वहां जाने के लिये उसी दिन प्रातः के दस बजे शिरडी से बम्बई के लिये रवाना हो गये।

जब वह काकादीक्षित के घर पहूँचे, तो उस समय रात्रि के आठ बज चुके थे। उन्होंने काकादीक्षित के साथ बैठकर, लगभग दो घंटे तक साईश्री की अनेक चर्चायें कीं ! किन्तु उन्होंने उनके साथ इस बात की जानबूझकर कोई चर्चा नहीं की कि वह साईश्री के निर्देशानुसार, यहां किसी विशेष कार्य से आये हैं ? भोजन इत्यादि से निवृत्त होने के पश्चात्, वह दीक्षित जी के गेस्ट हाउस में विश्राम करने चले गये।

काफी देर तक अपने इस विचार में खोये हुये, वह अपने पलंग पर करवटें बदलते रहे कि दीक्षित जी की नौकरानी कब और कैसे उनकी शंकाओं का समाधान करेगी ?

दूसरे दिन प्रातः के लगभग छः बजे, दास गणु जी अभी सुबह की मीठी नींद का आनन्द ले रहे थे, तो सहसा उन्हें एक सुन्दर गीत के स्पष्ट और मधुर स्वर सुनाई पड़े ! वह उठकर अपने पलंग पर बैठ गये, और उस मधुर गीत का आनन्द लेने लगे ! गीत का मुख्य विषय था कि मैं एक लाल रंग की, सुन्दर सी साड़ी पहिने हुई हूँ। उसका जरी का आंचल, छोर और किनारे इतने बढ़िया और सुन्दर हैं कि उसमें मेरी सुन्दरता, एक सुन्दर राजकुमारी के समान लग रही है ! गणु जी को गीत की पंक्तियां अति मोहक और रूचिकर लगीं ! वह यह देखने के लिये कि इतना सुन्दर और मधुर गीत कौन गा रहा है, अपने कमरे से तत्काल ही बाहर आ गये !

बाहर आकर उन्होंने देखा कि यह गीत एक बालिका गा रही है, जो काका दीक्षित की नौकरानी की छोटी बहन है। उसके तन पर लाल रंग की साड़ी नहीं, बल्कि उसके स्थान पर वह एक फटेपुराने कपड़े से अपना तन ढके हुये है ! किन्तु इतनी दरिद्र अवस्था में भी, वह प्रसन्नचित्त नजर आ रही है और अपना मधुर गीत गाती हुई बर्तन मांज रही है !

दासगणु जी को उस बालिका की दरिद्रता पर दया आ गई और उन्होंने उसे दान में, एक उत्तम साड़ी देने का मन ही मन निश्चय किया। अतः उन्होंने एक लाल रंग की उत्तम और महंगी साड़ी बाजार से मंगाने के लिये, दीक्षित जी से प्रार्थना की। दीक्षित जी ने इस कार्य हेतु, अपने मुनीम जी को तत्काल ही आदेश दिया और कुछ घंटों में अपनी इच्छानुसार लाल रंग की एक रेशमी और सुन्दर सी साड़ी उनको प्राप्त हो गई !

उन्होंने बहुत प्यार और स्नेह से उस बालिका को अपने समीप बुलाया और वो साड़ी उसे सप्रेम दानस्वरूप भेंट कर दी। अपने गीत के अनुरूप सुन्दर सी लाल रंग की साड़ी पाकर, उस बालिका की प्रसन्नता का पारावार न रहा ! वह उसी समान एक आत्मसुख में हर्षित हो उठी, जिस तरह भूख और प्यास से पीड़ित किसी

व्यक्ति को भाग्यवश कहीं से मधुर भोजन प्राप्त होने पर, प्रसन्नता होती है !

दूसरे दिन उस बालिका ने जब लाल रंग की वो नई साड़ी पहनी, तो भी वह दास गणु को पहले के समान ही प्रसन्नचित्त और सन्तुष्ट नजर आ रही थी ! दोनों अवस्थाऐं में उस बालिका के अन्दर, दासगणु जी को कोई भी विशेष परिवर्तन दृष्टिगोचर नहीं हुआ ?

अगले दिन उसने अपनी वो नई साड़ी सम्भाल कर रख दी और वह अपने पुरानेफटे चीथड़े पहनकर, लाल रंग की साड़ी का सुन्दर गीत गाती हुई, अपने काम में व्यस्त हो गई ! वह दासगणु जी को पहले के समान ही पूर्ववत् सन्तुष्ट और प्रसन्नचित्त नजर आ रही थी !

यह नजारा देखकर दास गणु जी का दयाभाव, अब आश्चर्य में परिणत हो गया ! उन्होंने मन ही मन ही मन इस विषय पर बड़ी गम्भीरता से विचार किया ! अन्ततः वह इस निष्कर्ष पर पहुंचे कि **किसी भी मानव का अपने दुख और सुख का अनुभव, उसकी अपनी मानसिक स्थिति पर निर्भर करता है !** – इस तरह उनके मन में उपनिषद के वास्तविक अर्थ के विषय में उत्पन्न हुई शंका का स्वतः ही निवारण हो गया !

उपनिषद का अर्थ और भाव समझने के पश्चात्, अब उन्हें इशोपनिषद् के श्लोकों में निहित, यह गूढ़ सार और तत्व भी स्पष्टरूप से समझ में आ गया था कि **– किसी भी मानव को भगवान उसके कर्मों के अनुसार जो कुछ भी प्रदान करता है, उसी में उसे अपनी प्रत्येक समस्या का संतोषपूर्वक समाधान खोजना चाहिये ! इस सत्य को उसे निश्चयपूर्वक समझना चाहिये कि ईश्वर सर्वभूतों में व्याप्त है और हमें जैसी भी स्थिति प्राप्त हुई है, वह उसकी इच्छा और दया से ही प्राप्त हुई है और वही हमारे लिये सदा लाभप्रद है !**

इस तरह दासगणु जी को अपनी समस्याओं और शंकाओं का प्रत्यक्ष ज्ञान मिल गया था ! वह इस सत्य से भली भांति परिचित हो गये थे कि **किसी भी प्राणी के साथ जो कुछ भी घटित होता है, वो सब ईश्वर की इच्छा पर निर्भर और नियंत्रित है !** जो कोई भी उसे ईश्वरेच्छा मानकर, उसी में सन्तुष्ट रहता

है, तो वह निरपेक्ष कर्म करते हुये, अकर्मण्यता के आदर्श को प्राप्त होता है !

साईश्री ने इस अद्वितीय शिक्षा पद्धति द्वारा दासगणु जी को अमूल्य शिक्षा प्रदान की ! साईश्री के शुभ आशीष ये वह ईशोपनिषद का मराठी भाषा के ओवी छन्दो में अनुवाद करने में पूर्ण सफल हुये !

❋❋❋

हिन्दु धर्म के अनुयायियों की सदा से ऐसी मान्यता रही है कि किसी भी शुभ और अशुभ या फिर किसी महान कार्य को पूर्ण करने के उपरान्त, प्रयाग के पवित्र संगम में स्नान करने से, उसके समस्त क्लेश, दुख और संताप सदा के लिये नष्ट हो जाते हैं ! अतः **ईशोपनिषद** का सफलतापूर्वक मराठी भाषा के ओवी छन्दों में अनुवाद पूर्ण करने के पश्चात्, अब संगम में स्नान करने की इच्छा दासगणु जी के मन में भी उत्पन्न हुई। अतः वह इस विचार से, बाबाश्री की आज्ञा लेने के लिये शिरडी आये और जब उन्होंने अपने विचार, साईश्री के समक्ष रखे, तो साईश्री ने अपनी एक भेदभरी मुस्कान के साथ दासगणु से कहा –

"मुझ पर विश्वास करो गणु, तुम्हारा प्रयाग तो यहीं इस शिरडी में मौजूद है ! फिर तुम्हें इतनी दूर व्यर्थ में भटकने की क्या आवश्यकता है?"

साईश्री के इस उत्तर को सुनकर, जैसे ही दासगणु जी उनके चरणों में नतमस्तक हुये, तो अनायास ही बाबाश्री के कमल चरणों के दोनों अंगूठों से गंगायमुना की तीव्र धारा पूर्ण वेग से प्रवाहित होने लगी !

इस अद्‌भुत चमत्कार को देखकर, दासगणु के मन के किसी कोने में छिपी हुई यह भावना कि वास्तव में साईश्री एक महासंत नहीं, बल्कि वह साक्षात् **ईश्वर** के एक **सगुण** और **साकार** अवतार हैं, पहले से और भी अधिक बलवती हो गई ! उन्होंने उनके चरणों से बहते हुये पवित्र जल को अपने दोनों हाथों की हथेलियों में भरकर, अपने शीष, मस्तक और शरीर पर छिड़का और फिर उसका आचमन करने के उपरान्त, उनके अन्तरतम में प्रेम और भक्ति की भावना उमड़ पड़ी ! उनकी दोनों आंखों से अश्रुओं की तेज धारा प्रवाहित होने लगी और उनके मुख से साईश्री की स्त्रोतस्वनी के रूप में यह शब्द स्वतः बाहर आ गये –

यस्य देव परा भक्ति, यथा देवे तथा गुरौ ।
तस्यैते कथिता हयाथी :, प्रकाशन्ते महात्मनः ।।

धीरेधीरे दासगणु जी की ख्याति और प्रसिद्धि साईश्री के एक अद्‌भुत देवदूत और एक कीर्त्तनकार के रूप में चारों और पूर्णरूप से फैल चुकी थी ! अब साईभक्त उन्हें मराठी भाषा के एक प्रतिभाशाली अध्यात्मिक लेखक एवं कवि के रूप में भी भली भांति जानने लगे थे। उनकी सभी रचनाओं की सशक्त शैली में, अब एक साहित्यक पुट का गंभीर सार भी स्पष्ट रूप से नजर आने लगा था। उन्होंने शिवाजी महाराज की अद्‌भुत वीरता पर भी, देशभक्ति से ओतप्रोत होकर, अनेक कवितायें लिखी थीं। उनकी कुछ कवितायें और लेख, अब बम्बई युनीवर्सिटी की कुछ पाठ्य पुस्तकों के मूल अंशों के रूप में सम्मिलित हैं !

दासगणु महाराज ने महाराष्ट्र की पावन धरती पर अवतरित हुये, अनेक महान संतों के जीवनचरित्र पर भी मराठी भाषा में अनेक पुस्तकें लिखीं। किन्तु उनकी प्रत्येक पुस्तक में, सदा ही एकदो अध्याय साईश्री के जीवनचरित्र और उनके महान आदर्शों एवं उपदेशों से संबंधित होते थे ! वह अपनी प्रत्येक पुस्तक पर सर्वप्रथम साईश्री का शुभ आशीष प्राप्त होने के पश्चात् ही, उसे प्रकाशित करते थे।

❊ ❊ ❊

सन् 1903 में दासगणु महाराज के मन में, इस बात की जिज्ञासा उत्पन्न हुई कि वह साईश्री के शिरडी आने से पूर्व के जीवनकाल की सम्पूर्ण खोजबीन करें। अपनी खोजबीन के सिलसिले में, उन्होंने सेलू नगर का भ्रमण किया और वहां के सूबेदार श्री निवासराव जी से उन्होंने अपना सम्पर्क स्थापित किया। अपनी खोजबीन के आधार पर, उन्होंने अपनी **पुस्तक भक्ति लीलामृत** में साईश्री के जीवन के बहुमूल्य बारह वर्षों अर्थात् सन् 1842 से सन् 1854 का संक्षिप्त वर्णन किया है।

मराठी भाषा में, उनकी यह अमूल्य पुस्तक, साईश्री से आशीर्वाद पाने के पश्चात् सन् 1906 में प्रकाशित हुई थी।

साईश्री की असीम प्रेरणा और उनसे प्राप्त हुये आशीष...बल एवं साहस के सहारे, मैंने भी इस सन्दर्भ में गूढ़ अध्ययन किया है ! उनके जीवन से सम्बन्धित

पार्थडी नगर और वैनकुसा जी के आश्रम जाकर, मैंने आवश्यक खोजबीन की है और साईश्री के प्रारम्भिक जीवनकाल से सम्बन्धित (अर्थात् 27 सितम्बर सन् 1838 से सन् 1854 तक) के कुछ गूढ़तत्व और रहस्य एकत्रित किये हैं ! मैंने अपने उस शोध को, अपनी पुस्तक **साई सरिता** एवं **साईकृपा के पावन क्षण** में सम्मिलित किया है।

दासगणु महाराज ने अपनी पावन पुस्तक **भक्ति लीलामृत** से पूर्व, साईश्री के विषय में एक और अन्य मराठी भाषा में पुस्तक **सन्तकथा अमृत** सन् 1903 में प्रकाशित की थी। इसके अतिरिक्त साईश्री द्वारा महासमाधि लेने से पूर्व उनके जीवन चरित्र और आदर्शों पर आधारित एक और अन्य पुस्तक **भक्ति सर्वअमृता** का लेखन कार्य, गणु महाराज ने सन् 1912 में प्रारंभ किया था । उसके दो अध्यायों का लेखनकार्य पूर्ण करने के पश्चात्, उन्होंने सदा के समान आशीर्वाद हेतु, जब अपने वो पृष्ठ साईश्री के चरण कमलों में रखे, तो साईश्री अपनी एक मधुर मुस्कान के साथ उनसे बोले –

"तुम मेरे एक **देवदूत** के रूप में, इस धरती पर मानवयोनि में जिस शुभ कार्य के लिये आये थे, उसे तुमने अपनी श्रेष्ठता से पूर्ण किया है गणु ! अब तुम्हें अपने जीवन के उस सर्वोच्च लक्ष्य की ओर अग्रसर होना है, जिससे तुम **ब्रह्मज्ञान** प्राप्त करके, अपने **आवागमन** के चक्र से सदा के लिये मुक्ति पा सको। समस्त साधनायें तब तक बिल्कुल व्यर्थ और निरर्थक हैं, जब तक उसमें निस्वार्थ भक्ति का सम्पुट सम्मिलित नहीं होता है ! कोई चाहे कितना ही वेदज्ञानी और योग्य पंडित क्यों न हो जाये, किन्तु उस निस्वार्थ भक्ति के अभाव के कारण, वह अपने जीवन में कभी **मोक्ष** नहीं पा सकता है !"

साईश्री के इस कथन को सुनकर, दासगणु जी गहन सोचविचार में डूब गये और वह साईश्री के मुख से निकले हुये शब्दों का गूढ़ रहस्य समझने का प्रयास करने लगे। सन् 1912 से सन् 1918 तक साईश्री की असीम कृपा और आशीष से अब, दासगणु महाराज की अपनी ख्याति भी चरम सीमा पर पहुँच गई थी ! पंढरपुर में उनके अपने आश्रम में उनके भक्तों और शिष्यों की सदा एक भारी भीड़ एकत्रित रहने लगी थी।

अब उन्होंने जगहजगह जाकर हरिसंकीर्त्तन करना पूर्णतया बन्द कर दिया था ! अब वह शिरडी के अतिरिक्त कहीं भी किसी अन्य स्थान पर भ्रमण करने नहीं जाते थे ! उनका अधिकांश समय अबे पंढरपुर में ही व्यतीत होता था ! अपने आश्रम में ही अपने भक्तों, शिष्यों और अनुयायियों के मध्य अब उनका हरिसंकीर्त्तन निरन्तर चलता रहता।

इस दौरान उन्होंने मराठी भाषा में **श्रीसाईनाथ स्तवनमंजरी श्रीसाई सुमनांजली** और **गणु के चार अध्याय** नामक पुस्तकों की रचना की। फिर उन्होंने साईनाथ सगुणोपासना हेतु कुछ अभंग प्रार्थनाओं एवं स्तुति पदों की भी रचना की, जो आज भी साईश्री की नियमित चारों पहर के पूजन में सम्मिलित हैं।

किन्तु उन्होंने सन् 1912 में **भक्ति सर्वअमृता** नामक पुस्तक का, जो लेखन कार्य प्रारंभ किया था, उसे वह साईश्री कीं महासमाधि के छः वर्ष बाद ही, पूर्ण करने में सफल हो सके ! उनकी वो पुस्तक सन् 1925 में प्रकाशित हुई थी।

❊ ❊ ❊

15 अक्टूबर 1918 को विजयादशमी के शुभदिन, दोपहर की आरती समाप्त हो जाने के पश्चात्, ठीक दो बजकर तीस मिनट पर साईश्री ने अपनी एक अन्तिम हिचकी के साथ महानिर्वाण प्राप्त कर लिया था, तो फिर 17 अक्टूबर 1918 को प्रातःकाल के लगभग चार बजे, साईश्री, पंढरपुर में, दासगणु जी के स्वप्न में प्रगट हुये ! उन्होंने उनको अपना आदेश देते हुये –

"अरे गणु ! तू कैसी गहरी नींद में अभी तकसो रहा है ? उठ.... ! और जल्दी उठकर तू शीघ्र ही मेरे पास शिरडी आजा ! मैं जिस मस्जिद मेंनिवास करता था... वो मैंने अब छोड़ दी है ! मैं अब बूटी की हवेली में निवास करूंगा! तुम यहां आकर मेरी समाधि पर अपना अखंड कीर्त्तन और **विष्णु सहस्त्रनाम** का जाप प्रारंभ करो"

इस स्वप्न ने दासगणु महाराज को बहुत अन्दर से हिला दिया ! वह अत्यंत ही दुखी और विह्वल हो उठे ! फिर वह उसी दिन अपने कुछ विशिष्ट शिष्यों को साथ लेकर, पंढरपुर से शिरडी के लिये रवाना हो गये।

उसी दिन संध्या की आरती से लगभग दो घंटे पूर्व, दासगणु महाराज अपने कुछ शिष्यों सहित शिरडी पहुंच गये। वह असीम दुख और वेदना से विह्वल होकर शामा, तात्या, अब्दुल, काकासाहेब दीक्षित, श्रीमान बूटीसाहेब और लक्ष्मीबाई के साथ साईश्री की समाधि पर बैठकर, बहुत देर तक फूटफूटकर रोते रहे ! फिर उन्होंने स्वयं अपने हाथ से सुगंधित पुष्पों की एक सुन्दर सी पुष्पमाला गूंथी और सम्पूर्ण वैदिक रीतिरियाज के अनुसार, उन्होंने अपने पूजन सहित, वो पुष्पमाला समाधि को अर्पण कर दी !

फिर उन्होंने स्वयं संध्या की आरती की ! आरती के पश्चात् उन्होंने अपने भक्तों और शिष्यों के साथ साईश्री की समाधि के समक्ष बैठकर, **विष्णु सहस्त्रनाम** का जाप किया और जाप के पश्चात् उन्होंने हरिनाम का अखण्ड कीर्त्तन प्रारंभ कर दिया, जो निरन्तर तीन दिन तक चलता रहा ! हरिकीर्त्तन के समापन के उपरान्त, सब भक्तों ने मिलकर, बाबाश्री के नाम पर, एक बृहदभोज का आयोजन किया। इस बीच अनेक नगरों, प्रान्तों और स्थानों से हजारों साई भक्त शिरडी में एकत्रित हो गये थे और वे सब इस वृद्धभोज में सम्मिलित हुये।

फिर अपने मन में साईश्री के विछोह की एक असीम वेदना लिये हुये, दासगणु जी शिरडी से पंढरपुर वापस लौट आये।

अब इस बात की पीड़ा और कुंठा दासगणु जी को दिनरात अंदर ही अंदर कचोटती रहती थी कि वह सचमुच कितने अभागे हैं कि साईश्री के जीवन के अन्तिम क्षणों में, वह उनकी सेवा हेतु, उनके पास शिरडी में उपस्थित नहीं रह सके ? वे लोग वास्तव में कितने भाग्यशाली थे, जिन्हें सच्चिदानंद स्वरूप भगवान श्री साईनाथ महराज की अन्तिम सेवा करने का सुअवसर प्राप्त हुआ था ! सम्भवतः यह उनके संचित पुण्यकर्मों के फल ही थे, जिनके कारण उन्हें ऐसा शुभ और महान अवसर प्राप्त हुआ था !

अब साईश्री के बगैर, इस मानव योनि में जीवित रहने की चाह, दास गणु जी के मन में शेष नहीं रह गई थी ! वह जब भी शिरडी आते थे, तो वह सदा हर क्षण अपना मौन धारण किये रहते थे और साईश्री की समाधि के समक्ष बैठकर, अपनी अविरल अश्रुधारा बहाते रहते थे !

अब्दुल बाबा उन्हें अपनी ओर से निरन्तर समझाने और सान्त्वना देने का हर सम्भव प्रयास करते थे। किन्तु उन क्षणों की पुण्य स्मृतियाँ, जो उन्होंने साईश्री के साथ व्यतीत किये थे, दासगणु जी को मानसिक रूप से और भी अधिक विह्वल और भावुक बना देती थीं !

समय की तीव्रधारा अपने प्रवाह में निरन्तर बहती रही.... और दासगणु जी उस बहते प्रवाह में, अपने उस **ब्रह्मज्ञान** के सहारे, जो उन्हें साईश्री से विरासत में प्राप्त हुआ था... अपना अन्त खोजते रहे ! सन 1920 से सन् 1935 तक दासगणु महाराज की ख्याति महाराष्ट्र के महान संत के रूप में चरम सीमा पर पहुंच गई थी! पंढरपुर और नादेड़ में उनके आश्रमों ने प्रमुखता का एक विशिष्ट स्वरूप प्राप्त कर लिया था !

अब वह अपना शेष जीवन, अपने ग्रहस्थाश्रम से सदा के लिये सन्यास लेकर, एक तपस्वी की भांति उत्तरकाशी में रहकर व्यतीत करना चाहते थे ! किन्तु उनके निरन्तर गिरते हुये स्वास्थ्य के कारण, उनके परिवार के सभी सदस्यों ने उन्हें ऐसा नहीं करने दिया।

अपने अनेक शिष्यों के मध्य, वह अपने शिष्य श्री वर्दानन्द भारती को सबसे अधिक प्यार करते थे। इसी कारण उन्होंने अपना नश्वर शरीर त्यागने से पूर्व, अपना सम्पूर्ण **ब्रह्मज्ञान** एक विरासत के रूप में, अपने प्रिय शिष्य वर्दानन्द भारती जी को सहर्ष प्रदान कर दिया था। तत्पश्चात् साईश्री ने अपने इस अद्भुत **देवदूत** की पुण्यआत्मा को सन्   में अपने समीप बुला लिया।

फिर दासगणु जी के शिष्यों और भक्तों ने पंढरपुर के आश्रम में उनकी पुण्यस्मृति में एक समाधि स्थापित कर दी और उनकी यह पुण्य समाधि एक **आत्मा** का **परमात्मा** से मिलन का सदा के लिए एक साक्षात् स्वरूप बन गई !

फिर उनके परमशिष्य श्री वर्दानन्द भारती जी, परमहंस स्वामी जी के नाम से सम्पूर्ण जगत में विख्यात हुये और उन्होंने अपने ग्रहस्थाश्रम से सन्यास लेकर, अपने गुरू की उस हार्दिक अभिलाषा को पूर्ण किया, जो वह विपरीत परिस्थितियों के कारण अपने जीवनकाल में स्वयं पूर्ण नहीं कर सके थे !

परमहंस स्वामी जी ने सम्पूर्ण जगत का मोह त्यागकर सदा के लिये सन्यास ग्रहण कर लिया। उन्होंने उत्तरकाशी में अपने गुरू दासगणु महराज की पुण्यस्मृति में एक **सन्यासआश्रम** की स्थापना की, जो अब **कैलाशआश्रम** के नाम से उस क्षेत्र में विख्यात है। अब वह उसी आश्रम में रहकर, अपनी **गुरूतपस्या** में लीन रहते हैं! वह अपने समीप आने वाले भक्तों में ईश्वर प्राप्ति के लिये **ब्रह्मज्ञान** की **आत्मानुभूति** का बोध प्रसाद स्वरूप वितरण करते रहते हैं !

❊ ❊ ❊

卐 ॐ श्री साई भक्तानुग्रहकातराय नमः 卐

❊

दासगणु कृत श्री साईनाथ स्तवनमंजरी

❊ गहरे चिंतन और अनुसंधान के बाद, हम इस नतीजे पर पहुंचते हैं कि तुम अजन्मे हो और जीवन मृत्यु से परे हो ! ...१८

❊ अपने जीवन की परिपूर्णता के लिए हमें तुम तक आना है ! करबद्ध समर्पित होना है ! क्योंकि तुम पवित्रता के साकार रूप हो ! ...३३

❊ एक शताब्दी एक वर्ष के समान है ! इसके महापुरूष जल के प्रवाह हैं ! महान आत्मायें उस जल की तरंगें हैं ! ...४४

❊ मेरी अपकीर्ति तुम्हारी है ! बालक तो गलती करता ही है ! मां उसे दुतकारती नहीं ! यही सोचकर, हे सतगुरू साईनाथ अपनी दया मुझे दो ! ...५५

❊ ऐसा ब्रह्म जिसका वर्णन वेद भी नहीं कर पाये ! उसको पृथ्वी पर सगुण रूप देकर संतों ने लज्जित कर दिया ! ...६४

❊ अगर सूर्य के घर में दीपावली आ जाये तो वह कौन से दीप जलाये ? ...१०६

❊ ❊ ❊

म्हालसापति जी द्वारा साईश्री का शिरडी आगमन पर स्वागत

• तृतीय अध्याय •

❖ श्री म्हालसापति जी ❖

अब मैं इस कृति के तृतीय अध्याय में एक अन्य देवदूत श्री म्हालसापति जी के जीवन चरित्र का दिव्य दर्शन प्रस्तुत कर रहा हूं। श्री म्हालसापति जी शिरडी निवासी थे और उनका जन्म सोनार जाति के एक निर्धन परिवार में हुआ था। शिरडी में स्थित भगवान श्री खंडोबा का मंदिर, एक प्रमुख पुजारी के रूप में, उनके स्वामित्व में था ! भगवान श्री साईनाथ की शरण में आने में आने से पूर्व, म्हालसापति जी रूढ़िवादी विचारों के एक कट्टर सनातनधर्मी पुजारी थे ! सोनार जाति के लोग भगवान खंडोबा को म्हालसापति के नाम से भी अपना इष्ट और भगवान मानते थे और मराठी भाषा मे लिखित **म्हालसपति पुराण** को वे सब अपना सबसे पूज्य एवं प्रमुख धार्मिक ग्रंथ मानते थे ! स्वयं म्हालसापति जी भी इस धार्मिक ग्रंथ का प्रतिदिन पूर्ण भक्ति, लगन और श्रद्धा से पाठ किया करते थे !

अपने इष्ट भगवान खंडोबा के पूजन के दौरान, वह प्रायः उनकी भक्ति में कुछ इस समान गंभीर रूप से लीन हो जाते थे कि उनकी अर्धचेतन अवस्था विक्षिप्तों के समान हो जाती थी ! ऐसे क्षणों में उनके समीप उपस्थित रहने वाले सभी लोग, ऐसा विश्वास करने पर विवश हो जाते थे कि म्हालसापति जी के साकार स्वरूप में, भगवान खंडोबा का एक निराकार रूप समाविष्ट हो गया है ! अतः उन क्षणों में उनके मुख से निकले हुए प्रत्येक शब्द को, सब लोग **ब्रह्मवाक्य** के रूप में स्वीकार करने पर विवश हो जाते थे !

प्रतिवर्ष नियमित रूप से म्हालसापति जी एक बार अवश्य अपनी तीर्थयात्रा पर, ज्योरी, जाया करते थे। शिरडी से लगभग 20 किलोमीटर की दूरी पर स्थित **ज्योरी** में भगवान खंडोबा का एक प्राचीन एवं विशाल मंदिर है। उनकी ऐसी मान्यता थी कि उस पवित्र मंदिर में विराजमान भगवान खंडोबा की मूर्ति का, जो भी पूर्ण श्रद्धा और विश्वास से पूजन एवं परिक्रमा करेगा, तो उसे अवश्य ही मनोवांछित फल की प्राप्ति होगी और भगवान खंडोबा का शुभ आशीष उसके मोक्ष में सहायक सिद्ध होगा!

फिर जब चांद पाटील की औरंगाबाद से लगभग पन्द्रह मील की दूरी पर दक्षिण दिशा में, स्थित सिंधोन ग्राम के निकट, एक घने वन में साई बाबा से प्रथम भेंट हुई, तो घोड़ी प्राप्ति की घटना के उपरांत, वह उस तरूण फकीर से इतने प्रभावित हुए कि वह आग्रह करके, उसे अपने साथ, ग्राम धूपखेड़ ले आये।

धूपखेड़ आकर, उस तरूण फकीर ने येलगंगा नदी के तट पर अपनी धूनी जमा ली ! उनके आशीर्वाद से कुछ दिनों उपरांत चांदपाटील की बहन का निकाह, शिरडी निवासी अमीरभाई के बेटे हमीद से निश्चित हो गया ! फिर वही तरूण फकीर चांदपाटील के बरातियों के साथ, धूपखेड़ से अपनी कर्मभूमि शिरडी में पुनः वापस आ गया।

शिरडी पहुंचकर खंडोबा मंदिर के समीप म्हालसापति जी के एक निर्जन और वीरान खेत में स्थित एक बरगद के वृक्ष के नीचे, बरातियों ने अपना पड़ाव डाल लिया। फिर धीरेधीरे बैलगाडियों से सभी यात्री एक के बाद एक नीचे उतरने लगे, तो न जाने किस दैवीय शक्ति से प्रभावित होकर, म्हालसापति जी उस तरूण फकीर के निकट आ गये और सम्मान से उनका अभिवादन करते हुये, वह अनायास ही बोल उठे –

"आओ साई ! शिरडी की यह पावन धरती जाने कब से तुम्हारे आने की प्रतीक्षा कर रही है ?"

अपने इस नये सम्बोधन पर, एक भेदभरी मुस्कान उस तरूण फकीर के अधरों पर सिमट आई। उन्होंने एक क्षण को म्हालसापति जी की ओर बहुत स्नेह से घूरा और फिर वह अपने संयत स्वरों में बोले – "तुमने मुझे **साई** के नाम से क्यों संबोधित किया म्हालसा"

म्हालसापति ने अपना संक्षिप्त सा उत्तर देते हुए कहा – "मेरे खंडोबा ने आपको इस सम्बोधन से संबोधित करने हेतु, मुझे प्रेरित किया था। और अनायास ही यह सम्बोधन मेरे हृदय की बहुत गहराई से, मेरे अधरों पर आपके लिये सिमट आया है !"

"तो फिर तुम अपने इस **साई** को खंडोबा के मंदिर ले चलो म्हालसा।

अब मैं वहीं निवास करना चाहता हूं !"

इस कथन को सुनकर, म्हालसापति जी एकदम अन्दर ही अन्दर सकपका गये ! क्योंकि उस तरूण फकीर की वेशभूषा को देखकर, वह उसे एक मुसलमान फकीर समझ बैठे थे। वह धर्म के एक झूठे अंधविश्वास और खोखली मान्यताओं एवं रूढ़वादिता के कारण, अन्दर से चाहकर भी उस तरूण फकीर को खंडोबा मंदिर में ठहरने की अनुमति देने में, स्वयं को पूर्ण असमर्थ अनुभव कर रहे थे !

समदर्शी और **सर्वव्यापक** होने के कारण, उस तरूण फकीर को म्हालसापति की मानसिक स्थिति और उलझन का तत्काल ही पूर्ण आभास हो गया ! अतः इससे पूर्व कि म्हालसापति जी अपने मुख से कुछ बोलें, उस तरूण फकीर ने बहुत स्नेह से एक क्षण को उनकी ओर पुनः देखा और वह स्वयं अपनी ओर से बोले –

"तुम व्यर्थ में इतने चिंतित और व्यथित क्यों हो रहे हो म्हालसा ? मैं किसी अन्य स्थान पर अपना डेरा जमा लूंगा। किन्तु तुम इतना याद रखना कि मैं जहां भी रहूंगा.... तुम्हारे खंडोबा को, एक दिन मेरे समीप वहीं आना पड़ेगा।"

अन्ततः म्हालसापति जी उस तरूण फकीर को अपने साथ अपनी बस्ती में ले आये। उन्होंने वहां सर्वप्रथम अपने दो निकट मित्रों काशीराम और अप्पा जोगले का उस तरूण फकीर से परिचय कराया। इन तीनों ने मिलकर, एक टूटीफूटी मस्जिद में, उस तरूण फकीर के रहने की पूर्ण व्यवस्था कर दी।

अपनी प्रथम भेट में ही, यह तीनों मित्र उस तरूण फकीर से इतने प्रभावित हुए थे कि अब वे अपने पूर्ण समर्पित भाव से, उनके भक्त बन गये और वे उन्हें सदा **साई** और **देवा** के नाम से सम्बोधित करने लगे ! इस तरह धीरेधीरे वो तरूण फकीर, शिरडी ग्राम के निवासियों के मध्य **साईबाबा** के नाम से चर्चित होने लगा ! उनके शुभदर्शनों से अनेक लोगों को अनेक प्रकार से लाभ प्राप्त होने लगे। उनके शुभआशीष से अनेक कपटी और लोभी, निष्कपट बन गये ! उन्होंने धूनी की उदी द्वारा अनेक गंभीर रोगियों को निरोग किया। उनकी कृपा से अनेक अंधों को पुनः दृष्टि प्राप्त हुई और पंगुओं की पंगुता सदा के लिए नष्ट हो गई। इस तरह साईबाबा अल्पकाल में ही अपने असीमित यश के कारण **ईश्वर** के **साकार** अवतार के रूप

में विख्यात हो गये !

अपनी अदभुत लीलाओं और अलौकिक चमत्कारों द्वारा साईबाबा ने अपने भक्तों के समक्ष सदा ही अपनी **सर्वव्यापकता** और **महानता** का विलक्षण परिचय दिया। उन्होंने स्वयं असहनीय वेदना और कष्टों को सहन करके, अपने भक्तों की सदा विपत्तियों में सहायता की।

उन्होंने म्हालसापति और तात्या पाटील की सहायता द्वारा शिरडी के प्रायः सभी मंदिरों का भी जीर्णोद्धार किया। दक्षिणा के रूप में उनके पास जो भी धन एकत्रित होता था, उसमें से वह अपनी तम्बाखू और धूनी की लकड़ी हेतु थोड़ा सा अंश रखने के पश्चात्, शेष एकत्रित धन वह प्रतिदिन अपनी इच्छानुसार अपने भक्तों में बांट देते थे ! उनकी सदा यही इच्छा रहती थी कि उनके द्वारा दान में दिया हुआ यह धन, उनके सभी भक्त उचित कार्यों में व्यय करें !

किन्तु म्हालसापति जी उनके एकमात्र ऐसे अनन्य भक्त थे कि अत्याधिक दरिद्र होते हुए भी, उन्होंने साईश्री से दान स्वरूप कभी कोई आर्थिक सहायता स्वीकार नहीं की ! उन्हें साईश्री के कमल चरणों की निष्काम सेवा में, जो आत्मिकसुख और आनंद प्राप्त होता था, उसकी तुलना में भौतिक सुख, वैभव और समृद्धि का उनकी नजरों में कभी कोई महत्व नहीं था ! इसी कारण अपनी दरिद्र अवस्था में भी, उनके मन में धन के प्रति कभी कोई लोभ और मोह उत्पन्न नहीं हो सका और वह अपने अध्यात्मिक पथ पर निरंतर आरूढ़ रहकर, सदा **आत्मानंद** में निमग्र रहते थे। वह सदा साईश्री से यही प्रार्थना करते थे –

"देवा... ! कृपा करके मुझे बस अपने श्री चरणों में एक सेवक के रूप में, इसी समान रहने दीजिये ! मैं यह अच्छी तरह जानता हूं कि अपने पिछले जन्मों के कर्मों के फलस्वरूप, मुझे इस जन्म में जो यह मानव योनि प्राप्त हुई है : उसकी पूर्ण सार्थकता तभी संभव है, जब मैं आपके श्रीचरणों में, इसी समान दिनरात रहकर **भक्ति** और **मोक्ष** प्राप्त करने की चेष्टा करता रहूं।"

म्हालसापति जी के इन महान विचारों से साईश्री अत्यंत ही प्रभावित थे। अतः उन्होंने एक बार उन्हें **ब्रह्मचिंतन** का गूढ़ रहस्य समझाते हुये उनसे कहा था –

"जहां राम वहां काम नहीं, जहां काम, वहां नहीं राम ! अर्थात् जहां काम, वासना, और माया के प्रति लोभ और मोह विद्यमान रहता है वहां ब्रह्मचिंतन संभव नहीं है ! लोभी पुरूष को जीवन में कभी भी शांति और संतोष प्राप्त नहीं हो सकता है ? यदि किसी के मन में लेषमात्र भी इन वस्तुओं के प्रति लोभ शेष रह जाता है, तो उसकी संपूर्ण साधनायें व्यर्थ चली जाती हैं और ऐसे पुरूष अपने जीवन में आत्मानुभूति प्राप्त करने में सफल नहीं हो पाते हैं ! मेरे मालिक की कृपा से मेरा खजाना इतना परिपूर्ण है म्हालसा कि मैं अपनी शरण में आये हुये प्रत्येक प्राणी की, उसकी इच्छानुसार उसकी हर आकांक्षा को पूर्ण कर सकता हूं। किन्तु यह प्रत्येक प्राणी की अपनी योग्यता एवं अयोग्यता पर निर्भर करता है कि वह अपनी उपासना और भक्ति द्वारा मुझसे क्या प्राप्त करने में समर्थ हो पाता है ?"

म्हालसापति की भक्ति सेवा, निष्ठा और आत्मीयता से साईबाबा इतने प्रभावित हो गये थे कि प्रारंभ के कुछ वर्षों तक केवल वही उनके एकमात्र ऐसे भक्त थे, जिन्हें साईबाबा ने अपने श्री चरणों की प्रतिदिन पुष्प, चन्दन और अक्षत द्वारा पूजन करने की पूर्ण अनुभूति दे रखी थी ! कुछ वर्षों के उपरांत ऐसे विशेष पूजन हेतु, नाना साहेब इंगले को भी बाबा श्री की सहर्ष अनुमति प्राप्त हो गई थी ! फिर धीरेधीरे उनकी शरण में पूर्ण श्रद्धा और विश्वास एवं आस्था से आने वाले अन्य सभी भक्त भी, अपनी सुविधा एवं इच्छानुसार उनका पूजन करने लगे थे ! साईबाबा अपने ऐसे सभी भक्तों की श्रद्धापूर्ण इच्छा का कभी कोई विरोध एवं निरादर नहीं करते थे!

इस तरह म्हालसापति जी अपने साईश्री की दिनचर्या के एक आवश्यक और विशेष अंग बन गये थे ! वह खंडोबा मंदिर के नित्य कार्यों के उपरांत, अब अपना अधिकांश समय बाबाश्री के निकट सान्निध्य में ही व्यतीत करते थे। वह एक अंतरंग सखा के रूप में, अब सदा साईबाबा की सेवा में दिन रात निष्काम भाव से व्यस्त रहते थे ! वह अपने घर केवल भोजन मात्र हेतु ही जाया करते थे और वह रात्रि में सदा बाबा श्री के साथ मस्जिद में ही शयन किया करते थे। रात्रि में वह बाबा के सोने हेतु, सदा अपना ही एक कपड़ा जमीन पर बिछाया करते थे और वो भी बाबा श्री के साथ वहीं विश्राम किया करते थे !

म्हालसापति जी सदा संध्या के अन्य आवश्यक कार्यों से निवृत्त होकर, रात्रि

के लगभग नौ बजे से पूर्व मस्जिद में अवश्य वापिस लौट आते थे। वह बाबा श्री के शयन हेतु बिस्तर लगाने के उपरांत, स्वयं एक खम्बे से अपनी टेक लगाकर, सारी रात बाबा श्री से वार्तालाप में लीन रहते थे ! यदि बातचीत के दौरान जब कभी भी म्हालसापति जी को नींद आने लगती थी तो साईबाबा उन्हें झकझोर कर निद्रा से जगा देते थे ! फिर जब साईबाबा को अपनी आत्मा में आरंभहीन शाश्वतत्त्व के नगाड़ों की धुन सुनाई देने लगती थी, तो वह म्हालसापति को अपना यह आदेश देकर, अपने गंभीर विचारों में लीन हो जाते थे –

"भगत म्हालसा ! तुम मेरे हृदय पर अपना एक हाथ रखकर, उसमें चल रहे **नामस्मरण** को निरंतर ध्यान से सुनते रहना ! जब मेरा **नामस्मरण** रुक जाये, तो मुझे तत्काल ही नींद से जगा देना !"

म्हालसापति जी अपनी ओर से साईश्री के इस आदेश का पालन करने हेतु, हर संभव प्रयास करते थे ! किन्तु ऐसा करने में, उन्हें भी कभीकभी नींद आ जाया करती थी। फिर जब उनका हाथ एक पत्थर के बोझ के समान, साईश्री के वक्ष पर भारी हो जाता था, तो साईबाबा के विचारों की तन्द्रा स्वतः ही भंग हो जाती थी ! वह एक बेचैन मुद्रा में उठकर बैठ जाते थे और अपनी जलती धुनी के सम्मुख बैठकर, वह मन ही मन धीरेधीरे कुछ बुदबुदाने लगते थे !

❊ ❊ ❊

म्हालसापति जी के साथ साईश्री के इस विचित्र शयन का यह क्रम, निरंतर चौदह वर्षों तक यूं ही चलता रहा ! सन् 1870 के दशक के आरंभिक काल में, अचानक साईश्री काफी एकाकी प्रवृत्ति के हो गये थे ! उन्हीं दिनों बाबा श्री के जीवन में एक ऐसा समय भी आया, जब वह ईश्वर आसक्ति और चिन्तन में पूर्णरूप से लीन हो गये थे ! उन दिनों उन्होंने रात में, एक ऐसे लकड़ी के तख्ते पर सोना प्रारंभ कर दिया था, जो मात्र दस इंच चौड़ा था और वो तख्ता छत की बल्लियों से कमजोर चिथड़ों की डोरियों द्वारा लटका रहता था ! उस तख्ते के चारों कोनों पर चार दीपक सारी रात प्रज्वलित रहते थे !

म्हालसापति जी के अतिरिक्त किसी अन्य ने साईश्री को उस विचित्र तख्ते

से नीचे उतरते और उस पर चढ़ते हुए नहीं देखा था। सब लोग इस बात को लेकर अत्यंत ही आश्चर्यचकित थे कि इस विचित्र तख्ते पर साईबाबा शयन हेतु, कैसे ऊपर चढ़ते होंगे और कैसे नीचे उतरते होंगे ?

इस रहस्य की वास्तविकता जानने के लिए, जब कभी भी किसी ने प्रयास किया, तो वह अपने इस प्रयास में कभी भी सफल नहीं हो सका और उसने सदा ही साईबाबा को नीचे फर्श पर ही लेटा पाया ! जब इस रहस्य को जानने के लिए लोगों की उत्सुकता पराकाष्ठा पर पहुंच गई, तो एक दिन साईश्री ने खीजकर, उस तख्ते को तोड़कर अपनी धूनी को सौंप दिया !

इस सन्दर्भ में अनेक लोगों ने म्हालसापति जी से भी रहस्योद्घाटन करने का हर संभव प्रयास किया ! किन्तु उन्हें इसमें कोई सफलता प्राप्त नहीं हो सकी ! क्योंकि म्हालसापति जी ने सदा यह कहकर इस गंभीर विषय को टाल दिया – "ऐसे विचित्र लकड़ी के तख्ते पर शयन करना, क्या किसी साधारण पुरूष का काम है ? इस अद्भुत कार्य को केवल वही कर सकता है, जो वास्तव में **ब्रह्म** का एक **सगुण** स्वरूप हो।"

इस घटना के पश्चात् तात्यापाटील को भी मस्जिद में साईबाबा और म्हालसापति जी के साथ शयन करने की अनुमति मिल गई थी। बाबाश्री अपने इन दोनों भक्तों पर सदा समान प्रेम रखते थे। अब बाबाश्री पूर्व दिशा में, म्हालसापति जी पश्चिम दिशा में, और तात्यापाटील उत्तर दिशा की ओर अपने सिर करके, कुछ इस समान शयन किया करते थे कि केन्द्र में इन तीनों के पैर एक दूसरे के पैरों से जुड़े रहते थे ! बिस्तर पर लेटे लेटे ही, वे तीनों सदा आधी रात तक प्रेमपूर्वक वार्तालाप किया करते थे ! उनकी वार्तालाप और मीमांसा का विषय सदा क्या रहता था ? इस संदर्भ में कहीं कोई प्रमाणित विवरण उपलब्ध नहीं हो सका है !

साईश्री का चिंतन सदा ही उच्च श्रेणी के आध्यात्मिक तर्कों से जुड़ा रहता था ! प्रतिदिन उनकी एक निश्चित दिनचर्या रहती थी और उसके अनुसार, ही वह अपना संपूर्ण समय व्यतीत करते थे। अपने जीवन के आरंभिक दिनों में वह अपने दैनिक नियम के अनुसार प्रतिदिन हर सुबह अपना भिक्षापात्र लेकर, भिक्षा के लिए

निकल पड़ते थे और वे बायजाबाई, पाटिल बुआ, नंदराम मारवाड़ी अप्पा जी कोते, नारायण तेली इत्यादि अन्य भक्तों के घरों के सम्मुख बारीबारी से भिक्षा हेतु खड़े हो जाते थे ! उनके भक्त अपनी पूर्ण निष्ठा और श्रद्धा से उनकी सभी दैनिक आवश्यक वस्तुओं की सहर्ष पूर्ति कर देते थे।

❊ ❊ ❊

सन् 1886 में नवंबर दिसंबर के महीने में, जब साईबाबा दमें और श्वांस के रोग में गंभीर रूप से पीड़ित हो गये, तो पूर्णिमा के दिन उन्होंने रात्रि के लगभग दस बजे म्हालसापति जी को अपने समीप बुलाकर उनसे कहा –

"मैं तीन दिन के लिए अपनी काया तुम्हें सौंप रहा हूं भगत ! मेरे निर्जीव शरीर की तीन दिन तक तुम्हें पूर्ण रक्षा करनी होगी !" – फिर उन्होंने अपनी धूनी के निकट एक निश्चित स्थान की ओर संकेत करते हुए आगे कहा – "यदि मैं किन्हीं कारणोंबस इस धरती पर पुनः वापिस नहीं लौट सका तो तुम उस निर्दिष्ट स्थान पर मेरी समाधि बनवा देना !"

म्हालसापति को अपना यह स्पष्ट आदेश देकर, साईश्री रात्रि के लगभग दस बजकर दस मिनट पर, नीचे फर्श पर एक मौनअवस्था में लेट गये। अगले क्षण ही उनकी श्वांस चलना शनैः शनैः बंद हो गई !

साईश्री को इस अनोखी दशा में पाकर, म्हालसापति जी भी एकदम घबरा गये ! कुछ ही क्षणों में यह सूचना एक तेज लहर के समान समस्त शिरडी में फैल गई ! भक्तों और ग्रामवासियों की एक भारी भीड़ धीरेधीरे मस्जिद में एकत्रित होने लगी। अनेक लोगों ने अपनी शंका निवारण हेतु, अपनी अपनी तरह से साईश्री की नाड़ी का पूर्ण परीक्षण किया और उन्होंने साईश्री को पूर्णतया निष्प्राण पाया ! इसी मनोदशा में २४ घंटे व्यतीत हो जाने के पश्चात, कुछ विरोधी तत्वों ने जो साई बाबा की इस बढ़ती हुई लोकप्रियता और प्रभुता से आज तक सदा ही एक आन्तरिक जलन और द्वेष रखते थे, इस अवसर का पूर्ण लाभ उठाया। उन्होंने वहां मौजूद भक्तों और अन्य लोगों के मध्य इस बात को लेकर, परस्पर मतभेद उत्पन्न करा दिया कि किसी के निर्जीव शरीर को चौबीस घंटे से अधिक, इस दशा में रखना

उचित नहीं है ! इस मतभेद के कारण, वहां मौजूद अधिकांश लोगों के मध्य, साईश्री के निर्जीव शरीर के अंतिम दाहसंस्कार कर देने के विषय में, परस्पर कानाफूसी होने लगी !

इस कानाफूसी को सुनकर म्हालसापति जी अब साईश्री के शरीर की रक्षा हेतु, पूर्ण सजग हो उठे ! उन्होंने उनका सिर अपनी गोद में रख लिया और वह सबको अपने कठोर शब्दों में झिड़कते हुए बोले –

"अरे ओ मूर्ख दुष्टों ! तुम लोग यह कैसी बेसिरपैर की बातें कर रहे हो ? बाबाश्री को कुछ नहीं हुआ है ! उन्होंने इस समय ७२ घंटे की **निर्विकल्प** समाधि ली हुई है ! उसके पश्चात् वह अवश्य ही **चेतना** में पुनः वापस लौट आयेंगे। वह मुझे वापस लौट आने का, पूर्ण आश्वासन देकर गये हैं !"

तात्या और शामा के अतिरिक्त वहाँ अन्य सभी लोगों ने म्हालसापति जी के इस तर्क को स्वीकार नहीं किया ! कुलकर्णी और गाँव के पंडित के भड़काने के कारण, वे सब साईश्री का अन्तिम दाह संस्कार कर देने के पक्ष में, निरन्तर अपनी ओर से जोर देते रहे ! किन्तु भगत म्हालसापति ने उनका कोई तर्क स्वीकार नहीं किया और वह साईश्री का शीष अपनी गोंद में रखकर, तीन दिन तक उनके शरीर की पूर्ण सजगता से रक्षा करते रहे ! उनके इस कार्य में तात्या पाटील और शामा ने भी अपना पूर्ण सहयोग प्रदान किया और वे तीनों मिलकर, विष्णु सहस्त्रनाम का वहाँ बारीबारी से निरन्तर पाठ करते रहे !

७२ घंटे व्यतीत होने के पश्चात्, साईश्री के शरीर में प्राण लौटने के चिन्ह धीरे धीरे दृष्टिगोचर होने लगे ! फिर उनके अंग, प्रत्यंग हिलने के साथसाथ उनकी श्वांस भी धीरे धीरे पुनः चलने लगी। फिर उन्होंने एक गहरी और लम्बी निश्वास के साथ, अपने दोनों नेत्र खोल दिये और वह पुनः पूर्णरूप से चेतना में वापस लौट आये !

इस अद्‌भुत नजारे को देखकर, सबके चेहरे हर्ष में खिल उठे ! हर ओर साईश्री की जयजयकार के नारे गूंजने लगे और इस तरह म्हालसापति जी साईश्री के एक अंतरंग सखा सिद्ध हुये !

इस घटना के पश्चात् म्हालसापति जी, बाबाश्री के जीवन के एक आवश्यक

अंग बन गये थे ! और साईश्री ने उनकी और उनके परिवार की सुरक्षा एवं हित का सम्पूर्ण भार अपने कंधों पर ले लिया था ! अपना शाश्वत और सर्वव्यापी अनन्त स्वरूप धारण करने के कारण, म्हालसापति के परिवार में घटने वाली सुखदुख की प्रत्येक छोटी सी छोटी घटना के विषय में, उन्हें बहुत पूर्व ज्ञान हो जाता था, और वह म्हालसापति को इस संदर्भ में पहले से ही पूर्ण सचेत एवं सावधान कर देते थे!

❊ ❊ ❊

एक बार म्हालसापति जी ने संध्या के लगभग सात बजे, मस्जिद से घर वापस जाने हेतु, जब बाबाश्री के अनुमति मांगी, तो बाबाश्री ने उन्हें सतर्क और सावधान करते हुए कहा–

"आज तुम पूर्ण सावधानी से अपने घर तक जाना म्हालसा ! रास्ते में तुम्हारी कहीं भी ऐसे दो विनाशकारी मित्रों से भेंट हो सकती है, जो तुम्हें काल के भय से भयभीत कर सकते हैं !"

अतः जब म्हालसापति अपने घर के निकट पहुँचे, तो उन्होंने देखा कि एक विषैला काला नाग अपनी कुंडली मारकर, उनके द्वार पर बैठा जोर जोर से फुंकार रहा है ! उस नाग की नागिन पड़ोस के घर के द्वार के सम्मुख, अपनी कुंडली मारकर मौन मुद्रा में बैठी हुई, अपने नाग की विषपूर्ण फुंकार का आनंद ले रही है !

इस नजारे को देखकर, म्हालसापति जी ने भयभीत होने की बजाय, तत्काल ही अपने साईश्री का मन ही मन स्मरण किया ! दूसरे ही क्षण नाग का वो जोड़ा वहां से हटकर, दूसरी दिशा में झाड़ियों की ओर स्वतः ही कहीं विलीन हो गया ! इस तरह सर्पदंश के रूप में आया हुआ म्हालसापति जी का काल, साईश्री के आशीष से टल गया !

इसी समान कुछ महीनों के उपरान्त, साईबाबा ने एक बार पुनः म्हालसापति जी को सर्प के काटने से उन्हें बचाया था। उस दिन उन्होंने म्हालसापति को सावधान करते हुये कहा था –

"आज रात जब तुम मस्जिद में सोने हेतु, घर से बाहर आओगे, तो

आने साथ एक जलती हुई लालटेन और डंडा लेकर अवश्य आना !"

म्हालसापति जी तत्काल ही रागझ गये कि आज पुनः उनके साथ कुछ न कुछ अशुभ अवश्य ही घटित होने वाला है ! अतः जब वह रात्रि के लगभग नौ बजे अपने घर से मस्जिद आने के लिये रवाना हुये, तो उन्होंने साईश्री के निर्देशानुसार अपने एक हाथ में जलती हुई लालटेन और दूसरे हाथ में एक डंडा ले लिया। उन्होंने जैसे ही अपने घर का द्वार खोला, तो उन्हें बाहर एक विषैला सर्प नजर आया। म्हालसापति जी ने साईश्री का नामस्मरण करते हुये, अपना डंडा जोरजोर से जमीन पर जैसे ही मारा, तो वो सर्प वहाँ से तत्काल ही रेंगता हुआ, दूसरी ओर चला गया। इस प्रकार साईबाबा ने म्हालसापति को सामयिक सूचना देकर, एक बार पुनः उनके प्राणों की काल से रक्षा की।

दीर्घकाल तक साईश्री की संगति में रहने के कारण, अब म्हालसापति जी को साईश्री के मुख से निकले हुये शब्दों और उनके कार्यकलापों का, थोड़ा बहुत अर्थ समझ में आने लगा था। अतः जब कभी भी कोई भक्त साईश्री के भेदपूर्ण कथन के गूढ़ रहस्य को समझने में पूर्ण असमर्थ हो जाता था, तो म्हालसापति जी से अपनी ओर से कथन का गूढ़ तत्व समझाने में, उसकी पूर्ण सहायता करते थे ! वह प्रत्येक भक्त को सदा यह समझाने का हर संभव प्रयास करते थे–

"साईश्री के अद्भुद ज्ञान भंडार से निकले हुये, प्रत्येक शब्द के वास्तविक अर्थ को समझने और समझाने का सामर्थ्य किसी में नहीं हैं ! यदि कोई जब भी उनके कमल चरणों में प्रीति और शरणागति प्राप्त करने की चेष्टा करता है, तो फिर उसकी वही चेष्टा उसके अपने परम सौभाग्य का शुभ लक्षण बन जाती है ! फिर उसे साईश्री की महानता और अद्वितीयता का स्वतः ही धीरे धीरे साक्षात्कार होने लगता है! और वह साईश्री की सांकेतिक भाषा और उनके वचनों के गूढ़ रहस्य को थोड़ा बहुत समझने में समर्थ हो जाता है !"

साईश्री की अपने भक्तों के साथ कथायें अनन्त हैं ! वह सदा ही अपने भक्तों से अत्यंत ही प्रेम करते थे ! वह उनकी समस्त इच्छाओं और उनके साथ घटित होने वाली सम्पूर्ण घटनाओं को बहुत पहले से ही जान लेते थे ! उनसे किसी का भी भूत,

वर्तमान और भविष्य छिपा नहीं था ! अतः वास्तव में वह पूर्ण सर्वज्ञ थे !

***

म्हालसापति जी से सम्बन्धित यह घटना 1864 की है, जब एक दिन संगमनेर के काजी की अगुवाई में, कुछ मुसलमानों ने इस्लाम धर्म के नाम पर मस्जिद में म्हालसापति जी द्वारा साईश्री के नित्य पूजन एवं आरती पर अपना कड़ा विरोध प्रकट किया था ! एक दिन वे सब म्हालसापति को, साईश्री के वैदिक रीति से किये जाने वाले इस नित्य पूजन को, बलपूर्वक रोकने के लिये, मस्जिद के बाहर इस निश्चय के साथ एकत्रित हो गये कि वह आज किसी भी मूल्य पर म्हालसापति को साईबाबा के पूजन हेतु, मस्जिद में प्रवेश नहीं करने देंगे ! यदि म्हालसापति ने उन सब की बात नहीं मानी, तो वे सब मिलकर आज उन्हें जान से मार डालेंगे !

तात्या द्वारा अब म्हालसापति को मुसलमानों के इस कड़े विरोध के विषय में विदित हुआ, तो वह अन्दर से भयभीत हो उठे ! उन्होंने इस समस्या के निदान के लिये, भगवान खंडोबा को मन ही मन नमन किया, और वह सदा के समान, एक थाली में धूप, चन्दन, अक्षत् और पुष्प लेकर, साईश्री के पूजन हेतु, मस्जिद की ओर चले गये ! मस्जिद के मुख्य द्वार पर विरोधियों की एकत्रित भीड़ को देखकर, वह अन्दर प्रवेश करने के बजाय, पीछे की ओर चले गये !

वहाँ उन्होंने मस्जिद की दीवार के समीप खड़े होकर, अपने साईश्री को मन ही मन स्मरण करके, उन्हें नमन किया और थाली में लाई हुई पूजन सामग्री द्वारा वह ठीक उसी समान मस्जिद की दीवार का पूजन एवं आवाहन् करने लगे, जैसा कि वह प्रतिदिन मस्जिद के अन्दर साईश्री के कमल चरणों की किया करते थे !

अपनी सर्वव्यापकता की विलक्षण शक्ति द्वारा, साईश्री को जैसे ही विरोधियों की गतिविधियों और उनकी सम्पूर्ण सुनिश्चित योजनाओं का आभास हुआ, तो वह क्रोध में विफरते हुये तत्काल ही अपनी मस्जिद के बाहर आ गये ! वह अपना सटका हवा में लहराते हुये, क्रोध में अपने ऊंचे स्वरों में चीखकर बोले –

"यह एक ब्राह्मण की मस्जिद है ! मैं यहाँ किसी दुष्ट और नीच प्रवृत्ति वाले व्यक्ति की छाया भी नहीं पड़ने दूँगा !" फिर उन्होंने अपनी उसी क्रोधित मुद्रा

में, अपना सटका मस्जिद की दीवार पर जोरजोर से मारते हुये पुनः कहा–"किसकी हिम्मत है, जो मेरे भगत म्हालसा को मेरी मस्जिद में प्रवेश करते से रोकेगा ?"

साईश्री के इस क्रोध के कारण, अगले क्षण की तेज हवाओं के झोकों के साथ, आकाश में बिजली जोरजोर से कड़कने लगी ! बादल अपनी पूर्ण शक्ति से यूं गरजने लगे कि यदि साईश्री का क्रोध शान्त नहीं हुआ, तो शिरडी की धरती पर आज प्रलय का ताण्डव नृत्य अवश्य ही प्रारम्भ हो जायेगा !

म्हालसापति जी ने तत्काल ही आगे बढ़कर, साईश्री के दोनों चरण कसकर पकड़ लिये ! फिर वह अपनी अविरल अश्रुधारा से उनके कमल चरणों को धोते हुये बोले–

"शान्त हो जाओ देवा ! शान्त हो जाओ ! और इन नादान मूर्खों के इस घोर अपराध को क्षमा कर दो !"

साईश्री के इस क्रोध को देखकर, वे लोग जो कुछ देर पूर्व इस विद्रोह की अगुवाई कर रहे थे, अन्दर से भयभीत हो उठे ! और वे वहां से चुपचाप कहीं और खिसक गये ! शेष बचे लोग अपनी भूल की क्षमा के लिये, साईश्री के सम्मुख नतमस्तक हो गये !

फिर साईबाबा ने उन सबको समझाते हुये अपनी एक शान्त मुद्रा में उनसे कहा–"जिस समभाव और एकता के ध्येय और लक्ष्य को लेकर, मैं इस धरती पर आया हूँ, उसे कुछ मूर्ख आज मेरे ही सम्मुख नष्ट करने का प्रयास कर रहे थे ? तुम सब यह न भूलो कि **राम** और **रहीम** में किंचित मात्र भी कोई भेद नहीं है ! फिर तुम उनके अनुयायी होकर, परस्पर व्यर्थ में क्यों भेदभाव रखते हो और धर्म के नाम पर एक दूसरे के प्रति वैमनस्य के सहारे, शत्रुओं के समान झगड़ते हो ! निर्मूल बातों को लेकर, परस्पर कलह और विवाद करना व्यर्थ है ! यदि तुम परस्पर मिलजुलकर शान्त चित से रहोगे, तो मेरा **मालिक** तुम्हारी सदा रक्षा करेगा ! और तुम अपने उस प्रेम के सहारे ईश्वर के समीप पहुँचने का मार्ग खोजने में समर्थ हो सकोगे ? **योग**, **वैराग्य**, और **तपज्ञान** के वे मार्ग हैं, जिनके द्वारा एक सफल **साधक** बनकर तुम अपने प्रेम के सहारे, **ईश्वर** के समीप पहुँच सकते हो ! यदि तुम ऐसा करने में सफल हो सके, तो तुम्हारी यह मानवयोनि सार्थक हो सकेगी ! इसलिए मैं तुम सबको

बारबार यह समझाने का प्रयास करता हूँ कि भौतिक और आध्यात्मिक प्रगति के लिये, एक अच्छा आचरण रखकर, सदा सबसे प्रेम करो और कभी किसी की निंदा न करो ! यदि कोई कितनी भी तुम्हारी निंदा क्यों न करे, तुम उसका कभी प्रतिकार न करो और सदैव दूसरों की भलाई करने के लिये, अपनी ओर से हर संभव चेष्टा करो !''

साईश्री के इस उपदेश ने वहाँ मौजूद सभी मुस्लमानों पर मानसिक रूप से अपना एक गहन प्रभाव किया ! वे सब साईश्री की गगनभेदी जयजयकार के साथ, म्हालसापति को अपने कंधों पर उठाकर मस्जिद के अन्दर ले आये ! अब म्हालसापति जी ने सब मुस्लमान भाइयों के सम्मुख, मस्जिद में साईश्री का चन्दन, पुष्प और अक्षत् द्वारा सम्पूर्ण विधिविधान से पूजन किया !

इस घटना के पश्चात्, अब साईश्री के प्रति म्हालसापति की घनिष्टता पहले से और भी अधिक बढ़ गई थी ! वह अपने अंतःकरण से उनके अब पूर्ण उपासक बन गये थे ! उन्होंने खंडोबा मंदिर के पुजारी का कार्यभार भी, अब अपने समाज के निकट संबंधी को सौंप दिया था। वह अब अनन्य भाव से स्वयं का अधिकांश समय साईश्री की सेवासुश्रुषा में ही व्यतीत करने लगे थे ! उन्हें इस सत्य का पूर्ण आभास हो चुका था कि साईश्री की शरण में आने के उपरान्त, किसी को भी **धर्म, अर्थ**, **काम**, और **मोक्ष** की प्राप्ति हेतु, अन्य किसी साधना की आवश्यकता नहीं होगी ! अतः म्हालसापति का अपना अधिकांश समय अब साईश्री के निकट सान्निध्य में ही व्यतीत होता था ! वह अपने घर बस केवल भोजन हेतु ही थोड़े समय के लिये जाया करते थे!

❊ ❊ ❊

म्हालसापति जी के परिवार में उनकी पत्नी और तीन पुत्रियां जीवित थी। यद्यपि उनका गरीब परिवार मिट्‌टी के बने हुये एक छोटे से मकान में रहता था; किन्तु साईश्री की असीम और विशेष कृपा के कारण, अब उनके परिवार बालों को अन्न तथा वस्त्रों का कभी कोई अभाव नहीं रहता था। क्योंकि साईश्री अपने भगत और उसके परिवार के कल्याणर्थ स्वयं सदैव चिन्तित रहते थे !

अतः सन् 1866 के अगस्त माह में, जन्माष्टमी के शुभ दिन, जब म्हालसापति

जी, मस्जिद में, साईश्री की चरण सेवा कर रहे थे, तो साईश्री ने बहुत स्नेह के साथ उनसे कहा –

''संतान के नाम, तुम्हारी जो तीन पुत्रियां हैं भगत, वह बारी बारी से सभी अपनी ससुराल चली जायेंगी। किसी भी परिवार के नाम को आगे बढ़ाने के लिये, संतान के रूप में, एक पुत्र का होना अत्यंत ही आवश्यक होता है ! अतः आज से तुम मेरे पास शयन करने की बजाय, अपने घर अपनी पत्नी के साथ शयन करोगे ! ऐसा करने से मेरे **मालिक** के आशीर्वाद से तुम्हें एक पुत्र की प्राप्ति होगी !''– इस पर म्हालसापति ने अपने अत्यंत ही संयत स्वरों में प्रार्थना करते, हुये साईश्री से कहा –

''मुझे आपकी प्रत्येक आज्ञा शिरोधार्य है देवा ! किन्तु मैं किसी भी मूल्य पर आपको अकेला मस्जिद में छोड़कर, अपने घर सोने नहीं जा सकता हूँ ! वैसे भी अब मेरे मन में किसी और सन्तान की कोई चाह शेष नहीं बची है देवा !''

म्हालसापति के इस कथन पर साईश्री क्षणिक क्रोधित होते हुये बोले– ''मूर्खों जैसी बातें न करो भगत और बिना किसी विरोध के, मेरी आज्ञा का पालन करो !''

अन्ततः उन्हें बाबाश्री की आज्ञा मानना पड़ी ! इस सन्दर्भ में उनके मित्र काशीराम शिंपी ने भी, उन्हें समझाया और उन्हें विवश होकर, जन्माष्टमी के शुभ दिन से प्रत्येक रात्रि को, शयन हेतु अपने घर जाने के लिये बाध्य होना पड़ा !

तीन माह के उपरान्त, साईश्री के आशीष और उनकी कृपादृष्टि से म्हालसापति जी की पत्नी गर्भवती हो गईं ! फिर जब म्हालसापति जी ने यह सुखद समाचार साईश्री को दिया, तो वह एक भेदभरी मुस्कान के साथ बोले–

''इस मस्जिद में बैठकर, मैं सदा सत्य ही बोलूंगा भगत ! जो भी अपने गुरू और इष्ट में पर्याप्त विश्वास रखेगा, तो निःसन्देह उसकी सभी कामनायें पूर्ण होंगी ! फिर जब वह अपने इष्ट को, अपने विचारों और कर्मों का मुख्य ध्येय बना लेगा, तो उसे स्वयं अपने आप परमार्थ की भी प्राप्ति होगी ! किसी को भी अपने गुरु और इष्ट की कृपा दृष्टि पाने के लिये, किन्ही विशेष साधनाओं और शास्त्रों के गूढ़ अध्ययन की कोई आवश्यकता नहीं है ? बस केवल उसका अनन्य भाव से यह

विश्वास ही पर्याप्त होता है कि उसका **इष्ट** और **गुरू** ही एक मात्र कर्त्ता है और वही **हरि, हर और ब्रह्म** का एक साकार स्वरूप है !"

इस तरह सन् 1867 में जन्माष्टमी के शुभ दिन, साईकृपा से म्हालसापति जी को एक पुत्र रत्न की प्राप्ति हुई, उसके नामसंस्करण पर, बाबाश्री ने स्वयं अपनी ओर से मस्जिद में एक भव्य भोज का आयोजन किया। उन्होंने अपने शुभ आशीर्वाद सहित उस बालक को मार्तंड म्हालसापति का नाम दिया।

उसके पश्चात् म्हालसापति जी ने साईश्री के साथ पुनः मस्जिद एवं चावड़ी में पहले के समान नियमित रूप से शयन करना प्रारंभ कर दिया ! बिना किसी असुविधा के धीरेधीरे उनकी तीनों पुत्रियों के भी विवाह सम्पन्न हो गये ! फिर सन् 1910 में उन्होंने अपने पुत्र का भी विवाह कर दिया। अब उनके पुत्र ने एक मुख्य पुजारी के रूप में खंडोबा मंदिर का सम्पूर्ण कार्यभार सम्भाल लिया था। उनके पास जो खानदानी अनुपजाऊ जमीन पड़ी थी, उस पर साईश्री की असीम कृपा से अब हरेहरे खेत लहराने लगे थे, जिसके कारण उनके परिवार की आर्थिक स्थिति पहले से कहीं अधिक सुदृढ़ और सम्पन्न हो गई थी !

अपने परिवार के प्रति सभी उत्तरदायित्वों को पूर्ण करने के पश्चात्, अब म्हालसापति जी के जीवनशैली, में एक विशाल परिवर्तन आ गया था ! उनके मन में सांसारिक बन्धनों का मोह पूर्णतया समाप्त हो गया था ! यह साईश्री की दया का ही फल था कि म्हालसापति जी को, अपनी निर्धन अवस्था में भी, अपने उत्तरदायित्वों का कभी कोई विशेष भार तिलमात्र भी प्रतीत नहीं हुआ और उनके सभी कार्य बड़ी सुगमतापूर्वक सम्पन्न होते रहे ! उन्हें पूर्ण विश्वास था कि उनके अपने पूर्वजन्म के शुभ संस्कारों के कारण ही, उन्हें साईश्री के पावन चरणों में शरण मिली है और इसके लिये वह स्वयं को अत्यंत ही भाग्यशाली समझते थे !

म्हालसापति जी को अब इस तथ्य पर पूर्ण विश्वास हो गया था कि जो भी अनन्य भाव से श्री साईबाबा की शरण में आयेगा, तो वह उनकी कृपा से **सर्वभूतों** में व्याप्त **ईश्वर** के **आत्मदर्शन** करने का अवसर प्राप्त कर सकता है ! उनकी कृपादृष्टि के सहारे, उसकी जन्म तथा मृत्यु के बन्धनों से मुक्ति संभव है ! श्रेष्ठगति

और मोक्ष पाने का इससे सहज, सुगम और प्रभावकारी साधन अन्य कोई नहीं है ?

किन्तु उन्हें यह भी अच्छी तरह मालूम था कि सामान्य मनुष्यों को अपने जीवनकाल में **ब्रह्मज्ञान** और **आत्मानुभूति** की प्राप्ति हेतु, उसमें कुछ विशेष योग्यताओं का होना नितान्त आवश्यक है ! अतः उन्होंने साईश्री की निष्काम सेवा के सहारे, अपने अन्दर उन सभी योग्यताओं को उत्पन्न करने का निश्चय कर लिया था, जो एक मानव में **ब्रह्म** के दर्शन हेतु, नितान्त आवश्यक होती हैं !

इस संदर्भ में गीता के चतुर्थ अध्याय के चौतीसवें श्लोक में, भगवान श्री कृष्ण ने अपने सखा अर्जुन को भी निम्न उपदेश दिया था –

तद्विद्धि प्रणिपातेन परिप्रश्नेन सेवया ।
उपदेक्ष्यन्ति ते ज्ञानं ज्ञानिनस्तत्वदर्शिन ।।

"अर्थात् तत्व को जानने वाले ज्ञानीं पुरूषों को आदर सहित दण्डवत और प्रणाम करके, उनकी निष्कपट भाव से की हुई सेवा और अपने प्रश्नों द्वारा, उनके ज्ञान के मर्म को जानने का प्रयास करना चाहिये ! ऐसे ज्ञानी पुरूष ही, जिन्हें **ब्रह्म** अर्थात **सद्वस्तु** की प्राप्ति हो चुकी है, तुम्हें अपने ज्ञान का उपदेश देने में समर्थ हो सकते हैं !"

इस कारण अब म्हालसापति जी ने अपने मन और इन्द्रियों का निग्रह करके, अपने उचित आचरण के सहारे, साईश्री की शरण में **सारवस्तु** को ग्रहण कर लिया था ! उन्हें पूर्ण विश्वास था कि उनके मन की पवित्रता और साईकृपा, उन्हें **विवेक** और **वैराग्य** प्रदान करके, इस भवसागर से अवश्य पार कर देंगे !

❋ ❋ ❋

साईश्री अपने भक्तों के कल्याणार्थ सदा ही चिन्तित रहते थे ! उनकी रक्षा रकने हेतु, कभीकभी उन्हें स्वयं अपने शरीर पर अनेक कष्ट भोगने पड़ते थे ! एक दिन रात्रि के लगभग नौ बजे साईश्री ने म्हालसापति जी से कहा –

"आज की रात हमें पूर्ण सजग रहना पड़ेगा भगत, क्योंकि प्लेग का स्वरूप धारण करके, मौत का भयंकर साया, भक्त निगोज पाटिल की पत्नी की ओर

तेज गति से बढ़ रहा है; और वो उसे अपनी कठोर बांहों में समेटकर ले जायेगा ! मैं उसे रोकने के प्रयास में, अपने **मालिक** के सम्मुख नामस्मरण की उन्मुक्त साधना करना चाहता हूँ ! अतः तुम्हें इस बात का पूर्ण सजगता से ध्यान रखना होगा कि जब तक मेरी साधना पूर्ण न हो जाये......तब तक कोई भी मेरी साधना में, किसी प्रकार की कोई बाधा उत्पन्न न कर सके !''

म्हालसापति को अपनी यह स्पष्ट आज्ञा देकर, तत्काल ही साईश्री अपनी मौन साधना में लीन हो गये !

इसी मनोदशा में अभी केवल दस पन्द्रह मिनट ही व्यतीत हुये होंगे कि अनायास की गांव के मामलतदार अपने चपरासी के साथ, साईश्री के दर्शनों और उनसे अपनी पत्नी के रोग निवारण हेतु, उदी प्राप्त करने के लिये मस्जिद में पधारे! म्हालसापति जी ने उन्हें यह समझाने का हर संभव प्रयास किया कि इस समय साईश्री अपने ध्यानयोग में लीन हैं ! किन्तु शिरडी ग्राम के सबसे बड़े सरकारी अफसर होने के **अहं** के कारण, उन्होंने म्हालसापति की विनती स्वीकार नहीं की; और अन्दर आकर उन्होंने साईश्री का ध्यानयोग भंग कर दिया !

साईश्री का ध्यानयोग और उनकी साधना की विचार तन्द्रा भंग होते ही, वह क्रोध में विफर उठे ! वह म्हालसापति को अपने ऊंचे स्वरों में पुकारते हुये बोले – ''अरे ओ मूर्ख म्हालसा ! यह तुमने क्या किया ? तुमने इन्हें मेरा ध्यानयोग भंग करने से क्यों नहीं रोका ? मेरी साधना को बीच में ही बाधा पहुंचाकर, तुमने मेरे उस प्रयास को पूर्णतया निष्फल कर दिया है, जिसके सहारे मैं भक्त निगोज पाटिल की पत्नी को, मौत के क्रूर पंजों से बचाने का अपनी ओर से हर संभव प्रयास कर रहा था ! अब कुछ नहीं हो सकता है। तुम निगोज के घर जाकर, उसकी पत्नी की अन्तिम क्रिया की तैयारी करो !''

साईश्री के इस कथन के लगभग पांच मिनट उपरान्त, तात्या ने मस्जिद में निगोज पाटिल की पत्नी की मृत्यु की दुःखद सूचना सबको दी।

***

इसी समान सन् 1908 में एक बार म्हालसापति जी की पत्नी, उनका पुत्र

और फिर परिवार के अन्य सदस्य भी गंभीर रूप से बीमार पड़ गये थे। अपने परिवार के सभी सदस्यों की इस अचानक बीमारी ने, म्हालसापति जी को भी अंदर से चिंतित कर दिया था ! उन्हें अत्यंत ही विचलित और परेशान पाकर, साईश्री ने उनके परिवार की पूर्ण सुरक्षा का उन्हें आश्वासन देते हुये उनसे कहा –

"तुम व्यर्थ में इतने चिन्तित और दुखी क्यों हो रहे हो भगत ? मेरे होते हुये तुम्हारे परिवार के किसी भी सदस्य को, कोई भी हानि पहुँचाने का साहस नहीं कर सकता है !" – फिर वह अपने हाथ में अपना सटका लेकर, एक बेचैन मुद्रा में, अपनी मस्जिद के प्रांगण में इधर उधर टहलने लगे ! कुछ ही क्षणों के उपरान्त, उनकी बेचैन मुद्रा अनायास ही क्रोध में परिवर्तित हो गई। उन्होंने उपना सटका जोर से हवा में लहराकर, किसी अदृश्य साये की ओर इंगित करते हुये कहा –

"यदि तुमने इससे एक पग भी आगे बढ़ने का साहस किया, तो मेरा यह सटका तुम्हें ऐसा कठोर दंड देगा कि तुम अपने इस दुःस्साहस के लिये, त्राहित्राहि कर उठोगे ! यदि तुममें साहस है, तो तुम आगे बढ़कर देख लो कि मेरा यह सटका तुम्हारा कैसे विनाश कर सकता है ?"

साईश्री की इस धमकी और चेतावनी को सुनकर, म्हालसापति के परिवार के सदस्यों के इर्दगिर्द मंडराते हुये मौत के साये, धीरे धीरे छट गये। फिर साईश्री के आशीर्वाद से, उनके परिवार के सभी सदस्य बिना किसी औषधि के प्रयोग द्वारा, दो तीन दिन में ही शनैः शनैः पूर्ण स्वस्थ हो गये !

इस घटना के अतिरिक्त, एक बार म्हालसापति जी की पत्नी जब कुछ दिनों के लिये शिरडी से बाहर, अपने माता पिता के घर गई हुई थी, तो उनके गर्दन में उत्पन्न हुई एक पुरानी गांठ ने उन्हें वहाँ अत्यंत ही कष्ट दिया ! किन्तु उन्होंने अपनी इस पीड़ा के विषय में, अपने पति को जानबूझकर कोई भी सूचना नहीं भेजी ! चूंकि बाबाश्री से अपने किसी भी भक्त का **भूत**, **वर्तमान** और **भविष्यकाल** छिपा नहीं रहता है। अतः उन्होंने म्हालसापति की पत्नी की गर्दन में, उत्पन्न हुई उस असाध्य और पुरानी गांठ के विषय में जान लिया था, जो अब **टयूमर** का एक भयंकर स्वरूप धारण कर चुकी थी ! उन्होंने जब इस विषय में म्हालसापति को बताया तो वह बाबाश्री

के कथन को सुनकर, अपनी पत्नी के स्वास्थ्य के विषय में चिन्तित हो उठे !

म्हालासापति को चिन्तित देखकर, अब एक भेदभरी मुस्कान साईश्री के अधरों पर सिमट आई और वह अपने शान्त स्वरों में बोले –

"जब तुमने अपने परिवार की सम्पूर्ण सुरक्षा का भार मुझ पर छोड़ दिया है, तो तुम अपनी पत्नी के स्वास्थय के लिये इस समय व्यर्थ में इतने चिन्तित क्यों हो रहे हो ? मेरे अतिरिक्त कोई भी अन्य, तुम्हारी पत्नी को, उसके इस असाध्य रोग से छुटकारा नहीं दिला सकता है ! यह न भूलो भगत कि मेरे मुख से निकले हुये शब्द सदा ही अर्थपूर्ण होते हैं ! जो कोई भी तुम्हारे समान मुझ पर अपना पूर्ण विश्वास रखकर, मेरा दिनरात सतत् चिन्तन करता रहता है, तो मैं **सर्वभूतों** में व्याप्त रहकर, उसकी और उसके परिवार की सम्पूर्ण देखभाल स्वयं अपने आप ही करता हूँ !"

इस तरह साईश्री के मात्र आशीर्वाद से, कुछ ही दिनों में म्हालसापति जी की पत्नी, बिना किसी औषधि के पूर्ण निरोग हो गईं और जब वह अपने पीहर से शिरडी वापस लौटी, तो उन्होंने अपने पति को इस चमत्कारिक घटना के विषय में सविस्तार बताया।

* * *

एक बार उनकी बेटी के ससुराल वालों ने, एक आवश्यक पारिवारिक परामर्श हेतु, म्हालसापति को अपने घर भोजन के लिये आमंत्रित किया। जब म्हालसापति ने अपनी बेटी की ससुराल जाने हेतु, साईश्री से अनुमति मांगी, तो साईश्री ने उन्हें वहाँ घटित होने वाली घटना से पूर्ण सावधान कराते हुये कहा–"मैं तुम्हें वहाँ जाने से नहीं रोक रहा हूँ ! किन्तु तुम वहां जाकर केवल अपमानित ही होगे भगत !"– और ठीक ऐसा ही वहाँ घटित हुआ ! जब म्हालसापति जी अपनी बेटी की ससुराल पहुँचे, तो वहाँ उनके पहुँचने बहुत पूर्व ही, उनके समधी जी, अपने परिवार के अन्य सदस्यों के साथ भोजन समाप्त कर चूके थे। दुर्भाग्यवश वह इस बात को उस दिन पूर्णतया भूल गये थे कि उन्होंने आज के दिन म्हालसापति जी को, अपने साथ दोपहर के भोजन पर आमंत्रित किया है। और वह इस आमंत्रण के विषय में, घर के अन्य किसी

सदस्य को भी पूर्व सूचित करना भूल गये थे !

अपने इस निरादर पर, यद्यपि म्हालसापति जी अंदर ही अंदर मानसिक रूप से अत्यंत ही कुंठित और दुखी हो उठे थे ! किन्तु उन्होंने सबके समक्ष अपनी इस अपमान की कुंठा को प्रत्यक्ष रूप से प्रदर्शित नहीं होने दिया ! वह अपने समधी जी से आवश्यक परामर्श करने के उपरान्त, वहाँ से बिना भोजन किये हुये, वापस लौट आये।

उनके समधी जी और दामाद ने, उन्हें भोजन हेतु रोकने का हर संभव प्रयास किया; किन्तु बाबाश्री के आवश्यक कार्य का बहाना लेकर, वह तत्काल ही वहां से बिना भोजन किये, शिरडी वापस लौट आये। वापस आकर जब उन्होंने सम्पूर्ण घटना साईश्री को सविस्तार सुनायी तो, साईश्री ने अपनी एक मधुर मुस्कान के साथ उनसे कहा –

"यह न भूलो भगत कि इसी समान कष्ट और संशय की उत्पत्ति होती है ! और जब यह उत्पत्ति; अपने इष्ट के प्रति एक दृढ़ विश्वास में परिणत हो जाती है, तो उसका यह दृढ़ विश्वास ही, प्रत्येक प्राणी के लिये एक उत्तम भक्तिमार्ग बन जाता है !"

बाबाश्री ने इसी तरह अपनी अनेक चमत्कारिक लीलाओं, अद्वितीय उदाहरणों और उपदेशों द्वारा म्हालसापति की सदा उच्च स्तर पर एक आध्यात्मिक उन्नति की थी ! इसके बदले में म्हालसापति जी उनके मोहविनाशक चरणों की अनन्य भाव से जीवनपर्यन्त निष्काम सेवा करते रहे ! वह अब सुखदुख की भावना से पूर्णरूपेण दूर हो चुके थे ! यदि कोई उनकी कभी उपेक्षा भी करता था, तो भी उन्हें इसका वाह्यरूप से कभी कोई दुःख नहीं होता था और उनके मन में प्रतिकार की भावना कभी बलवती नहीं होती थी !

❋ ❋ ❋

बाबाश्री ने एक अद्भुत घटना और प्रसंग द्वारा म्हालसापति को इस अकाट्य सत्य का भी ज्ञान प्रदान किया था कि इस धरती के समस्त प्राणियों, जीव जन्तुओं और पशुपक्षियों में उनके अस्तित्व का वास रहता है !

म्हालसापति जी जब भी प्रतिदिन रात्रि के समय भोजन ग्रहण करने हेतु, मस्जिद से अपने घर जाते थे, तो एक लूली लंगड़ी दुर्बल सी कुतिया, सदा ही उनके पीछे पीछे उन्हें घर तक छोड़ने जाती थी ! अतः म्हालसापति जी स्वयं अपना भोजन ग्रहण करने से पूर्व, सदा उसे भी नियमित रूप से कुछ न कुछ खाने के लिये अवश्य डाल दिया करते थे ! अपने भाग्य का वो अंश खाने के बाद, वो कुतिया धन्यवाद स्वरूप अपनी पूंछ हिलाती हुई, पुनः मस्जिद की ओर वापिस लौट जाती थी !

एक दिन वही कुतिया, अपने अंश का भोजन ग्रहण करने के बाद, मस्जिद की ओर वापस जाने की बजाय और भोजन की लालसा में जोर जोर से भौंकने लगी। जब म्हालसापति ने उसे डांटकर वहाँ से भगाने का प्रयास किया, तो वह क्रोध में उन पर ही गुर्राने लगी। उसकी इस हरकत पर म्हालसापति ने एक डंडे से उसकी बेरहमी से पिटाई कर दी और वो चोट के दर्द में कराहती हुई, मस्जिद की ओर वापस चली गई !

उसी दिन रात्रि के समय, म्हालसापति जी जब साईश्री की चरण सेवा कर रहे थे, तो वह उनके दोनों पैरों में चोट के निशान देखकर चौंक उठे और उन्होंने साईश्री से पूछा –

"यह आपने अपने दोनों पैरों में इतनी चोट कहाँ से लगा ली है देवा ?"

साईश्री उनके इस प्रश्न पर एक भेद भरी मुस्कान के साथ धीरे से मुस्कराये ! फिर वह अपनी प्रश्नसूचना दृष्टि से म्हालसापति को घूरते हुये बोले – "तुमने स्वयं ही तो मुझे यह चोट पहुंचाई है म्हालसा !"

साईश्री के इस उत्तर पर म्हालसापति जी एकदम हड़बड़ा गये ! फिर वह उनके इस आरोप के खंडन करते हुये बोले –

"यह आप मुझ पर कैसा दोषारोपण कर रहे हैं देवा ?"

अब साईश्री ने अपने शान्त स्वरों में उन्हें समझाते हुये कहा "यह एक झूठा दोषारोपण नहीं है; बल्कि मेरा आरोप अक्षरशः सत्य है ! क्या तुमने आज निरपराध ही उस कुतिया को निर्दयता से नहीं मारा था, जो मेरे निर्देशानुसार

प्रतिदिन तुम्हारी सुरक्षा हेतु, तुम्हारे साथ घर जाती थी ! तुम यह कैसे भूल गये भगत कि इस धरती के समस्त प्राणियों में, सदा तुम्हारे बाबा का ही निवास रहता है – और किसी भी जीव की भूख को शान्त करना, मेरी आत्मा को तृप्त करने के समान है; क्योंकि प्रत्येक जीव में सदा मेरी आत्मा का ही अंश समाया रहता है ! अतः जो भूखों को भोजन कराता है, वह यथार्थ में मुझे ही भोजन प्रदान करता है !"

अब म्हालसापति जी, अपनी अनजाने में हुई भूल और अपराध के लिये मन ही मन अत्यंत ही लज्जित हो उठे ! उसके पश्चात् वह नित्य उस कुतिया को बड़े प्रेम और निष्ठा से भरपेट भोजन देने लगे। इस तरह एक साधारण सी घटना द्वारा, बाबा श्री ने अपने भक्त म्हालसापति को एक महान आध्यात्मिक सत्य की शिक्षा प्रदान की !

* * *

यह घटना उन दिनों की है, जब दामू अण्णा का साई चरणों में विश्वास दृढ हो गया था ! दामू अण्णा की तीन पत्नियां थीं। किन्तु फिर भी वह सन्तानहीन थे! अनेक विद्वान ज्योतिषियों ने उनकी जन्मकुण्डली का अध्ययन करके, यह ज्ञात कर लिया था कि उनकी जन्मकुण्डली में एक पापग्रह के स्थित होने के कारण, उन्हें इस जीवन में सन्तान का कभी सुख प्राप्त नहीं होगा ! किन्तु म्हालसापति जी ने उनके मन में धीरे धीरे यह विश्वास दृढ़ कर दिया था कि साईश्री उनके भाग्य को पलटकर, अपनी कृपादृष्टि द्वारा उन्हें सन्तान सुख अवश्य ही प्रदान करेंगे !

अतः अब वह अहमदनगर से साईश्री के शुभ दर्शनों और उनकी चरण सेवा हेतु, प्रत्येक सप्ताह में एक दो बार शिरडी अवश्य आते थे ।

एक बार गोवा के मामलतदार श्री राले ने तीन सौ आमों का एक टोकरा साईश्री को भेंट करने हेतु, शामा के नाम पार्सल द्वारा भेजा। पार्सल खोलने के पश्चात्, साईश्री ने उन आमों को भक्तों के मध्य वितरण का कार्य, म्हालसापति जी को सौंप दिया। किन्तु साईश्री ने उस टोकरे में से, दामू अण्णा के लिये चार आम निकालकर, अपने पास सुरक्षित रख लिये !

लगभग दो घंटे के उपरान्त, जब दामू अण्णा, साईश्री के दर्शनार्थ एवं

पूजनार्थ मस्जिद पहुंचे, तो उन्हें देखकर साईश्री अपने सहज भाव में मुस्कराते हुये बोले

"मेरे पास जो आम सुरक्षित रखे हुए हैं, उन्हें प्राप्त करने के लिये अनेक लोग चक्कर काट रहे हैं ! किन्तु वो तो दामू की धरोहर हैं ! इसलिए जिसके वे आम हैं, उन्हीं को खाने दो और मरने दो !"

साईश्री के हाथों से दामू अण्णा ने यद्यपि वे चारों आम स्वीकार कर लिये थे; किन्तु उनके कथन के इन शब्दों ने दामू को एक गहन सोच में डूबो दिया था कि – "जिसके वे आम है, उन्ही को खाने दो और मरने दो"– वह लाख प्रयास करने पर भी, साईश्री के इस कथन के गूढ़ तथ्य को नहीं समझ पा रहे थे ! अन्ततः म्हालसापति जी ने साईश्री के इस कथन का गूढ़ रहस्य उन्हें समझाते हुये कहा–

"तुम व्यर्थ में इतने चिन्तित क्यों हो रहे हो ? **मृत्यु** शब्द का अर्थ **अहंकार** के विनाश से है ! साईश्री के आशीर्वाद से अब यह आम तुम्हारे लिये **अमृत** बन चुके हैं ! अतः अपनी अटल और पूर्ण श्रद्धा से, इन्हें ग्रहण करना ही तुम्हारे लिये श्रेयस्कर और लाभप्रद होगा !"

फिर अगले क्षण ही दामू अण्णा, जैसे ही उनमें से एक आम खाने को तैयार हुये, तो साईश्री ने उनसे कहा–"यह आम तुम्हारे खाने के लिये नहीं हैं, बल्कि यह तुम्हारी सबसे छोटी पत्नी के खाने के लिये मैंने प्रदान किये हैं ! इन आमों के प्रभाव से अब उसके चार पुत्र और चार पुत्रियां उत्पन्न होंगी !"

बाबाश्री ने अपने जीवन काल में सन् 1897 में गुरूपूर्णिमा के शुभ दिन, म्हालसापति जी और अपने कुछ अन्य विशिष्ट भक्तों के सम्मुख अपनी यह भविष्यवाणी की थी –

"मानवयोनि में जो भी इस धरती पर आता है ! वह चाहें **देव** हो अथवा उसका **दूत** उसे एक न एक दिन यहां इस धरती पर अपना नश्वर शरीर त्यागकर जाना पड़ता है ! मैं भी किसी दिन अपनी यह देह त्याग दूंगा ! किन्तु मेरी अस्थियां सदा ही यहां **आशा** और **विश्वास** का निरन्तर संचार करती रहेंगी ! मेरे भक्तों से मेरी समाधि सदा वार्तालाप करेगी और हर क्षण उनका संरक्षण करती हरेगी ! फिर

धीरे धीरे मेरी यह कर्मभूमि एक ऐसे महान तीर्थस्थल का स्वरूप ले लगी, जहां हर क्षण देश के प्रत्येक कोने से आने वाले भक्तों का एक भारी मेला लगा रहेगा ! यहां ऊंचे ऊंचे और बड़े बड़े भवनों का एवं संस्थाओं का निर्माण होगा ! और शिरडी की इरा पावन धरती पर, मेरे **समभाव** की पवित्र **लौ** सदा प्रज्वलित रहेगी !"

साईश्री ने सौ वर्ष पूर्व, जो भविष्यवाणी की थी, उसका एक साकार स्वरूप आज शिरडी में हर ओर विद्यमान दृष्टिगोचर होता है !

म्हालसापति के जीवन से सम्बन्धित उपर्युक्त सभी घटनायें मात्र कपोलकल्पित नहीं हैं– बल्कि वो साईश्री की **महानता** और **सर्वव्यापकता** को प्रदर्शित करती हैं ! जो भी इन घटनाओं पर वादविवाद और आलोचना करने के इच्छुक हैं, उन्हें इन कथाओं की ओर अपना ध्यान आकर्षित करने की कोई आवश्यकता नहीं हैं ! जो साईश्री से प्रगाढ़ प्रेम रखते हैं..और एक **पादसेवक** के रूप में उनकी पूर्ण श्रद्धा और विश्वास से भक्ति करते हैं; उन्हें ही उपर्युक्त वर्णित सभी घटनायें रूचिकर और शिक्षाप्रद लगेंगी !

इस तरह निरन्तर पचास वर्षो तक म्हालसापति जी, एक अंतरंग सखा के रूप में, साईश्री के निकट सान्निध्य में रहे—और वह निष्काम भाव से उनकी सदा निस्वार्थ सेवा करते रहे।

15 अक्टूबर 1918 को दोपहर की आरती समाप्त होने के पश्चात्, साईश्री ने वहाँ उपस्थित सभी भक्तों को अपने निवास स्थान पर भोजन करके, शीघ्र ही वापस लौटने का आदेश दिया ।

प्रायः सभी भक्त भोजन हेतु वहाँ से चले गये। किन्तु लक्ष्मीबाई शिंदे, बयाजी, लक्ष्मणबाला शिंपी और नानासाहेब निमोणकर वहीं बाबाश्री के पास ठहरे रहे। शामा और म्हालसापति जी भी भोजन के लिये अपने घर नहीं गये और वे दोनों भी मस्जिद की सीढ़ियों पर एक मौन अवस्था में चिन्ताग्रस्त बैठे रहे !

दोपहर के लगभग दो बजकर पचीस मिनट पर, साईश्री ने लक्ष्मीबाई को अपने पास बुलाया और बहुत स्नेह से उसके शीष पर अपना एक हाथ फेरने के बाद, उन्होंने उसे **नवविधाभक्ति** स्वरूप पहले पांच रुपये, फिर बाद में चार रूपये प्रदान

करते हुये कहा–"मुझे अब अपनी इस मस्जिद में अच्छा नहीं लगता है ! इसलिए मुझे बूटी की हवेली में ले चलो, जहां मैं सुखपूर्वक विश्राम करूँगा !"– फिर उन्होंने अपने श्री मुख से एक अन्तिमं हिचमी ली और उनकी आत्मा ने सदा के लिये अपना नश्वर त्याग दिया !

एक करूण रूदन के साथ सबकी आंखों से अविरल अश्रुधारा बहने लगी ! सब लोग इस बात को लेकर अत्यंत ही दुखी हो उठे कि उन्होंने आज अनायास ही अपने अपने साक्षात् **परब्रह्म** का सदा के लिये सान्निध्य खो दिया है ! इस महान दुःख में म्हालसापति जी की भी दशा विक्षप्तों के समान हो गई थी–और वह बेसुध से वहीं एक ओर जमीन पर गिर पड़े !

साईश्री की अंतिम क्रिया के उपरान्त, अब म्हालसापति जी अपने **सखा** के विछोह की असहनीय पीड़ा और वेदना में दिनरात अन्दर ही अन्दर घुलते रहते थे ! वह प्रायः हर क्षण मौन रहकर, साईश्री की पुण्यस्मृतियों में ही डूबे रहते थे ! अपने जीवन के प्रति उनका सम्पूर्ण मोह पूर्णतया समाप्त हो गया था–और प्रतिदिन वह साईश्री की नियमित पूजन के दौरान, उनसे सदा यही प्रार्थना करते थे कि अब वह उन्हें भी अपने समीप ऊपर शीध्र बुला लें !

अन्ततः चार वर्ष के उपरान्त, साईश्री ने अपने इस **अद्‌भुत देवदूत** की प्रार्थना स्वीकार कर ली ! अपने जीवन के अन्तिम चरण में, म्हालसापति जी ने अपने पुत्र मार्तंड के सम्मुख अपने जीवन की कुछ विशिष्ट पुण्यस्मृतियों का उल्लेख किया ! फिर वह उन्हें जीवन से सार और निचोड़ के प्रति अपना उपदेश देते हुये बोले –

"मानव योनि में **मुक्ति** औरं **मोक्ष** पाने के लिये सबसे सरल और उत्तम मार्ग, **भक्तिमार्ग** है। प्रत्येक प्राणी को अपने जीवन में शुभ और अशुभ कर्मों के फल अवश्य ही भोगने पड़ते हैं ! जिनके यह भोग अपूर्ण रह जाते हैं, तो उन्हें अपने इन शेष भोगों का समन्वय पूर्ण करने के लिये, अनेक प्रकार की योनियों में बारबार जन्म लेने पड़ते हैं ! इसलिये मेरी तुम्हें यही अमूल्य शिक्षा है कि तुम अपने जीवन में सदा निरपेक्ष कर्म करते हुये, मेरे समान **अकर्मण्यता** के आदर्श को प्राप्त

करने का प्रयास करना ! यदि तुम ऐसा कर सके, तो मेरी आत्मा को पूर्ण शांति मिलेगी !''

अपनी मृत्यु के एक दिन पूर्व अर्थात 10 सितम्बर 1922 को रात्रि के लगभग दस बजे म्हालसापति जी को इसका पहले से ही पूर्ण आभास हो गया था ! अतः वह उसी क्षण से और भी अधिक सजग और चैतन्य हो गये थे !

11 सितम्बर 1922 को अपनी प्रातः की पूजा समाप्त करने के पश्चात्, म्हालसापति जी ने अपने परिवार के सभी सदस्यों को अपने समीप बुलाया और वह उनसे बोले –

''आज मेरे पिताश्री अर्थात् सदगुरू भगवान श्री साईनाथ के श्राद्ध का शुभ दिन है ! तुम सब लोग भोजन इत्यादि शीघ्र ही तैयार कर लेना ! मुझे उनके श्राद्ध का अंतिम पूजन करना है !''

उनके आदेशानुसार तत्काल ही घर के लोगों ने भोजन तैयार कर दिया ! म्हालसापति जी ने अपनी पवित्र भावनाओं के साथ संपूर्ण वैदिक रीति से, श्राद्ध का पूजन पूर्ण किया। फिर स्वयं उस भोजन को ग्रहण करने के बाद, उन्होंने पान एक एक बीड़ा अपने गुंह में दबा लिया फिर वह अपने पुत्र को **रामचरित मानस** का पाठ करने का आदेश देकर, स्वयं फर्श पर एक ओर चटाई बिछाकर लेट गये ! **रामचरित मानस** का पाठ समाप्त होने के पश्चात्, उन्होंने एक बार पुनः अपने पुत्र को सर्वदा उत्तम **भक्तिमार्ग** अपनाने का अंतिम निर्देश दिया और अंत में एक गहरी निश्वास के साथ **साईराम** का नाम उच्चारण करते हुये, उन्होंने शान्तिपूर्वक अपना नश्वर शरीर त्याग दिया !

जिस निश्चित ध्येय और लक्ष्य को लेकर, साईश्री का यह अद्भूत **देवदूत** इस धरती पर, मानवयोनि में आया था जब उसका वो ध्येय पूर्ण हो गया, तो साईश्री ने उसे अपने समीप बुला लिया !

म्हालसापति जी की मृत्यु के पश्चात, उनके बेटे ने अपने पिता श्री की समाधि, संस्थान के प्रांगण में नहीं बनने दी और उन्होंने अपने पैत्रिक मकान के एक कमरे में, उनकी पुण्यस्मृति में एक साई मंदिर स्थापित कर लिया ! इस मंदिर में

साईश्री की एक जोड़ी पादुकायें, उनके कुछ वस्त्र और साईश्री एवं म्हालसापति जी के जीवनकाल के कुछ पुराने चित्र सुशोभित हैं !

म्हालसापति जी के परिवार की तृतीय पीढ़ी में, अब बाला साहेब नाम का उनका पोता जीवित है और वह शिरडी के खंडोबा मंदिर का एक प्रमुख पुजारी भी है ! वह अपने परिवार सहित उसी पैत्रिक मकान में रहता है, जो शिरडी में अब **म्हालसापति की कुटिया** के नाम से विख्यात है !

अब इस तृतीय अध्याय को यही समाप्त करके, मैं अपनी लेखनी को थोड़ी देर के लिये विश्राम दे रहा हूं और इस पुस्तक के चतुर्थ अध्याय में, मैं साईश्री के एक अन्य अदभूत देवदूत श्री नाना साहेब चान्दोरकर के जीवन चरित्र को प्रस्तुत करने जा रहा हूं !

***

卐 ॐ श्री साई गुणातीत गुणात्मने नमः 卐

अपने व्यवहार को सदा ही सदाचार और सद्‌गुणों से कुछ यूं युक्त रखना चाहिये जो हर कोई तुम्हारी पीठ पीछे भी प्रशंसा और सत्कार करे! दुष्ट अपने लोभी और स्वार्थी प्रवृत्ति के कारण तुम्हारे साथ चाहें कितना ही अनुचित और बुरा व्यवहार क्यों न करें? किन्तु उनके इस दुर्व्यवहार को सहन करने में ही तुम्हारी श्रेष्ठता और सहनशीलता तुम्हारे सदाचार को प्रदर्शित करती है ! ऐसे सदाचारी गुणों को अपनी आत्मा में आत्मसात कराने में सहायक भगवान श्री साईनाथ को हम अपने ह्रदय में धारण करके उन्हें नमन करते है !

***

चतुर्थ अध्याय

❖ श्री नानासाहेब चांदोरकर ❖

नानासाहेब चान्दोरकर का जन्म एक ऐसे प्रतिष्ठित हिन्दू परिवार में हुआ था, जिसकी समाज में अलग से अपनी एक विशिष्ट पहचान थी। उनके पिताश्री एक उच्च पद पर सरकारी नौकरी में थे। वह रूढ़ीवादी विचारों के एक कट्‌टर सनातन धर्मी थे। बचपन से ही नानासाहेब चान्दोरकर, अपने पिताश्री के उच्च विचारों और उनके आचरण से अत्याधिक प्रभावित थे। वह भी अपने पिताश्री के समान अपने जीवन में एक उच्च पद की सरकारी नौकरी प्राप्त करना चाहते थे और इस दिशा में वह बचपन से ही पूर्ण प्रयासरत रहे ! प्रथम श्रेणी में बारहवीं कक्षा पास करने के पश्चात, जब उन्होंने अपनी अग्रिम पढ़ाई हेतु, दर्शनशास्त्र का मुख्य विषय लेकर, बी.ए. की कक्षा में प्रवेश लिया, तो उस समय उनके पिताश्री अपनी सरकारी नौकरी से सेवानिवृत्त हो चुके थे !

अपने पिताश्री से समान, नानासाहेब चान्दोरकर भी बचपन से ही धार्मिक विचारों के थे। वह भगवान श्रीकृष्ण को, अपना इष्ट मानते थे और भगवद्‌गीता पर पूर्ण विश्वास रखते थे। उन्होंने **सँकरा भाष्य** के साथ भगवद्‌गीता का विशेष अध्ययन और विवेचन किया था।

उच्च श्रेणी में बी.ए. की डिग्री प्राप्त करने के बाद, जब उन्होंने सन 1885 में नायब तहसीलदार की नौकरी प्राप्त की, तो उस समय वह मात्र बीस वर्ष के थे। उनके पिताश्री ने उसी वर्ष उनका विवाह भी कर दिया। विवाह के एक वर्ष उपरान्त, सन् 1886 में उनके परिवार में एक पुत्री ने जन्म लिया, जिसका उन्होंने बड़े लाड़प्यार से मीना नाम रखा ! फिर कुछ वर्षों के अन्तराल में, उनके दो पुत्र भी हुये और उन्होंने अपने सबसे छोटे पुत्र का नाम बापूराव रखा !

अपनी योग्यता के सहारे, कुछ वर्षों के अन्दर ही नानासाहेब चान्दोरकर ने पहले तहसीलदार और फिर डिप्टी कलेक्टर के पद पर उन्नति प्राप्त कर

ली ! जब उनकी अपने इस नये पद पर अहमदनगर में नियुक्ति हुई, तो उन दिनों शिरडी के साईबाबा की ख्याति अपनी चरम सीमा पर पहुंच चुकी थी ! उनके दर्शनों हेतु, देश के प्रत्येक कोने से आने वाले भक्तों की एक भारी भीड़ एकत्रित रहने लगी थी !

नानासाहेब चान्दोरकर ने भी अपने कुछ परिचित मित्रों और सहयोगियों से शिरडी के साईबाबा के विषय में अनेक चर्चायें सुनी थीं ! चान्दोरकर साहेब के एक सहयोगी मित्र ने, कुछ माह पूर्व जो शिरडी जाकर साईश्री के दर्शन कर चुके थे, उन्होंने साईश्री के विषय में उन्हें बताया–

"साईबाबा का एक ऐसा अनोखा और विचित्र व्यक्तित्त्व है कि बाह्य दृष्टि से यद्यपि उनका आचरण सामान्य पुरूषों के सदृश लगता है ! किन्तु उनके समस्त कर्म, अपने भक्तों को सांसारिक भय से छुटकारा दिलाकर, उन्हें सदा आध्यात्मिक पथ की ओर अग्रसर करते हैं ! जो कोई भी उनकी महानता और श्रेष्ठता का श्रवण करता है, तो उसे दैहिक बुद्धि, अहंकार और जन्ममृत्यु के चक्र से अवश्य मुक्ति मिल जाती है ! उनके दर्शन मात्र से प्रत्येक प्राणी को दु:ख एवं सुख में स्थिर रहने की शक्ति प्राप्त होती है ! उनका स्वरूप बड़ा ही सुन्दर और मनोहर है और वह अपनी शरण में, आने वाले भक्तों के कल्याणार्थ सदा चिन्तित रहते हैं और वह उनके कष्टों के निवारण हेतु, अपनी पावन धूनी की उदी वितरण किया करते हैं !"

अपने मित्र का यह कथन नानासाहेब चान्दोरकर को अन्दर से प्रभावित नहीं कर सका क्योंकि उनकी दृष्टि में साधुसंतो की ऐसी चमत्कारिक लीलाओं का कभी कोई महत्व नहीं था !

उन दिनों दासगणु भी नानासाहेब चान्दोरकर के पास एक अर्दली के रूप में नियुक्त थे !

साईश्री ने हिन्दु और मुसलमानों के मध्य शिरडी में **समभाव** की जो पवित्र मशाल प्रज्वलित कर रखी थी, उसके पुंज प्रकाश ने अंग्रेजी सरकार को चिन्तित कर दिया था ! अहमदनगर के कलेक्टर को ऊपर से यह गुप्त

निर्देश प्राप्त हुये थे कि वह साईबाबा के विषय में पूरी छानबीन करें !

इस सन्दर्भ में दो विरोधाभासी प्रकरण उपलब्ध हैं ! कुछ लोगों का यह मत है कि साईश्री की गतिविधियों के विषय में आवश्यक खोजबीन करने का कार्यभार, नानासाहेब चान्दोरकर ने सर्वप्रथम अपने अर्दली दासगणु को सौंपा था। इस मत का सविस्तार विवरण मैं इस कृति की द्वितीय अध्याय में पहले ही कर चुका हूं !

किन्तु श्री रंगास्वामी पार्थसार्थी जी एवं श्री. एस. एच. नरसिम्हा स्वामी जी के अनुसार, साईश्री ने स्वयं अपनी ओर से नानासाहेब चान्दोरकर को, अपने पास आने का अप्पा कुलकर्णी द्वारा उस समय आमंत्रण भेजा था, जब कि वह राज्यकर की जमाबंदी हेतु, कोपरगांव में कुछ दिनों के लिये, अपना सरकारी डेरा डाले हुये थे ! उन दिनों अप्पा कुलकर्णी शिरडी का एक अधिकृत करनाम अर्थात् लेखपाल था !

जब अप्पा कुलकर्णी को शिरडी से प्राप्त राज्यकर का सम्पूर्ण विवरण लेकर, तत्काल ही कोपरगांव पहुँचने का सरकारी आदेश मिला, तो उसने साईश्री के पास जाकर, कोपरगांव जाने हेतु, उनसे आज्ञा माँगी ! उन दिनों साईबाबा की आज्ञा के बिना, कोई भी शिरडी से बाहर नहीं जाता था ! जिस किसी ने भी उनकी बिना आज्ञा, के शिरडी से बाहर जाने का साहस किया, तो उसे निश्चय ही मार्ग में, किसी न किसी दुर्घटना के साथ, अनेक कष्टों का सामना करना पड़ता था ! इस सन्दर्भ में ऐसी अनेक पुष्टिकारक धटनाओं का विवरण उपलब्ध है कि जब कभी भी किसी ने साईश्री की बिना आज्ञा के, शिरडी से बाहर प्रस्थान किया, तो उसे मार्ग में सदा अनेक कठिनाइयों और विपत्तियों का सामना करना पड़ा था !

अतः कोपरगाँव जाने के लिये, जब अप्पा कुलकर्णी ने साईश्री से आज्ञा माँगी, तो उन्होंने अपनी एक मधुर मुस्कान के साथ, उसे अपनी आज्ञा प्रदान करते हुये कहा –

"तुम कोपरगाँव जाकर अपने बड़े साहब, को मेरी ओर से यह

आमंत्रण देना कि मैंने उन्हें शिरडी में बुलाया है !"

साईश्री के इस आदेश को सुनकर कुलकर्णी एक गहरे सोच में डूब गये ! उसने अपना साहस संजोकर साईश्री से विनती करते हुये पुनः कहा–

"देवा ! मैं तो एक बहुत छोटा सा सरकारी कर्मचारी हूँ ! अतः अपने इतने बड़े अफसर को, मैं आपका यह आमंत्रण देने का साहस कैसे कर सकता हूं ! यदि वह मेरी बात सुनकर क्रोधित हो उठे, तो मैं व्यर्थ में ही मुसीबत में पड़ जाऊंगा !"

कुलकर्णी की इस घबराहट पर, अब एक भेदभरी मुस्कान साईश्री के अधरों पर सिमट आई और उन्होंने उसे एक अलौकिक आत्मबल प्रदान करते हुये कहा –

"अरे मूर्ख ! अपने **साई** पर विश्वास रख ! जब उसका आशीर्वाद तेरे साथ है, तो तुझे किसी भी रूप में, कभी भी कोई हानि नहीं पहुंचा सकता है !"

कोपरगाँव पहुंचकर अपने सभी आवश्यक सरकारी कार्यों से निवृत होने के उपरान्त, कुलकर्णी ने किसी तरह अपना साहस संजोकर, नानासाहेब चान्दोरकर को, सम्मान पूर्वक साईश्री का आमंत्रण देते हुऐ कहा –

"गुस्ताखी माफ हो....तो मैं कुछ कहना चाहता हूँ हुजूर !"

"बोलो क्या बात है कुलकर्णी ?"

"हुजूर ! पिछले बीस पच्चीस वर्षों से शिरडी में साईबाबा के नाम के एक अद्भुत संत विराजमान हैं ! उनके सान्निध्य में अब शिर्डी का महत्त्व विशेष रूप से बढ़ गया है ! इस अद्भुत संत ने भवसागर पर विजय प्राप्त कर ली है ! वह ज्ञान और शान्ति की एक साक्षात् प्रतिमा का स्वरूप धारण किये हुये, शिरडी की एक मस्जिद में विराजमान हैं ! वह वास्तव में समस्त सारों के साररूप हैं ! ऐहिक पदार्थों से उन्हें पूर्ण अरूचि है और अनित्य वस्तुओं का आकर्षण उनके आत्मस्वरूप को छू नहीं सका है! उनके श्रीमुख से सदैव अमृत की वर्षा होती है। समभाव की पवित्र मशाल, प्रज्वलित किये हुये, वह

निर्भय होकर, सभी धर्म और जाति के लोगों से सदा मिलजुलकर रहते हैं और वह अपने सम्भाषण और आशीर्वाद द्वारा सबको आत्मीय सुख प्रदान करते हैं ! आप सचमुच ही भाग्यशाली हैं कि उस महान संत ने, आपको अपने पास शिरडी आने का, मेरे द्वारा स्वयं आमंत्रण भेजा है !''

आमंत्रण की बात सुनकर, कुछ क्षणों के लिये नानासाहेब एक गहरे आश्चर्य में डूब गये! यह बात उनकी समझ में नहीं आ रही थी कि जब आज तक उनका उस संत से कभी कोई परिचय नहीं हुआ है, तो उन्होंने क्यों कर भेंट हेतु, अपनी ओर से आमंत्रण भेजकर उन्हें शिरडी बुलाया है ! उन्हें ऐसा लगा कि इसमें अवश्य ही कुलकर्णी का अपना कोई निज स्वार्थ निहित है। अतः उन्होंने कुलकर्णी के सम्मुख, इस आमंत्रण के प्रति अपनी ओर से कोई विशेष, महत्व प्रगट नहीं किया !

उसी दिन कोपरगांव से शिरडी वापस लौट आने पर कुलकर्णी ने साईबाबा के सम्मुख जब अपने उद्‌देश्य की असफलता के प्रति गहरी निराशा प्रगट की, तो साईबाबा ने उसे कल पुनः कोपरगाँव जाकर चान्दोरकर साहेब को आमंत्रण देने का निर्देश दिया। इस बार भी एक गहरी निराशा, कुलकर्णी के हाथ लगी !

किन्तु साईश्री के निर्देशानुसार, जब कुलकर्णी तीसरी बार नानासाहेब चान्दोरकर के पास, साईश्री का निमंत्रण लेकर पहुंचा, तो इस बार नानासाहेब क्रोध में उस पर क्षणिक झुंझला उठे ! मगर दूसरे ही क्षण किसी अन्तर प्रेरणा के वशीभूत होकर, उनके अन्दर साईश्री के दर्शनों की अभिलाषा स्वतः ही अंकुरित हो उठी ! वह मन ही मन यह सोचने पर विवश हो गये कि अवश्य ही किसी विशेष प्रयोजन से, साईबाबा उन्हें अपने पास शिरडी बुला रहे हैं?

अतः उन्होंने इस बार अपने संयत स्वरों में कुलकर्णी से कहा–''एक आवश्यक मीटिंग हेतु, मेरा तत्काल ही अहमदनगर वापस लौटना अत्यंत ही आवश्यक है। अतः साईबाबा से भेंट करने के लिये, मेरा आज शिरडी जाना संभव नहीं हो सकेगा। किन्तु मैं उनसे भेंट करने के लिये, किसी अन्य दिन

शिरडी अवश्य आऊंगा।''

चान्दोकर साहेब को इस सत्य की स्वप्न में भी आशा नहीं थी कि साईश्री ने अपने भक्त के रूप में, उन्हें अपने समीप बुलाने के लिये, ऐसी विशेष परिस्थितियां उत्पन्न कर दी हैं कि वह किसी आत्मिक आकर्षण के सहारे स्वतः ही शिरडी की ओर खिंचते चले जा रहे हैं।

अन्ततः कुछ माह उपरान्त नानासाहेब चान्दोरकर भी साईश्री के दर्शनों हेतु, स्वयं शिरडी पधारने के लिये विवश हो गये। फिर जब वह उनके दर्शनों के लिये मस्जिद पहुँचे, तो उनका अभिवादन स्वीकार करते हुये, साईश्री ने उनसे कहा–

''तुम आ गये नाना। लेकिन तुमने मेरे पास आने में बहुत देर लगा दी है !''

अब नानासाहेब ने किसी भूमिका के साथ, अपनी बात घुमाफिराकर कहने की बजाय, उनसे सीधा प्रश्न किया–

''कुलकर्णी द्वारा मुझे विदित हुआ था कि आप मुझसे मिलना चाहते हैं।''

''हाँ ! मैं तुमसे मिलने के लिये अवश्य ही इच्छुक था।''

''जब मेरा आपसे कभी कोई परिचय नहीं था, तो फिर आप मुझसे मिलने के लिये इतने इच्छुक क्यों थे ?''

नानासाहेब के इन शब्दों में छिपे हुये उनके अन्दर के अहंकार पर, अब एक उपहास पूर्ण हंसी, साईबाबा के अधरों पर सिमट गई और वह अपने शान्त स्वरों में बोले–

''तुम्हारे अन्दर अहं का जो भाव सिमटा हूआ है नाना। जब तक तुम उसके मजबूत शिकंजे से स्वयं को पूर्णरूप से मुक्त नहीं करोगे, तब तक तुम इस वास्तविक रहस्य को कभी नहीं समझ सकोगे कि मैंने तुम्हें स्वयं अपने पास क्यों बुलाया था? यह न भूलो नाना, मेरे शब्द सदैव अर्थपूर्ण होते हैं।

मुझे किसी के मन में प्रवेश करने के लिये, किसी विशेष द्वार की आवश्यकता नहीं होती है। जो मुझ पर विश्वास रखकर मेरा सतत चिन्तन करते हैं, तो मैं सदैव सर्वभूतों में व्याप्त रहकर, उसके सब कार्यों का संचालन स्वयं करता हूं। और अंत में, मैं उसे श्रेष्ठगति प्रदान कराने में सहायक होता हूं। तुम्हारे समान इस धरती पर ऐसे अनगिनत अहंकारी लोग हैं, जो सदा लोभ, मोह और माया में फँसकर, दिनरात विषय भोग में रत रहते हैं और उन पर संतों के उपदेशों तथा शिक्षा का कभी कोई विशेष प्रभाव नहीं पड़ता है। वह अपनी ही धुन में लीन रहकर, आसक्ति के भ्रम ओर धन की तृष्णा में अपना सारा जीवन नष्ट कर देते हैं। मेरा खजाना इतना परिपूर्ण है कि में प्रत्येक प्राणी की हर इच्छा की पूर्ति कर सकता हूं। किन्तु मुझे उसकी इच्छा की पूर्ति हेतु, उसकी योग्यता और अयोग्यता का भी ध्यान रखना पड़ता है। अतः मैंने तुम्हें अपने समीप बुलाकर तुम्हें अपना यह उपदेश केवल इसलिये दिया है, क्योंकि तुम्हारा मेरे साथ पिछले चार जन्मों से सदा निरन्तर एक निकट सम्बन्ध रहा है।

साईबाबा के इस कथन ने कुछ क्षणों के लिये नानासाहेब के ऊपर अपना एक गहन प्रभाव अवश्य किया ! किन्तु वह साईश्री की महानता और उनकी दैवीयशक्ति को तब तक मानसिक रूप से स्वीकार करने के लिये तत्पर नहीं थे, जब तक कि उनके साथ कोई ऐसी विशेष और विलक्षण चमत्कारिक घटना साक्षात् रूप में घटित नहीं होगी, जो साईश्री की दैवीय शक्ति की पूर्ण साक्ष्यता को सिद्ध कर सके।

सर्वभूतों में हर क्षण व्याप्त रहने के कारण, नानासाहेब के मन में उठे हुये सन्देहरूपी अविश्वास का, त्रिकालदर्शी साईश्री को तत्काल ही पूर्ण आभास हो गया ! किन्तु वह नानासाहेब की इस मूर्खता पर क्रोधित होने की बजाय, अपने एक सुलभ और सहज भाव में धीरे से मुस्कराये और वह अपने शान्त स्वरों में उनको अपना उपदेश देते हुये बोले–

"अब तुम जा सकते हो नाना। जब तुम्हारे मन के संदेह और अविश्वास को पूर्णरूप से कोई समाधान मिल जाये, तभी तुम मेरे पास आना। यह न भूलो नाना कि जब कभी किसी के मन में, अपने इष्ट के प्रति कण

मात्र भी अविश्वास और सन्देह शेष रह जाता है, तो वह एक उत्तम साधक होते हुये भी, फल की प्राप्ति पाने की भावना से मुक्त नहीं हो पाता है ! इसी कारण ऐसे साधक लाख चाहने पर भी, आत्मानुभूति प्राप्त करने में कभी सफल नहीं हो पाते हैं !"

अन्ततः नानासाहेब अपने मन में एक विचित्र सा कौतूहल और एक अशान्ति लिये हुये, साईश्री के चरणों में नतमस्तक हुये ! फिर वह उनसे जाने की आज्ञा लेकर, उसी दिन अहमदनगर के लिये वापस लौट गये।

❊ ❊ ❊

अपने मन में एक गहरा असंतोष लिये हुये, नानासाहेब अनेक दिनों तक हर क्षण उदासीन बने रहे ! अहमदनगर पहुँचकर लाख प्रयास करने पर भी, उनका अपने किसी भी कार्य में मन नहीं लग रहा था। साईश्री ने उनसे जो कुछ भी कहा था, उसका एक एक शब्द अब उनके मनोमस्तिष्क को हर क्षण बुरी तरह कचोट रहा था ! उनकी समझ में नहीं आ रहा था कि ऐसा क्यों उनके साथ घटित हो रहा हैं ? वह अपने इन्हीं विचारों में लीन, अपने बंगले के लॉन में बड़ी बेचैनी से इधरउधर टहल रहे थे कि सहसा बंगले के बाहर से आती हुई, इस भजन की मधुर स्वर लहरियाँ, उनके कानों से टकराने लगीं--

जो मांगो वो मिल जायेगा, श्रद्धा सच्ची होय।
साई के दरबार से, खाली गया न कोय।।१।।

सच्चे मन से ध्यान कर, ले साई का नाम।
संशय दूर भगायेंगे, पूरे होंगे तेरे काम।।२।।

साई का कर आसरा, सारी चिन्ता छोड़।
बाबा भागे आयेंगे, अपना आसन छोड़।।३।।

छोड़ प्राणी छोड़ दे, लोभ, मोह, अभिमान।
मिलने को व्याकुल खड़ा, साईनाथ भगवान।। ४।।

किसी अन्तर प्रेरणा के सहारे, अगने क्षण ही नानासाहेब के पग अपने बंगले के मुख्य गेट की ओर बढ़ गये। वहां पहुंचकर उन्होंने देखा कि उनके गेट के बाहर एक साधु एकतारा की मधुर धुन पर, अपनी कर्णप्रिय आवाज में भजन गा रहा है। कुछ देर तक वह खोयेखोये से उस भजन को सुनते रहे ! फिर वह अपने बंगले के दरबान को, उस साधु के लिये अन्दर लाने का आदेश देकर, स्वयं अपने लॉन की एक आराम कुर्सी पर जाकर बैठ गये।

जब दरबान ने उस साधु से बंगले के अन्दर चलने के लिये विनती की, तो उस साधु ने अपनी एक व्यंगपूर्ण हंसी के साथ उत्तर दिया–

"अपने मालिक से जाकर कहो कि इतना अहं, सदा इंसान को पतन की ओर ले जाता है ! यदि वह मुझे अपने बंगले के अन्दर बुलाने के लिये, इतने इच्छुक हैं, तो उन्हें मेरे पास आकर, स्वयं विनती करना चाहिये थी ! मैं तो एक रमता जोगी हूँ ! यदि वह मुझे अपने पास बुलाना चाहते हैं, तो उन्हें दूसरों की सतत् निष्ठा से आदर सम्मान करने का पाठ पढ़ना होगा और अपनी विनती लेकर, उन्हें स्वयं मेरे पास चलकर आना पड़ेगा।"

किन्तु जैसे ही वो दरबान अपने मालिक को साधु के इन अंतरस्थ विचारों के विषय बताने हेतु, उनके समीप जाने के लिये दूसरी और मुड़ा, तो दूसरे ही क्षण वो साधु, वहां से कहीं अदृश्य हो गया !

उस साधु की खोज में नानासाहेब ने अपने सभी नौकरों को चारों ओर दौड़ाया, किन्तु कोई भी उस साधु को कहीं भी नहीं खोज सका। इस विचित्र घटना ने, अब नानासाहेब को बहुत अन्दर से हिला दिया था ! फिर उसी दिन रात्रि में साईश्री उनके स्वप्न में प्रगट हुये, और वह नाना को अपना आत्मज्ञान प्रदान करते हुये बोले –

"श्रृद्धा.... विश्वास और सबूरी ऐसे महामंत्र है नाना, जो प्रत्येक प्राणी को ईश्वर तक ले जाने में सहायक होते हैं। यथार्थ में जब कोई व्यक्ति **ईश्वर भक्ति** की ओर अग्रसर होने के लिये आतुर होता है, तो उसे सर्वप्रथम **सन्त** और **अनन्त** की भिन्नता का ज्ञान होना अत्यंत ही आवश्यक है ! फिर

जब वह अपनी सतत साधना द्वारा इस **ज्ञान** को प्राप्त कर लेता है, तभी उसकी भक्ति और विश्वास मैं मूलवृद्धि सम्भव है ! अन्यथा वह **अभिन्नता** प्राप्त करने के लिये यूं ही सारा जीवन निरावलम्ब भटकता रहेगा.... ! इस सृष्टि में स्थूल, सूक्ष्म, चेतन और जड़ आदि जो कुछ भी प्रत्येक प्राणी को दृष्टिगोचर हो रहा है, वही वास्तव में **ब्रह्म** है और इस धरती के सभी प्राणी उस **ब्रह्म** को **निधि** के रूप में भिन्न भिन्न दृष्टि से देखते हैं, और उसे अपनी इच्छानुसार अनेक नामों से सम्बोधित करते हैं !"

स्वप्न में नानासाहेब को अपना **आत्मज्ञान** प्रदान करने के पश्चात्, साईश्री उनकी नजरों से कहीं ओझल हो गये ! साई बाबा में अपने भक्तों के सपनों में प्रकट होने की शक्ति निहित थी और वह सपने में कभी कभी अपने भक्तों को, भौतिक वस्तुऐं तक प्रदान किया करते थे, जो आँख खोलने पर अक्सर उनके भक्तों को अपने बिस्तर पर पड़ी हुई मिलती थीं।

अपने इस अद्भुत स्वप्न के बाद, जब नानासाहेब की अपनी निद्रा टूटी, तो वह हड़बड़ाहट के साथ अपने पलंग पर उठकर बैठ गये! एक क्षण को अपनी बेचैन मुद्रा में कमरे में चारों ओर अपनी नजरें दौड़ाने के बाद, उन्होंने अपनी पत्नी की ओर देखा, जो उनके समीप अब भी अपनी गहरी निद्रा में लीन थीं !

अब नानासाहेब अपने पलंग से उठकर अपनी बेचैन मुद्रा में अपने कमरे के अन्दर इधर इधर टहलने लगे और इस तरह आज उन्हें प्रथम बार **साईश्री** की दैवीयशक्ति और उनकी महानता एवं **अद्वितीयता** का अन्दर से पूर्ण आभास हुआ ! उन्हें इस यथार्थ पर विश्वास होने लगा कि वास्तव में साईश्री अखण्ड सच्चिनदानन्द के एक साक्षात् स्वरूप हैं और उनके इस दिव्य स्वरूप में एक अपरिमित **अनन्त सत्य** अविभूर्त है ! तभी तो वह अपने भक्तों के कल्याण हेतु अपने अनेक रूप धारण करके, उन्हें सदा एक **मुमुक्षु सन्मार्ग** की ओर प्रेरित करते हैं !

अतः नानासाहेब अब अपनी इस भूल के लिये अत्यंत ही दुखी और

लज्जित हो रहे थे कि उन्होंने साईश्री के प्रथम दर्शनो के दौरान, उन्हें समझने में इतनी बड़ी भूल कैसे की ? जो भी उन्हें साधारण संत या सामान्य पुरूष समझने की भूल करते हैं, वे यथार्थ में अत्यंत ही अभागे हैं !

अपनी इस भूल के प्रायश्चित्त के लिये, नानासाहेब अपने अध्ययन कक्ष में आकर, गीता के उस षष्टोध्याय का अध्ययन करने लगे, जिसमें भगवान श्रीकृष्ण ने अपने उपदेश द्वारा अर्जुन को **कर्म** और **योग** के भेद का ज्ञान प्रदान किया था !

अभी यह खोये खोये से अपने अध्ययन में व्यस्त थे कि सहसा उन्होंने अपने कंधे पर, अपनी पत्नी के हाथ का स्पर्श अनुभव किया। उन्होंने एक क्षण के लिये चौंककर अपनी पत्नी की ओर देखा और इससे पूर्व कि वह अपनी पत्नी से कोई प्रश्न करें, उनकी पत्नी ने अपनी एक मधुर मुस्कान के साथ उनसे पूछा–

"यह आप इतनी रात में, अपने अध्ययन कक्ष में क्या कर रहे हैं ?"

नानासाहेब ने एक दीर्ध निश्वास ली और फिर वह अपने संयत स्वरों में बोले– "मैं अपनी उस भूल का प्रायश्चित्त कर रहा हूं, जो मैंने संशयग्ररत होकर, एक साक्षात् सगुण अवतार को समझने में भूल की थी ! फिर उन्होंने अपनी पत्नी को संपूर्ण घटना संक्षिप्त में बताई और अन्त में वह अपनी पत्नी से बोले–

"इस बार हम दोनों ही उस **चैतन्यस्वरूप** साईबाबा के श्रीचरणों के दर्शनों के लिये शिरडी चलेंगे, जहां प्रत्येक प्राणी की अपनी समस्त इच्छायें अहंकार और चेष्टायें सदा विश्राम पाती हैं और उनके शुभ आशीर्वाद से, उसकी आध्यात्मिक उन्नति सुलभ हो जाती है।"

इस तरह कुछ ही दिनों के उपरान्त पहला अवसर मिलते ही, नानासाहेब ने अपनी पत्नी के साथ शिरडी प्रस्थान किया। किन्तु इस बार उन्होंने अपने अधीन किसी भी अधिकारी और कर्मचारी को, अपने शिरडी जाने के कार्यक्रम के विषय में कोई पूर्व सूचना नहीं दी। वह अपनी पत्नी सहित, अपने सरकारी

डाक बंगले की व्यवस्था में सुविधापूर्वक ठहरने की बजाय, विनायक साठे के उस बाड़े में जाकर ठहर गये, जहां साईश्री के दर्शनों हेतु, बाहर से आने वाले अन्य बहुत से भक्त ठहरे हुये थे।

नानासाहेब के शिरडी आगमन की यद्यपि किसी को भी कोई सूचना नहीं थी। किन्तु साईश्री को अपनी सर्वज्ञता और त्रिकालदर्शिता के कारण, उनके आगमन का बहुत पहले ही पूर्ण बोध हो चुका था ! अतः उन्होंने अपने समीप बैठे हुये म्हालसापति से कहा--

"आज मेरा एक और भक्त इस मस्जिद में मेरे पास पुनः आने वाला है, जिसके साथ मेरा पिछले चार जन्मों से एक बहुत निकट संबंध रहा है।" – अभी साईश्री का अपना यह कथन पूरी तरह पूर्ण भी नहीं हुआ था कि दूसरे ही क्षण एक थाली में पूजन सामग्री और भेंट हेतु कुछ फूल लिये हुये, नानासाहेब ने अपनी पत्नी सहित मस्जिद में प्रवेश किया।

आगे बढ़कर नानासाहेब ने साईश्री के दोनों चरण कसकर पकड़ लिये और वह अनजाने में हुई अपनी भूल के प्रायश्चित के लिये, अपने अविरल अश्रुओं से, उनके कमलचरणों को धोते हुये, अवरूद्ध कंठ से बोले–

"मुझे क्षमा कर दो देवा....! क्षमा कर दो ! अनजाने में हुई मेरी धृष्टता की...... मुझे और सजा न दो !"

साईश्री ने अब अपना वरद हस्त नानासाहेब के शीर्ष पर रखते हुये, अपनी एक सुलभ मुस्कान के साथ कहा–

"अपने पिछले जन्मों के **शुभकर्मों** के फलस्वरूप प्रत्येक प्राणी को **मानवयोनि** प्राप्त होती है जिससे वह अपनी इस योनि में, ईश्वरीय भक्ति के सहारे **मोक्ष** प्राप्त कर सके ! मेरी सदैव यही हार्दिक इच्छा रहती है कि मेरी शरण में आने वाले सभी लोग, अपने **सत्कर्मों** के सहारे, इस संसार में अपना सुखी जीवन व्यतीत करें और वह अपने कर्त्तव्यों के प्रति जागरूक रहकर, जीवन का **परमलक्ष्य** प्राप्त करें ! तुम्हारा अपने पिछले चार जन्मों से, सदा ही मेरे साथ एक बहुत निकट संबंध रहा है नाना। इसी कारण तुम्हें इस जन्म में

भी, अपने समीप बुलाने के लिये, मुझे तुम्हारे समक्ष ऐसी असामान्य परिस्थितियां उत्पन्न करनी पड़ी थीं, जिससे तुम अपने **अहं** को त्यागने के पश्चात, निर्भय होकर मेरी शरण में आ सको !"

इस पर नानासाहेब अपने अवरूद्ध कँठ से बोले– "अब मेरी भविष्य में और परीक्षा कभी न लेना देवा। और अपने इन श्रीचरणों से मुझे कभी अलग मत करना।" फिर नानासाहेब और उनकी पत्नी ने अपने साथ थाली में लाई हुई पूजनसामग्री से, साईश्री का बड़ी श्रद्धा से पूजन किया। पुष्पों का एक सुन्दर सा हार पहनाकर, उन्हें अपनी दक्षिणा सहित फल फूल भेंट किये और इस तरह उन्होंने साईश्री का आज प्रथम सुखद आशीर्वाद प्राप्त किया !

इस बार नानासाहेब अपनी पत्नी सहित शिरडी की पावन धरती पर दो दिन आनन्दपूर्वक ठहरे रहे ! साईश्री ने अपने अन्य सभी विशिष्ट भक्तों से, स्वयं उनका परिचय कराया। वे दोनों अपने इस प्रवास के दौरान, अन्य सभी साई भक्तों से कुछ यूं घुलमिल गये, जैसे मानों उनका उन सबसे वर्षों पुराना परिचय हो !

उन्होंने अपने यह दो दिन पूर्ण भक्ति के साथ, अनन्य भाव से साईश्री के निकट सान्निध्य में व्यतीत किये और वो वहां हर क्षण साईश्री का नामस्मरण और उनका संकीर्त्तन करते रहे !

फिर जब साईश्री ने उन्हें वापस जाने की अनुमति प्रदान की, तो वो उनसे प्रसाद स्वरूप ढेर सारी उदी प्राप्त करने के पश्चात्, सकुशल अहमदनगर वापस लौट आये।

अब साईश्री के पावन चरणों में नानासाहेब का अपना विश्वास धीरे धीरे पूर्ण रूप से दृढ़ होना प्रारम्भ हो गया था और वह उनके एक अनन्य भक्त बनने का प्रयास करने लगे थे !

उनसे सम्पर्क में जब कभी भी कोई परिचित मित्र, सहयोगी या सगा सम्बंधी आता था तो वह उसमें साईश्री की भक्ति का अंकुर उत्पन्न करने का, अपनी ओर से हर सम्भव प्रयास करते थे ! इस तरह साईश्री की महानता

के प्रचार प्रसार में, वह धीरे धीरे एक सहायक सिद्ध होने लगे थे और उन्हें अपने इस पुण्यकार्य में, सदा ही एक आत्मसुख अनुभव होता था।

जब कभी भी कोई दुखी.... बीमार और मानसिक कष्टों से पीड़ित, उनके पास सहायता की आशा में, अपनी विनती लेकर आता था, तो वह सदा साईश्री का नाम स्मरण करके, उनसे प्राप्त **उदी** द्वारा उसका उपचार कर दिया करते थे ! साईश्री की असीम कृपा से, नानासाहेब के इस विलक्षण उपचार द्वारा, रोगी धीरे धीरे निरोग और स्वस्थ होने लगते थे और मानसिक पीडाओं और क्लेशों से दुखी लोगों में, एक नई चेतना का संचार होने लगता था !

इस तरह साईश्री के एक अद्‌भुत **देवदूत** के रूप में, अब उनकी अपनी प्रसिद्धि भी चारों ओर धीरे धीरे फैलने लगी थी !

अब नानासाहेब भी प्रत्येक माह में नियमित रूप से, कम से कम एक बार अवश्य ही साईश्री के दर्शनों हेतु शिरडी आया करते थे।

उनके साथ निरन्तर ऐसी अनेक चमत्कारिक घटनायें घटित होती रहती थीं, जिनके कारण अब उन्हें इस सत्य पर पूर्ण विश्वास हो गया था कि यथार्थ में साईश्री **ईश्वर** का एक साकार स्वरूप हैं और वह अपने भक्तों को **मोक्ष** के मार्ग की ओर ले जाने में पूर्ण समर्थ हैं !

❊ ❊ ❊

एक बार नानासाहेब गर्मी के मौसम में, अपने अहमदनगर के दफ्तर के कुछ सहयोगी अधिकारियों और मित्रों के जत्थे के साथ, हरीशचन्द्र पर्वत पर होने वाला मेला देखने गये। पर्वत की आधी चढ़ाई चढ़ते चढ़ते अब पूर्णरूप से दोपहर हो गई थीं। सूर्य जैसे आग उगल रहा था। गर्मी की अधिकता के कारण, नानासाहेब बुरी तरह हांफने लगे और उनका गला पूर्णतया सूख गया! वह एक पग भी आगे चढ़ने के लिये, अब स्वयं को पूर्ण असमर्थ अनुभव कर रहे थे ! उन्हें ऐसा लगने लगा कि यदि उन्हें पीने के लिये, कहीं से जल नहीं मिला, तो मार्ग में ही, उनके प्राणों का अन्त हो जायेगा ! वह एक पग

भी आगे बढ़ने के लिये अब स्वयं को पूर्ण असमर्थ अनुभव कर रहे थे। नाना साहेब के साथियों ने आसपास पानी ढूंढने का हरसम्भव प्रयास किया। किन्तु किसी को भी कहीं से एक बूंद पानी उपलब्ध नहीं हो सका।

अतः नानासाहेब के साथियों ने उन्हें कुछ देर विश्राम करके, ऊपर चढ़ने की सलाह दी। वे सब आगे की ओर बढ़ गये और अगले मोड़ पर पहुंचकर, वे सब नानासाहेब के आने की प्रतीक्षा करने लगे। किन्तु उनके साथियों के जाने के पश्चात्, नानासाहेब की दशा अब इतनी गम्भीर हो गई थी कि प्यास और निर्बलता के कारण, उनकी नज़रों के सम्मुख एक गहन अंधेरा सा छाने लगा ! उन्होंने अपने प्राणों की रक्षा हेतु, मन ही मन अपने साईश्री को स्मरण किया। फिर वह एक चट्टान पर निष्प्राण से लेट गये !

इसी बीच दूसरी ओर शिरडी में साईश्री ने अपने समीप बैठे हुये, शामा से कहा –

"नाना एक गम्भीर मुसीबत में आज फंस गया है। उसकी सहायता के लिये, मुझे वहां जाना पड़ेगा; अन्यथा आज उसके प्राण निकल जायेंगे!"

ठीक उसी क्षण अपनी अर्धचेतन अवस्था में, नानासाहेब की नज़रों के समीप से गुजरते हुये, एक ऐसे भील पर ठहर गईं, जो अपने सिर पर लकड़ी का एक भारी गट्ठर लिये हुये था। नाना ने अपने संकेत द्वारा उस भील को अपने समीप बुलाकर, क्षीण स्वरों में उससे प्रार्थना करते हुये कहा –

"कहीं से मुझे दो घूंट जल लाकर, मेरे प्राणों की रक्षा करो भैया।"

इस पर उस भील ने बड़ी लापरवाही से उत्तर दिया-- "तुम कैसे मूर्ख हो कि जिस चट्टान पर तुम लेटे हुये हो, उसके नीचे ढेर सारा जल उपलब्ध है और तुम मुझसे दो घूंट जल के लिये प्रार्थना कर रहे हो।" – फिर उस भील ने चट्टान की बगल वाला पत्थर, जैसे ही थोड़ा सा एक ओर खिसकाया, तो वहां से जल की एक तेज धारा फूट निकली !

नानासाहेब उस जलधारा पर कुछ ऐसे टूट पड़े, जैसे मानों उन्हें कहीं से अनायास ही अमृत मिल गया है ? जी भरकर जल पी लेने के पश्चात्,

उनकी क्षुधा पूर्णरूप से बुझ गई। फिर वह उस भील की इस सहायता के लिये, उसे धन्यवाद देने हेतु, जैसे ही पीछे की ओर पलटे, तो वो भील वहां से बहुत पूर्व ही कहीं अदृश्य हो चुका था !

नानासाहेब इस गहरे सोच में डूब गये कि अन्ततः यह भील कहां से और कैसे प्रकट हुआ था? फिर उनकी नजरों से अनायास ही वह कहां ओझल हो गया है? कुछ क्षणों के सोचविचार के पश्चात्, उन्हें इस बात पर पूर्ण विश्वास हो गया कि साईश्री की असीम कृपा से ही, आज उनके प्राण बचे हैं !

जल पी लेने के पश्चात्, अब वह स्वयं को पूर्णरूप से स्वस्थ और तरोताजा अनुभव करने लगे थे। फिर वह अपने निश्चित मुकाम की ओर आगे बढ़ गये। अभी उन्होंने केवल थोड़ी सी ही चढ़ाई पूर्ण की होगी कि अगले घुमावदार मोड़ पर, उन्हें अपने सभी साथी, उनकी प्रतीक्षा में खड़े हुये नजर आये !

कुछ दिनों के बाद, जब साईश्री के दर्शनों हेतु, नानासाहेब शिरडी गये, तो शामा ने अपने भ्रम की पुष्टि हेतु, उनसे पूछा कि क्या वह फलां दिन किसी मुसीबत में फंस गये थे ?

इस पर नानासाहेब ने अब शामा से उल्टा प्रश्न किया – "तुम यह सब कुछ मुझसे क्यों पूंछ रहे हो ?"

शामा ने अपने शान्त स्वरों में उत्तर दिया – "मैं तुमसे यह बात केवल इसलिये पूंछ रहा हूं कि उस दिन साईश्री ने मुझसे यह कहा था कि आज नाना एक गम्भीर मुसीबत में फंस गया है। अतः उसकी सहायता के लिये, मुझे वहां जाना पड़ेगा, अन्यथा उसके वहीं प्राण निकल जायेंगे !"

शामा के इस कथन को सुनकर, अब नानासाहेब को पूर्ण विश्वास हो गया कि उस दिन भील के छद्‌म भेष में, स्वयं साईश्री उनकी सहायता के लिये वहां प्रगट हुये थे ! उनके नेत्रों से अविरल अश्रुधारा बहने लगी ! उन्हें साईश्री के वो शब्द पूर्णरूप से याद आने लगे जो उन्होंने एक दिन अपने भक्तों के सम्मुख उनसे कहे थे –

"जब भी कोई अपने कष्टों में, जहां भी मेरा हृदय से स्मरण करेगा, तो मैं उसकी सहायता हेतु, तत्काल ही उसके निकट पहुंच जाऊंगा!"

अपने इन वचनों को साईश्री ने अपनी महासमाधि लेने से पूर्व निभाया है ! और अपनी महासमाधि लेने के पश्चात्, वह उसी समान उसे आज भी निभा रहे हैं।

❊ ❊ ❊

एक बार नानासाहेब सूर्यग्रहण के दिन गोदावरी में स्नान करने के लिये, कोपरगांव आये हुये थे। अभी ग्रहण शुरू हुआ ही था कि एक आदमी अपने उंचे स्वरों में यह चिल्लाते हुये नाना साहेब के समीप आया – "मूर्ख दे दान तभी छूटेगा, तेरा ग्रहण का दोष !"

नानासाहेब ने अपनी जेब से एक चार आने का सिक्का निकालकर, दानस्वरूप उस आदमी को प्रदान कर दिया ! ठीक उसी क्षण शिरडी में अपने समीप बैठे अब्दुल और म्हालसापति को, एक चार आने का सिक्का दिखाते हुये, साईश्री ने अपनी एक मधुर मुस्कान के साथ कहा–

"देख अब्दुल ! मैं आज यह चार आने का सिक्का दान में नाना से लेकर आया हूं।"

इस पर म्हालसापति ने साईश्री के चरणों को स्पर्श करते हुये कहा– "आप तो अन्तर्यामी हैं देवा ! सब कुछ आपकी अपनी इच्छा पर ही अवलंबित है ! आपकी **सर्वज्ञता** और **सर्वव्यापकता** पर अविश्वास और संदेह करने वाला मूर्ख ही नहीं, बल्कि वह अत्यत ही अभागा भी है ! किंतु देवा यह बात मेरी समझ में अभी तक नहीं आ सकी है कि आपको दक्षिणा लेने के लिये, स्वयं वहां क्यों जाना पड़ा ?"

इस पर साईश्री ने अपनी एक सुलभ मुस्कान के साथ उत्तर दिया–

"अपने गत जन्म के कुछ विशेष दोषों के कारण, आज का पूर्ण

सूर्यग्रहण नाना के जीवन के लिये अत्यंत ही हानिकारक था ! अतः ग्रहण के प्रभाव से उसकी रक्षा करने के लिये, मुझे वहां जाना पड़ा !"

गोदावरी में स्नान करने के बाद, जब नानासाहेब कोपरगांव से साईश्री के दर्शनों हेतु शिरडी पहुंचे, तो साठे के बाड़े में सर्वप्रथम उनकी वहां भेंट म्हालसापति जी से हुई। म्हालसापति ने उनसे पूछा कि उन्होंने आज ग्रहण के समय किसी को कितनी दक्षिणा प्रदान की थी ?

नानासाहेब ने उन्हें बताया कि उन्होंने एक आदमी को दान स्वरूप चार आने का एक सिक्का प्रदान किया था।

उनके इस कथन को सुनकर, म्हालसापति ने नानासाहेब को वो सारी बातें सविस्तार बतायीं, जो उनकी साईश्री के साथ हुई थीं। म्हालसापति की बातें सुनकर, इस सोच में उनकी आंखों में ढेर सारे अश्रु डबडबा आये कि दान द्वारा उनकी रक्षा करने के लिये, भिखारी के छद्मभेष में स्वयं बाबाश्री उनसे दान लेने आये थे।

अगले क्षण ही नानासाहेब अपने तेज कदमों से मस्जिद में आ गये ! फिर वह साईश्री के कमल चरणों में गिरकर लगभग रोते हुये बोले –

"आपको मेरी रक्षा हेतु, स्वयं चलकर मेरे पास आना पड़ा देवा ! और मैं अभागा आपको पहचान भी न सका !"

वास्तव में साईश्री का अन्तःकरण प्रशान्त महासागर के समान सदा शांत रहता था ! उनकी कार्यप्रणाली का अंत पाना किसी के लिये कभी संभव नहीं था ! कहने के लिये वह प्रत्यक्ष रूप में हर क्षण शिरडी में ही निवास करते थे। किंतु उन्हें अपने सभी भक्तों के समस्त व्यवहारों, उनकी विषम परिस्थितियों और उनकी आवश्यकताओं का भलीभांति पूर्व ज्ञान रहता था ! वह अपनी **योगशक्ति** और अद्भुत कार्यप्रणाली द्वारा अपनी इच्छानुसार अपने भक्तों को सदा अपना संरक्षण प्रदान करते रहते थे !

ऐसी कुछ और भी अन्य घटनायें नानासाहेब के साथ घटित हुई थीं,

जब कि साईश्री ने अप्रत्यक्ष रूप में, उन्हें अपना संरक्षण प्रदान करके, उनके जीवन की रक्षा की थी।

❋❋❋

एक बार नानासाहेब पुणे में, अपने मित्र मुकुंद शास्त्री लेले के साथ, एक तांगे पर सफर कर रहे थे। अचानक तांगे का घोड़ा पूरी तरह बिदक गया और उसने अपने पिछले दोनों पैरों पर खड़े होकर, तांगे को उलट दिया। ठीक उसी क्षण शिरडी में अन्य भक्तों के साथ बैठे हुये साईश्री ने एक दर्द भरी चीख के साथ कराहते हुये कहा--

"यदि मैं आज समय पर उसकी रक्षा नहीं करता, तो आज मेरा नाना इस दुर्घटना में अवश्य मारा जाता। लेकिन मैं उसे अभी कैसे मरने दे सकता हूं ! अभी तो उसने मेरे अनेक कार्य करने हैं।"

और वास्तव में साईश्री की अप्रत्यक्ष सहायता और कृपा से, उनकी मौत की घड़ी पुनः टल गई ! दुर्घटना में, उन दोनों को केवल साधारण सी चोटें और खरोचें आईं।

इसी समान, मैं अन्य दो ऐसी घटनाओं का विवरण देने जा रहा हूं, जो नानासाहेब से संबंधित हैं। यह घटनायें भी इस अटूट सत्य को परिलक्षित करती हैं कि साईश्री ने सदा ही संकट और कष्टों में अपने भक्तों की रक्षा की है !

❋❋❋

एक बार नानासाहेब ने माघी पूर्णिमा के दिन, अपने कुछ सहयोगी मित्रों के साथ, घने जंगलों में स्थित एक ऐसे गणपति मंदिर के दर्शनों हेतु, अपना प्रोग्राम बनाया, जिसकी उस क्षेत्र में बड़ी मान्यता थी। उस मंदिर के दर्शनों हेतु, जाने वाले यात्रियों को पद्‌मालय नाम के रेलवे स्टेशन पर उतरना पड़ता था। वहां से वो मंदिर लगभग तीन मील की दूरी पर एक घने वन में स्थित

था। उस मंदिर की उत्तर दिशा में, लगभग दो मील की दूरी पर एक छोटी सी बस्ती के निकट, एक मठ में गोविंद बुआ नाम के एक संत रहते थे और वह गणपति जी के उस विशिष्ट मंदिर के प्रमुख पुजारी भी थे। प्रतिदिन वह प्रातः के सात बजे से लेकर रात्रि आठ बजे तक उसी मंदिर में एक प्रमुख पुजारी के रूप में उपस्थित रहते थे और रात्रि की आरती एवं पूजन समाप्त कराने के पश्चात्, वह प्रतिदिन रात्रि के आठ बजे विश्राम हेतु अपने मठ पर वापस लौट आते थे।

जिस दिन नानासाहेब अपने दो तीन सहयोगियों के साथ, उस विशिष्ट मंदिर के दर्शनों हेतु पद्मालय रेलवे स्टेशन की ओर जाने वाली रेलगाड़ी में यात्रा कर रहे थे, तो उस रेलगाड़ी का इंजन रास्ते में ही अचानक खराब हो गया, जिसके कारण वो रेलगाड़ी पद्मालय स्टेशन पर अपने नियमित समय से लगभग पांच घंटे की देरी से पहुँची। अर्थात् वो रेलगाड़ी दोपहर के दो बजे पहुँचने की बजाय, पद्मालय रेलवे स्टेशन पर संध्या के सात बजे पहुंची! उस स्टेशन पर, वापस आने के लिये, रात्रि के दस बजे पुनः गाड़ी मिलती थी। अतः नानासाहेब ने अपने तीनों सहयोगी मित्रों के साथ, तत्काल ही उस मंदिर की ओर अपना पैदल सफर प्रारंभ कर दिया, जिससे वह दर्शनों के उपरान्त, समय से रेलवे स्टेशन वापस लौट सकें !

आधा रास्ता तय होने के बाद, नानासाहेब और उनके तीनों मित्र, उस घने जंगल में भटक गये ! अन्ततः वे सब थककर एक वृक्ष के तले बैठ गये! भूख और प्यास अब उन सबको बुरी तरह सताने लगी। यह विचार अब उन्हें और भी अधिक अन्दर से शक्तिहीन और शिथिल कर रहा था कि इस तरह वे सब न तो मंदिर के दर्शन ही करने में सफल हो सकेंगे और न वे समय से रेलवे स्टेशन वापस लौट पायेंगे।

इन विपरीत परिस्थितियों में, नानासाहेब ने साईबाबा का मन ही मन स्मरण किया ! फिर वह उनसे अपनी सहायता की प्रार्थना करने लगे-

"हे देवा ! यदि मंदिर के दर्शन हमारे भाग्य में संभव नहीं है,

तो कम से कम इस घने वने से तो बाहर निकालने में हमारी सहायता कीजिये, जिससे हम सब रेल्वे स्टेशन पर सुरिक्षत वापस पहुँच सकें ! आपकी कृपा से यदि हम लोगों को प्यास बुझाने के लिये, कहीं से थोड़ा शुद्ध जल मिल जाये, तो हम समझेंगे कि हमारी यात्रा पूर्ण हो गयी है !"

कुछ ही क्षणों बाद, नानासाहेब को कहीं दूर किसी एक पगडंडी पर, एक बूढ़ा सा व्यक्ति चलता हुआ नजर आया ! नानासाहेब अपने मित्रों सहित तत्काल ही इस आशा में, उसी ओर अपने तेज कदमों से चल पड़े कि उन्हें उस व्यक्ति द्वारा मंदिर की ओर जाने वाला रास्ता विदित हो सकेगा। जितनी तेज गति से अब वे उस बूढ़े व्यक्ति की ओर बढ़ रहे थे, तो उतनी ही तेज गति से वो बूढ़ा व्यक्ति भी आगे की ओर बढ़ रहा था। इस तरह वे हर संभव प्रयास करने पर भी, बूढ़े व्यक्ति के निकट पंहुँचने में समर्थ नहीं हो पा रहे थे ! इसी दशा में लगभग एक घंटे तक वे सब यूं ही निरन्तर अपने तेज कदमों से चलते रहे और जब उन्हें निचली ढलान पर स्थित मंदिर स्पष्ट दिखाई देने लगा, तो वो बूढ़ा व्यक्ति अनायास ही उनकी दृष्टि से कहीं ओझल हो गया !

इस पर नानासाहेब ने एक बहुत गहरी निश्वास ली ! फिर वह एक पूर्ण विश्वास के साथ अपने मित्रों से बोले–

"तुम जानते हो बूढ़े के भेष में, यह व्यक्ति कौन था ?"

"नहीं"

"उस बूढ़े के भेष में यह और कोई नहीं; बल्कि स्वयं मेरे साई थे ! वह हमें सही मार्ग दिखाने के लिये, इस घने वन में प्रगट हुये थे।"

फिर जब नानासाहेब अपने मित्रों सहित, साईबाबा का भजन कीर्तन करते हुये मंदिर पहुँचे, तो उस समय रात्रि के नौ बज चुके थे। मंदिर को खुला पाकर, उन्हें महान आश्चर्य हुआ ! फिर मंदिर के प्रमुख पुजारी गोविंद बुआ ने, स्वयं उनका स्वागत करते हुये कहा–"आओ नाना....! मैं तुम्हारे ही आने की बहुत देर से प्रतीक्षा कर रहा हूँ !"

गोविन्द बुआ के इन शब्दों को सुनकर, नाना एक गहरे आश्चर्य में डूब गये ! क्योंकि इससे पूर्व वे दोनों न तो कभी एक दूसरे से मिले थे..... और न वे परस्पर परिचित थे ! अतः नाना इस सच्चाई को जानने के लिये अन्दर से बेहद बैचेन हो उठे कि मंदिर के प्रमुख पुजारी गोविन्द बुआ को उनका नाम और उनके आने की जानकारी पहले से कैसे प्राप्त हो गयी ?

इस पर गोविन्द बुआ ने अपनी एक भेद भरी मुस्कान के साथ उत्तर दिया— "एक घंटे पूर्व, जब मैं रात्रि की आरती समाप्त करने के पश्चात् मंदिर बंद करके, अपने मठ पर वापस जाने की तैयारी कर रहा था, तो मेरे विचारों में साईबाबा प्रगट हुये, और उन्होंने मुझे इस सत्य का मानसिक रूप से बोध कराया कि नाना नाम का उनका एक अनन्य भक्त, अपने मित्रों सहित गणपति महाराज के दर्शनों के लिये, पैदल चलकर मंदिर आ रहा है ! अतः मैं उन सबके आने की प्रतीक्षा करूँ ! इसके अतिरिक्त तुम सब अत्यंत ही भूखे प्यासे होगे, इसलिए मैं एक मटकी में शुद्ध जल एवं भोजन की व्यवस्था रखूं !

गोविन्द बुआ के इस कथन को सुनकर, नाना का हृदय एक असीम आनंद से भर उठा ! अपने बाबाश्री की इस अद्भुत दया और कृपा पर नानासाहेब के नेत्रों से अविरल अश्रुधारा बहने लगी ! वह अत्यंत ही उत्साहित एवं आत्मविभोर होते, हुये, अपने साथियों से बोले—

"देखा तुमने कि बाबाश्री अपने भक्तों के **योगक्षेम** को स्वयं किस तरह देखते हैं ! और अन्तर्यामी होने के कारण, वह संकटों में अपने भक्तों की किस तरह रक्षा करते हैं ? ऐसे **सच्चिदानन्द स्वरूप** श्रीसाईनाथ की शरण में, जो भी निस्वार्थ भाव से जाता है, उसे वह अपने **वात्सल्य प्रेम** के सहारे, अपने वशीभूत कर लेते हैं !"

❊ ❊ ❊

इसी समान नानासाहेब चान्दोरकर से सम्बधित एक और घटना का मैं वर्णन करने जा रहा हूँ, जो इस सत्य को दर्शाती है कि बाबाश्री को **सर्वन्तर्यामी**

होने के कारण, अपने भक्तों की सुदूर बातों का पहले से ही पूर्ण ज्ञान हो जाता था !

एक बार नानासाहेब अपनी पत्नी के साथ शिरडी आये हुये थे। अगले दिन अहमदनगर से उनके कलेक्टर साहब अपने सरकारी दौरे पर कोपरगांव आने वाले थे। अपने सरकारी कार्यों के सिलसिले में, उनके साथ नाना साहेब की सरकारी ड़ाक बंगले में, प्रातः के दस बजे एक आवश्यक मीटिंग, पहले से ही पूर्व निर्धारित थी ! किन्तु साईबाबा ने उन्हें उस निश्चित दिन कोपरगांव जाने से रोक लिया। फिर जब दूसरे दिन उन्होंने उन्हें जाने की आज्ञा दी, तो इस बात को लेकर, अब नानासाहेब अत्यंत ही चिन्तित और परेशान हो रहे थे कि समय पर मीटिंग में न पहुँचने के कारण, कलेक्टर साहब उनसे अत्यंत ही रूष्ट हो गये होंगे ! और अब उन्हें इस देरी के लिये भयंकर परिणाम भोगने पड़ेंगे !

मगर जब वह अगले दिन ड़ाक बगले पहुँचे, तो नानासाहेब को कलेक्टर साहब की बजाय, वहाँ उनका एक टेलिग्राम प्राप्त हुआ, जिसके अनुसार कलेक्टर साहब अब अपने दौरे पर उस दिन की बजाय, दूसरे दिन दोपहर के एक बजे आ रहे थे।

वास्तव में यह बाबाश्री की कैसी विचित्र महानता थी कि उन्हें कलेक्टर साहब के परिवर्तित प्रोग्राम के विषय में, अपनी **दिव्यदृष्टि** द्वारा पहले से ही विदित हो चुका था ! इसी करण उन्होंने नानासाहेब को कोपरगांव आने से रोक लिया था।

अपनी ऐसी अद्भुत और चमत्कारिक लीलाओं के सहारे, बाबाश्री सदा अपने भक्तों को इस सत्य का बोध कराना चाहते थे कि जब भी कोई अपने मन और बुद्धि से किसी, भी क्षण उनका स्मरण करेगा, तो उसे अपने मन की **शान्ति** अवश्य मिलेगी ! और उनके अशीष से उसे जीवन का हर **सुख** और **आनंद** प्राप्त होगा !

❋❋❋

कई वर्षों से साईश्री की निरन्तर भक्ति में रहने के बाद, नानासाहेब और उनकी पत्नी के मन में, इस बात को लेकर अत्यंत ही क्षोभ था कि वर्षों पूर्व उनकी बेटी का विवाह हो जाने के बाद भी, वह अभी तक संतानसुख से क्यों वंचित है ? अतः उन्होंने इस संदर्भ में साईश्री से प्रार्थना करने के लिये, मन ही मन निश्चय किया।

उन्होंने साईश्री का आशीर्वाद लेने हेतु, अपनी बेटी मैनाताई को कुछ दिनों के लिये, उसकी ससुराल से अपने घर बुला लिया। मैनाताई के पति श्री गणेश कुवेलकर, अपनी पत्नी को स्वयं पूना से अहमदनगर पहुंचाने आये थे। नानासाहेब ने अपने दामादश्री से भी साथ में शिरडी चलने की प्रार्थना की ! किन्तु वह इस प्रस्ताव को स्वीकार नहीं कर सके और वह अपनी पत्नी को अहमदनगर पहुंचाकर, उसी दिन शाम को पूना के लिये वापस लौट गये।

इस तरह दो तीन दिन के उपरान्त, इस बार नानासाहेब अपने सम्पूर्ण परिवार के साथ साईश्री के दर्शनों के हेतु शिरडी पहुंचे।

जब से वह साईश्री के निकट सम्पर्क में आये थे, नानासाहेब को सदा ही एक गहरा **आत्मसंतोष** सा अनुभव होने लगा था। साईकृपा से उनके मन की उद्विगन्ता और विसंगतियां दूर होने लगी थीं और उनके अंदर जीवन के प्रति एक नया विश्वास और उत्साह जागृत होने लगा था !

किन्तु आज अपने परिवार सहित, नानासाहेब चांदोरकर, बाबाश्री के सम्मुख अत्यंत ही गंभीर और उदास मुद्रा में शान्त बैठे हुये थे। अपनी **सर्वव्यापकता** के कारण, बाबाश्री अपने भक्तों के दुखों से सदा भली भांति परिचित रहते थे। उन्होंने चांदोरकर को एक गम्भीर अवस्था में देखकर, उनसे प्रश्न किया–

"क्या बात है नाना...? तुम आज अत्यंत ही गम्भीर नजर आ रहे हो ! क्या मुझसे कुछ पूंछना चाहते हो ?"

"जी देवा... !"

"तो पूछो... !"

"बाबा... ! वह भगवान कहां मिलेगा, जो सकल विश्व का रूप धारण करके, लोगों के मन की सभी मनोकामनायें पूर्ण करता है ! हम उससे किस विधि और कहां मिल सकते हैं ?"

इस पर साईश्री ने अपनी शान्तमुद्रा में नानासाहेब से प्रश्न किया – "क्या दूध में मक्खन समोहित रहता है नाना ?"

"जी बाबा...! दूध में मक्खन के अंश सदा ही छिपे रहते है !"

साईश्री ने पुनः प्रश्न किया– "तो फिर वो अंश कब और कैसे दिखाई देते हैं...... ?"

इस पर नानासाहेब ने अपनी एक दीर्घ निश्वास लेते हुये उत्तर दिया – "दूध को अच्छी तरह मथने और बिलोने के बाद ही, हमें वो अंश दृष्टिगोचर होते हैं देवा !"

नाना के इस उत्तर पर, एक भेदभरी मुस्कान साईश्री के अधरों पर सिमट गई और वह नाना के सम्मुख भक्ति के गूढ़ रहस्य को उजागर करते हुये बोले– "ठीक इसी समान सम्पूर्ण भूतों के महान अधिकारी विराट स्वरूप परमात्मा अपनी योगमाया से प्रत्येक जीव की आत्मा में विद्यमान रहते हैं। किन्तु वह तभी दिखाई दे सकते हैं, जब कोई अन्दर से **एकमय** होकर, अपनी आत्मा में उन्हें टटोलेगा....! मैं तो उनका आज्ञाकारी एकमात्र सेवक हूं। बस अपने भक्तों के सुख और शांति के लिए, उनसे प्रार्थना ही कर सकता हूं... और अपने भक्तों को अपना आशीर्वाद प्रदान कर सकता हूं।"

"तो फिर मेरी मैना को भी अपना आशीर्वाद प्रदान कीजिये देवा ! क्या मेरी मैना आपके दरबार से निराश लौटेगी ?"

"साई के दरबार से आज तक न कभी कोई निराश लौटा है. .. और न भविष्य में कभी निराश लौटेगा ! इस दरबार में विराट स्वरूप परमात्मा के अलौकिक चमत्कार उस प्राणी मात्र का सदैव कल्याण करते रहेंगे, जो अपनी

अटूट श्रद्धा... विश्वास...और अनन्य भाव से यहां आयेगा...!"– किन्तु अपना यह कथन पूर्ण करते हुये, किसी गहरे सोच में अनायास ही साईश्री के दोनों नेत्र सजल हो उठे !

साईश्री को ऐसी विचित्र सी मनोदशा में देखकर, उनके समीप मौजूद सभी भक्त एकदम घबरा गये ! किन्तु किसी का भी उनसे कुछ भी पूंछने का साहस नहीं हो पा रहा था !

अन्ततः नानासाहेब ने स्वयं ही किसी प्रकार अपना साहस जुटाकर, साईश्री से पूछा –

"क्या बात है देवा ? आप इस तरह अचानक यूं दुःखी और परेशान क्यों हो उठे हैं ?"

इस पर साईश्री ने एक दीर्घ विश्वास ली और और वह अपने संयत स्वरों में बोले –

"मैं यह सोचकर दुखी और चिन्तित हो उठा हूं कि यह ईश्वर का कैसा न्याय है कि जब वह किसी के पिछले जन्मों के दुष्कर्मों के अनुसार, उसके नये जन्म में, उसकी भाग्य की रेखाओं की रचना करके, जो कुछ भी पूर्व **निश्चित** कर देता है ! उसे **अनिश्चत** करने की शक्ति, केवल उसी में ही सदा निहित क्यों रहती है, जो उसके भाग्य का निर्माण करता है ! मैं तो अपने भक्तों के हित के लिए, उस **सर्वशक्तिमान** से केवल प्रार्थना ही कर सकता हूं। मेरी **प्रार्थना** को स्वीकार करना अथवा **अस्वीकार** कर देना, उसकी अपनी इच्छा पर निर्भर होता है ! किन्तु अपने सत्कर्मों, भक्ति और प्रार्थना के सहारे, प्रत्येक प्राणी अपने उस **निश्चित** से उत्पन्न हुए दुःखों और कष्टों का प्रभाव अवश्य कम कर सकता है ?"

वास्तव में साईश्री के इस उपदेश का संकेत, मैनाताई के उस दुर्भाग्य की ओर था, जिसे उन्होंने स्वयं **त्रिकालदर्शी** होने कारण, पूर्णरूप से जान लिया था ! किन्तु अपनी बेटी के मोह और मायारूपी आवरण के कारण, उस समय साईश्री के इस कथन की वास्तविक गहराई तक, नानासाहेब नहीं पहुंच सके थे!

अन्ततः नानासाहेब, अपनी बेटी के लिये, साईश्री से सन्तान प्राप्ति का आशीर्वाद प्राप्त करके, पूर्ण संतुष्ट हो गये !

❋ ❋ ❋

अगले दिन एक और अन्य विचित्र घटना शिरडी में घटित हुई ! जिस समय म्हालसापति जी चन्दन, धूप, पुष्प और अक्षत से साईश्री का पूजन कर रहे थे, तो नानासाहेब का सबसे छोटा पुत्र बापूराव, जो उस समय केवल चार वर्ष का एक अबोध बालक था, अचानक भागता हुआ साईश्री के निकट आया और उसने म्हालसापति के पूजन थाल से चंदन लेकर, साईश्री के मस्तक और चरणों पर लगा दिया ! अभी तक साईश्री के मस्तक और चरणों पर चन्दन लगाने का अधिकार, केवल म्हालसापति जी को ही प्राप्त था ! किन्तु इस घटना के पश्चात्, प्रत्येक भक्त को अपनी इच्छानुसार इस तरह की विशिष्ट पूजन के लिए अनुमति मिल गई थी।

साईश्री अक्सर अपने भक्तों से कहा करते थे– **"मेरी लीला अबोधगम्य है !"** – उनका यह कथन अक्षरशः सत्य सिद्ध हुआ है। अपने भक्तों के लिए उनके हृदय में अक्षय और असीम प्रेम था। इसलिये अपने भक्तों के मार्गदर्शन करने की उनकी शैली सदा ही संवेदनशील होती थी !

एक बार नानासाहेब चांदोरकर, बाबाश्री की चरणसेवा कर रहे थे और वह मन ही मन गीता का यह श्लोक गुनगुना रहे थे –

"तद्विद्धि प्रणिपातेन परिप्रश्नेने सेवया !
उपदेक्ष्यन्ति ते ज्ञानं ज्ञानिनस्तत्वदर्शिनः।।"

उनके इस श्लोक की मधुर गुनगुनाहट को सुनकर, बाबाश्री ने उनसे प्रश्न किया –

"नाना... तुम जो यह श्लोक गुनगुना रहे हो, उसका अर्थ भी जानते हो।"

"जी बाबाश्री ! मैं इसका अर्थ अच्छी प्रकार जानता हूं !"

"तो फिर इस श्लोक का अर्थ मुझे भी सुनाओ नाना !"

नानासाहेब ने साईश्री के सम्मुख नतमस्तक होकर, श्लोक का अर्थ बताते हुये कहा– "इस श्लोक द्वारा भगवान श्रीकृष्ण ने अर्जुन को अपना उपदेश देते हुए समझाया है कि जो **तत्व** को जानने वाले **ज्ञानीपुरूष** हैं, उन्हें तुम पूर्ण श्रद्धा से साष्टांग प्रणाम करो! उनकी निष्काम सेवा करो ! और निष्कपट भाव से अपने प्रश्नों द्वारा, उनके ज्ञान के मर्म को जानने का प्रयास करो। ऐसे ज्ञानी पुरूष ही, जिन्हें **ब्रह्म** अर्थात **सद्वस्तु** की प्राप्ति हो चुकी है, तुम्हें अपने ज्ञान का उपदेश देने में समर्थ हो सकते हैं !"

इस अर्थ को सुनकर बाबाश्री ने नानासाहेब से पुनः प्रश्न किया –

"अच्छा यह बताओ नाना, जब भगवान श्रीकृष्ण स्वयं ज्ञान स्वरूप **साकार ईश्वर** थे, तो उन्होंने अर्जुन को अन्य ज्ञानियों और **तत्वदर्शियों** को साष्टांग प्रणाम और उनकी निष्काम सेवा करके, अपने प्रश्नों के माध्यम से उनका ज्ञान प्राप्त करने के लिए क्यों कहा... ?"

बाबाश्री के इस प्रश्न को सुनकर, नानासाहेब आवाक् रह गये ! फिर जब वह इस प्रश्न का उचित उत्तर देने के लिए स्वयं को पूर्ण असमर्थ अनुभव करने लगे... तो बाबाश्री ने इस श्लोक के अन्दर छिपे मर्म को उन्हें समझाते हुए कहा–

"भगवान श्रीकृष्ण ने अर्जुन को इस श्लोक द्वारा यह समझाने का प्रयास किया था कि **मैं** हर प्राणी के अन्दर विद्यमान हूं ! किन्तु जो अपनी निस्वार्थ सेवा, भक्ति, ज्ञान और तत्वविवेक से समदर्शी बनकर, अपने अन्दर छिपे हुए इस **मैं** को पहचान लेते हैं, तो वह उसके अवलोकन के सहारे ही संत और महाज्ञानी कहलाये जाने लगते हैं ! ऐसे सन्त ज्ञानियों को केवल साष्टांग प्रणाम करना ही पर्याप्त नहीं होता है ! जब तक कि हम अपने अनन्य भाव से, ऐसे संत और ज्ञानी महापुरूषों के शरणागत नहीं होंगे, तब तक हमें उनसे उनका **ज्ञान** कभी प्राप्त नहीं हो सकता है ! कोई भी प्राणी ऐसे महापुरूषों से अपनी कुप्रवृत्ति, पाखंड और निम्नकोटि के दूषित विचारों से प्रेरित होकर,

यदि अपने **वाक्यजल** द्वारा उनसे उनका **ज्ञान** प्राप्त करने का प्रयास करेगा, तो उसका यह प्रयास सदा ही निष्फल सिद्ध होगा ! वह अपने **मोक्ष** और **आध्यात्मिक** उन्नति के लिए, उनसे उनका ज्ञान तब तक कदापि प्राप्त नहीं कर सकता है... जब तक कि वह अपने शुद्ध, पवित्र और एकाकी मन से उनके पवित्र चरणों में समर्पित होकर, सदा के लिए शरण नहीं लेगा ! यदि तुम भी नाना, इस तरह का निष्कलंक आचरण रखोगे... तो तुम्हें भी अपने सदगुरू द्वारा एक न एक दिन ऐसे **ज्ञान** की प्राप्ति अवश्य होगी !"

इस पर नानासाहेब ने बाबाश्री से पुनः प्रश्न किया – "तो फिर देवा **द्वैत** और **अद्वैत** में क्या भेद है ?

इस प्रश्न पर बाबाश्री बहुत धीरे से मुस्कराये और बोले– "तुम्हारा प्रश्न अत्यंत ही उत्तम है नाना...! किन्तु इस भेद को समझाने के लिए, पहले तुम्हें **ज्ञान** और **अज्ञान** का अन्तर समझना पड़ेगा। उन दोनों में केवल इतना ही अन्तर है कि **ज्ञान** द्वारा **अज्ञान** नष्ट हो सकता है ! किन्तु **अज्ञान** द्वारा **ज्ञान** की प्राप्ति कभी सम्भव नहीं है ! इसी तरह जब हम **अद्वैत** की स्थिति को प्राप्त करना चाहते हैं, तो हमें **द्वैत** की भावना को समूल से नष्ट करना पड़ता है क्योंकि **द्वैत** की स्थिति में रहकर, हम **अद्वैत** की कभी कोई चर्चा और कल्पना तक नहीं कर सकते हैं !"

बाबाश्री के इन उपदेशों ने आज नानासाहेब के मनोमस्तिष्क पर एक गहन प्रभाव किया और उनके मन में उत्पन्न हुए सारे भ्रम सदा के लिये दूर हो गये !

❊ ❊ ❊

बाबाश्री ने सदा ही अपने भक्तों को इस मर्म का बोध कराया था कि किसी भी इष्ट और देवमूर्ति की कभी भी उपेक्षा नहीं करनी चाहिये ! विशेषकर उन्हें अपने कारण, किसी भी अन्य देवमूर्ति की, अपने भक्तों द्वारा उपेक्षा बिलकुल ही पसंद नहीं थी। वह सदा ही इस **कृत्य** का विरोध करते थे...!

इस संदर्भ में बाबाश्री के उपलब्ध साहित्य में नानासाहेब चांदोरकर से संबंधित एक कथा का विवरण प्राप्त होता है और मैं उसका यहां उल्लेख करना अति आवश्यक समझता हूं।

एक बार नानासाहेब चांदोरकर ने अपने साढ़ू भाई के साथ शिरडी जाने का प्रोग्राम निश्चित किया ! वह सदा ही जब शिरडी जाया करते थे, तो मध्य में कोपरगांव की गोदावरी नदी में स्नान करने के उपरांत, तट पर स्थित भगवान श्री दत्तात्रेय के मंदिर में लगभग आधा घंटे तक पूजनअर्चन करने के पश्चात्, ही वह शिरडी जाया करते थे !

किन्तु इस बार समय की कमी होने के कारण, उन्होंने अपने साढ़ू भाई के साथ गोदावरी नदी में जल्दी जल्दी स्नान किया। फिर मंदिर में भगवान श्री दत्तात्रेय महाराज का बिना पूजन किये ही, वह वहां से तत्काल ही इस आशा में शिरडी के लिये रवाना हो गये, जिससे वह अपने साढ़ू को लेकर दोपहर की आरती से पूर्व शिरडी पहुंच सकें !

उनके लाख प्रयास करने पर भी, जब उनके तांगे ने शिरडी ग्राम की सीमा में प्रवेश किया, तो उससे केवल दो मिनट पूर्व ही दोपहर की आरती समाप्त हो चुकी थी ! नदी में स्नान करते समय, नानासाहेब के पैर में जो कांटा चुभ गया था... अब वो आवश्यकता से अधिक उन्हें पीड़ा दे रहा था ! जब वह अपने साढ़ू भाई के साथ, लंगड़ाते हुए मस्जिद पहुंचे, तो बाबाश्री उन्हें देखकर, क्रोध में भड़क उठे और अपने ऊंचे स्वरों में वह क्रोध से श्री नानासाहेब को फटकारते हुये बोले –

"तुम अनेक वर्षों से मेरे सान्निध्य में हो और इसी कारण तुम मेरी कृपा के पात्र बने रहे हो ! किन्तु फिर भी तुम इस तरह का निम्नकोटि का आचरण रखते हो।"

बाबाश्री की इस फटकार को सुनकर, नानासाहेब एकदम सकपका गये ! उनकी समझ में नहीं आ रहा था कि उन्होंने ऐसा कौन सा अनजाने में अपराध कर दिया है, जो आज बाबाश्री के क्रोध और रुष्टता का कारण बना है ?

उन्होंने किसी तरह अपना साहस संजोया और फिर वह बाबाश्री से अपने कम्पित स्वरों में प्रार्थना करते हुए बोले –

"देवा...! मुझ अभागे को इतना बताने का कष्ट कीजिये कि मुझसे ऐसी कौन सी भूल और अपराध हो गया है, जिसने आपको मेरे प्रति इतना रूष्ट कर दिया है।"

साईश्री ने पहले के समान, अपनी क्रोधित मुद्रा में उत्तर दिया– "तुम सदा ही यहां आने से पूर्व नियमानुसार कोपरगांव में गोदावरी के तट पर स्थित भगवान दत्तात्रेय के मंदिर में उनकी आराधना और पूजन किया करते थे ! किन्तु तुमने आज अपना नियम तोड़कर, उनकी उपेक्षा की ? मेरे पास जल्दी पहुंचने के प्रयास में, तुमने अपने इन संबंधी को भी, जो दत्त उपासक थे, दत्त मंदिर में जाने के लिये हतोत्साहित किया कि तुम उन्हें लेकर, मेरे निकट दोपहर की आरती से पूर्व उपस्थित होना चाहते हो ! तुम यह कैसे भूल गये नाना कि उपेक्षा के भाव में, किसी के प्रति उसकी **भक्ति** और **प्रेम** उसके अंदर अंतर्निहित नहीं रह सकती है ! तुम्हारे मन में गोदावरी नदी में स्नान करते समय, जब उपेक्षा का भाव उत्पन्न हुआ था... तो उसी क्षण एक कांटे ने तुम्हारे पैर में चुभकर तुम्हें सचेत किया था ! किन्तु फिर भी तुम सचेत नहीं हुये...! अब तुम्हें इस कांटे की पीड़ा से, तब तक मुक्ति नहीं मिलेगी.... जब तक तुम पुनः उनके मंदिर में वापस जाकर, भगवान दत्तात्रेय का पूजन और अर्चन नहीं करोगे !"

"मेरी इस छोटी सी भूल के लिये, मुझे इतना कठोर दंड मत दीजिये देवा...!"

"तुम्हारी इस भूल के लिये, तुम्हें इससे भी बड़ा दंड मिलना चाहिये था ! किन्तु तुम मुझे अत्यंत ही प्रिय हो और तुम्हारा इस प्रकार का यह प्रथम अपराध है ! इसलिए तुम्हें आज मैने बहुत छोटा दंड प्रदान किया है।"

अगले क्षण ही नानासाहेब अपने साढ़ू भाई के साथ मस्जिद से बाहर आ गये और अपने तांगे द्वारा पुनः कोपरगांव वापस लौट गये !

अपनी सर्वज्ञता के कारण, साईश्री को अपने भक्तों से संबंधित छोटी से छोटी बातों का भी पूर्व ज्ञान हो जाता था। अतः वह अपनी ओर से, उन्हें सदा आसन्न संकट से बचाने का प्रयास करते थे और वह उसे किसी न किसी बहाने अपने पास शिरडी में ही रोक लेते थे।

***

एक बार नानासाहेब सपरिवार साईश्री के दर्शनों हेतु, शिरडी आये हुये थे। वहां से उनका नासिक में, एक विवाह में सपरिवार सम्मिलित होने का प्रोग्राम पूर्व निश्चित था। श्रीसाई के दर्शनों के उपरांत, जब नानासाहेब ने मनमाड जाने के लिये, उनसे आज्ञा मांगी, जिससे वह वहां से नासिक की ओर जाने वाली ट्रेन समय से पकड़ सकें, तो साईश्री ने यह कहकर उन्हें जाने से रोक लिया – "ऐसी भी मनमाड जाने की क्या जल्दी है नाना ? बच्चों को भोजन इत्यादि कराने के बाद, तुम यहां से चले जाना !"

नानासाहेब ने अपने शांत स्वरों में उत्तर दिया– "सबके लिए भोजन इत्यादि की व्यवस्था, मैं मनमाड में कर लूंगा देवा ! इसलिए मैं वहां कुछ देर पूर्व पहुंचना चाहता हूं !"

इस पर अपने अनमने भाव से साईश्री ने कहा – "जब जाने का तुम निश्चय कर ही चुके हो, तो फिर मेरी आज्ञा का क्या औचित्य शेष रह गया है नाना ?"

साईश्री के इस कथन को सुनकर, अब नानासाहेब को तत्काल ही मनमाड जाने का अपना प्रोग्राम स्थगित करना पड़ा और भोजन इत्यादि से निवृत्त होने के पश्चात्, जब साईश्री ने उन्हें मनमाड जाने की अनुमति प्रदान की, तो जिस गाड़ी से नानासाहेब मनमाड से नासिक जाना चाहते थे, उसके मिलने का प्रश्न ही नहीं उठता था !

किन्तु जब वह मनमाड रेल्वे स्टेशन पर सपरिवार पहुंचे, तो इस सूचना ने उन्हें आश्चर्यचकित कर दिया कि जिस गाड़ी से उन्हें नासिक जाना था,

वो रेलगाड़ी रेल की पटरियों से नीचे उतर जाने के कारण, मनमाड से दो स्टेशन उपरान्त अनायास ही दुर्घटनाग्रस्त हो गई है ! और अब उन्हें नासिक जाने के लिये अन्य ट्रेन लगभग पांच घंटे की देरी से उपलब्ध हो सकेगी।

साईश्री की इस असामायिक सहायता ने नानासाहेब के ऊपर मानसिक रूप से इतना गहन प्रभाव किया कि उनके नेत्रों में अश्रु डबडबा आये ! उन्होंने मन ही मन साईश्री को नमन किया।

इसके अतिरिक्त एक और ऐसी घटना नानासाहेब के साथ उस समय घटित हुई थी, जब वह एक बार अपने एक अन्य सहयोगी मित्र हरीदास के साथ, साईश्री के दर्शनों हेतु शिरडी आये हुये थे ! अगले दिन अहमदनगर में उन दोनों की, प्रातः के दस बजे एक सहकारी मीटिंग में उपस्थिति अत्यंत ही आवश्यक थी ! उन दिनों अहमदनगर जाने के लिये चिताली रेल्वे स्टेशन से केवल दो ट्रेनें जाया करती थीं। उनमें से एक ट्रेन प्रातः के आठ बजे और दूसरी ट्रेन दोपहर के लगभग दो बजे वहां से छूटा करती थी!

साईश्री के दर्शनों के उपरांत, जब चान्दोरकर साहब ने जाने की अनुमति मांगी, जिससे वह समय से चिताली पहुंचकर दोपहर की ट्रेन वहां से सुविधापूर्वक पकड़ सकें, तो उन्होंने हरीदास को जाने की आज्ञा दे दी और नानासाहेब को यह कहकर अपने पास रोक लिया – "तुम्हारे मित्र हरीदास को जाने की बहुत जल्दी है। अतः उसे जाने दो। तुम मेरे साथ भोजन करने के उपरांत ही यहां से जाना।"

अतः हरीदास जी बिना भोजन किये हुए, अकेले ही चिताली चले गये! और नानासाहेब वहीं शिरडी में, साईश्री के पास ठहर गये।

हरीदासजी के जाने के लगभग तीन घंटे के उपरांत, जब नानासाहेब भोजन इत्यादि से निवृत्त हो गये, तो साईश्री ने उन्हें जाने की अनुमति प्रदान करते हुए कहा –

"तुम्हारे मन में जो इस समय शंका उत्पन्न हो रही है, उसका पूर्ण समाधान तुम्हें चिताली पहुंचने के उपरांत स्वतः ही प्राप्त हो जायेगा नाना।"

और जब नानासाहेब चिताली रेलवे स्टेशन पहुंचे, तो उन्हें विदित हुआ कि जिस ट्रेन से उन्हें सफर करना था, वो आज लगभग तीन घंटे की देरी से चल रही है।

इस तरह के ऐसे अनेक उदाहरण साईश्री की लीलाओं से जुड़े हुये मिलते हैं, जिनके सहारे साईश्री ने अपने भक्तों के समक्ष अपनी **सर्वव्यापकता** और **सर्वज्ञता** का पूर्ण परिचय दिया था ! ऐसी **सर्वज्ञता** को ही इस भौतिक जगत में **चमत्कार** कहते हैं। जब यह **चमत्कार** सभी प्रकार की मानवीय शक्तियों को पूर्णरूप से लांघ जाते हैं, तो इसे ईश्वर की **पारलौकिक शक्ति** की एक अदभुत देन के स्वरूप में जाना जाता है।

❊ ❊ ❊

बालासाहेब भगवान श्री दत्तात्रेय के एक अनन्य उपासक थे। वह नानासाहेब चान्दोरकर के साढू भाई थे। नानासाहेब ने उनके मन में जब भी साईश्री के प्रति भक्ति, श्रद्धा और विश्वास उत्पन्न करने का प्रयास किया, तो **वह** कभी भी प्रभावित नहीं हो सके।

नानासाहेब के बहुत आग्रह करने पर पहली बार बालासाहेब उनके साथ शिरडी जाने के लिए तैयार हो गये थे ! किन्तु उनके मन में, साईश्री के प्रति, उस समय भी विश्वास का कोई अंकुर उत्पन्न नहीं हो सका था। वह बस नानासाहेब के आग्रह के कारण ही, उनके साथ शिरडी के लिए रवाना हो गये थे !

जब वह नानासाहेब के साथ साईश्री के दर्शनों हेतु, मस्जिद में पहुंचे, तो उन्हें साईबाबा, भगवान श्री दत्तात्रेय के साक्षात् स्वरूप में नजर आये ! उन्हें तत्काल ही अपनी भूल का अहसास हुआ ! उन्होंने अपनी भूल की प्रायश्चित के लिए, साईश्री के दोनों चरण पकड़ लिये।

इसके पश्चात् वह जीवनपर्यन्त साईश्री के एक अनन्य भक्त बने रहे।

❊ ❊ ❊

सन् 1903 में नानासाहेब चान्दोरकर का खानदेश की तहसील जामनेर

में मामलतदार के पद पर स्थानांतरण हो गया। शिरडी से जामनेर लगभग सौ मील की दूरी पर स्थित था।

साईश्री की असीम कृपा और उनके विलक्षण चमत्कार से नानासाहेब की बेटी मैनाताई भी सन् 1904 में गर्भवती हो गई ! अपना आशीर्वाद प्रदान करते समय साईश्री के नेत्र जिस कारण से सजल हो उठे थे, उसकी प्रतिक्रिया भी मैनाताई के गर्भवती होते ही प्रारंभ हो गई थी।

वास्तव में साईश्री की अद्भुत लीलायें **अबोधगम्य** थीं। अपनी सर्वज्ञता के कारण वह अपने भक्तों के दुःखों और कष्टों को पूर्णरूप से समझते थे और वह उन्हें अपनी ओर से दूर करने का हर संभव प्रयास करते थे।

जब कभी किसी प्राणी की अपनी **चेतना** का विस्तार **ब्रह्मचेतना** में हो जाता है, तो उसे **दुख** और **सुख** जैसे दो विरोधी तत्वों में भी कभी कोई अन्तर नजर नहीं आता है !

अचानक पूना में मैनाताई के पति को प्लेग के भयंकर रोग ने अपने चंगुलों में बुरी तरह जकड़ लिया। बीमारी की सूचना मिलते ही मैनाताई की मां, तत्काल ही अपने एक नौकर के साथ जामनेर से पूना पहुंच गईं। अपने दामादश्री को अत्यंत ही गंभीर अवस्था में पाकर, वह भी एकदम घबरा गईं। अतः उन्होंने अपने दामादश्री की इस गंभीर अवस्था की नानासाहेब को तत्काल ही सूचना देने हेतु, अपने नौकर को अगली गाड़ी से जामनेर वापस भेज दिया।

किन्तु नानासाहेब के पूना पहुंचने से पूर्व ही, दुर्भाग्यवश उनके दामादश्री के प्राणपखेरू उड़ चुके थे ! जब नानासाहेब अपनी बेटी के घर पहुंचे, तो उस समय उसके घर में करूण रूदन का एक कोहराम सा मचा हुआ था! आसपड़ोस के लोग भी घर में एकत्रित हो चुके थे और वे सब विलाप करती हुई मैनाताई और उसकी मां को अपनी ओर से सान्तावना देने का प्रयास कर रहे थे।

इस दुखद नजारे को देखकर नानासाहेब ठगे से जड़वत रह गये ! उन्हें अपने दामादश्री की ऐसी अकाल मृत्यु की, कभी सपने में भी आशा नहीं थी!

अगले क्षण ही नानासाहेब के नेत्रों के सम्मुख वो दृश्य सजीव हो उठा, जब मैनाताई को सन्तान प्राप्ति हेतु अपना आशीर्वाद प्रदान करते हुए, साईश्री के नेत्र सजल हो उठे थे ! आज वह इस रहस्य को समझ सके कि मैनाताई के पति की भविष्य में होने वाली इस दुखद और अकाल मृत्यु के विषय में, साईश्री ने बहुत पहले से ही जान लिया था। इसी कारण उनके नेत्र उस दिन सजल हो उठे थे !

अतः उस दिन की संपूर्ण घटना, आज एक चलचित्र के समान नानासाहेब की अश्रुपूर्ण नजरों के सम्मुख पुनः नाचने लगीं और साईश्री के कथन का एक एक शब्द आज बहुत गहराई से, उनके मनोमस्तिष्क पर अपना एक कठोर प्रहार करने लगा !

साईश्री को इस बात का भी पूर्व ज्ञान था कि अपने दामाद की अकाल मृत्यु, एक वज्रपात बनकर नानासाहेब के हृदय पर गिरेगी और इस गहरे संताप की असहनीय वेदना में उनका मानसिक संतुलन अवश्य बिगड़ जायेगा ! इसी कारण पिछले दो तीन वर्षों से साईश्री, नानासाहेब के अन्दर **शाश्वतज्ञान** भरने का निरंतर प्रयास कर रहे थे, जिससे इस संताप की असहनीय वेदना को सहन करने के लिए, उनमें शक्ति उत्पन्न हो सके !

अपने दामाद की अंतिम क्रिया और तेरहवीं के हवन इत्यादि के उपरांत, नानासाहेब अपनी दुखी और अभागिन बेटी को पूना से जामनेर ले आये।

कुछ दिनों के पश्चात्, नानासाहेब एक गहरे दुख और संताप में डूबे हुये साईश्री के दर्शनों हेतु, शिरडी आये ! साईश्री के चरणों में नतमस्तक होने के बाद, वह एक शोकाकुल अवस्था में उनके समक्ष अपना मौन धारण करके बैठ गये !

नानासाहेब को आज अत्याधिक दुःखी, उदास और गुमसुम देखकर, साईश्री ने उनके इस अटूट मौन को भंग करते हुए उनसे प्रश्न किया --

"तुम आज मेरे सम्मुख इस तरह इतने उदास, दुःखी और खामोश क्यों बैठे हो नाना ?"

इस पर अपनी अन्तरभावना से अधिभूत होकर, नानासाहेब ने अपनी क्षीण स्वरों में उत्तर दिया –

"आप तो **सर्वव्यापक** और **सर्वज्ञ** हैं देवा ! आप अपनी इच्छा शक्ति से सबका भूत और भविष्य बहुत पूर्व जान लेते है। इस कारण आप यह भी अच्छी तरह जानते होंगे कि मैं आज इतना दुखी और उदास क्यों हूं ? जब आप स्वयं ही **सर्वदृष्टी** और **ज्ञाता** हैं, तो मुझसे ऐसा निरर्थक प्रश्न करके, मुझे मानसिक रूप से और अधिक दुखी क्यों कर रहे हैं देवा ? मैं तो आपसे केवल इतना ही पूछना चाहता हूं कि जब मैंने और मेरे परिवार के सभी सदस्यों ने, अपने तन.... मन.... वचन और कर्म से आपको अपना इष्ट मानकर, स्वयं को आपके संरक्षण में पूर्ण रूप से सौंप दिया है, तो फिर हमारे किस अपराध के लिये, आपने हमें इतनी बड़ी सजा दी है ?"

नानासाहेब के इस कथन को सुनकर, साईश्री अन्दर से अत्यंत ही बेचैन और विचलित हो उठे ! उन्होंने अपनी एक गहरी और दीर्घ निश्वास के साथ नानासाहेब को समझाते हुये कहा –

"मैंने तुम्हें उस दिन भी यह बात समझाने की कोशिश की थी नाना, जब तुम बेटी मैना की संतान प्राप्ति हेतु, मेरा आशीर्वाद लेने, मेरे पास आये थे कि किसी की भी **मृत्यु** और उसका **पुनर्जन्म**, उसके अपने पूर्व जन्मों के कर्मों पर निर्भर करता है ! जिस महान शक्ति ने इस सृष्टि की स्वयं अपने हाथों से रचना की है; वही प्रत्येक प्राणी के भाग्य की लकीरों का निर्माण करके, सब कुछ उसमें पूर्व **निश्चित** कर लेता है। उस **निश्चित** को **अनिश्चित** करना, केवल उसके हाथ में ही होता है ! यदि कोई भी उसके विधान में अकारण ही, हस्तक्षेप करने का प्रयास करता है, तो एक हलचल के साथ सम्पूर्ण जगत की पूर्व निश्चित व्यवस्था सदा ही अव्यवस्थित हो उठती है !"

इस पर नानासाहेब और भी अधिक उद्वेलित हो उठे और वह अपने क्षीण स्वरों में सिसकते हुये बोले –

"यदि आपका अपना यह कथन सच है, तो फिर यह कैसे सम्भव

हो सकता है देवा कि जब भी आप किसी को अपना आशीर्वाद प्रदान करते हुये, अपने श्रीमुख से उसे जो कुछ भी वरदान देते हैं, तो वो सदा सत्य सिद्ध होता है ! क्या यह बातें आपकी उस **दैवीय शक्ति** का चमत्कार नहीं हैं, जिसके कारण आपकी शरण में आने वाले लोग, आपको साक्षात् **ईश्वर** के एक साकार स्वरूप में पूजते हैं !"

साईश्री अब नानासाहेब के मन में, उत्पन्न हुये भ्रम को दूर करने के प्रयास में, उन्हें यह समझाते हुये पुनः बोले–

"यह लोगों के मन का एक मात्र भ्रम है नाना, जो वो मुझे **ईश्वर** का एक साक्षात् **अवतार** मानते हैं ! वास्तव में, मैं भी तुम लोगों के समान एक साधारण पुरुष हूं ! मुझमें और तुममें केवल इतना ही अन्तर है कि मेरी **चेतना** इंद्रियों की सीमा को पार कर चुकी है और मुझे अपने गुरू की कृपा से अपना मन एकाग्र करके, ईश्वर के पास पहुंचने के मार्ग विदित हो चुके हैं ! मेरी एकाग्रचितता और मेरे अन्दर का समर्पण भाव सदा ही मेरे अन्दर एक शक्तिशाली **इच्छाशक्ति** को जन्म देता है ! और मैं अपनी उस इच्छाशक्ति के सहारे, प्रत्येक प्राणी के भूत, भविष्य और वर्तमान को जानने में पूर्ण समर्थ हो जाता हूं ! फिर जब मेरी भविष्यवाणियां अक्षरतः सत्य सिद्ध होती हैं, तो लोग इसे मेरा **चमत्कार** मान लेते हैं ! दुःखी और पीड़ित रोगियों का उपचार भी, मेरी इसी **इच्छाशक्ति** से संभव हो जाता है ! वास्तव में किसी के प्रति उसकी अपनी श्रद्धा ही, चमत्कारों की एक मजबूत बुनियाद होती है और **चमत्कार** को सच सिद्ध करने के लिये, उसे अपने इष्ट के प्रति अपनी भक्ति सदा ही स्थिर रखना अत्यंत ही आवश्यक हो जाती है !"

साईश्री के इन महान विचारों ने आज नानासाहेब के ऊपर पुनः एक गहन प्रभाव किया ! वह इस सत्य को आज पहली बार जान सके कि जब शक्तियां भौतिक नियमों की हद से पार होकर, सक्रिय हो जाती हैं, तो उन शक्तियों के पीछे किसी भी इष्ट की कोई न कोई उत्कृष्ट चेतना अवश्य विद्यमान रहती है !

उनके मन में, अपने दामादश्री की अकाल मृत्यु के कारण, जो एक गहरा संताप उत्पन्न हो गया था, वो साईश्री से भेंट करने के उपरान्त, आज पूर्णरूप से दूर हो गया और यह गूढ़ रहस्य उनके अन्तःकरण में स्फुटित हो उठा कि यह उनकी बेटी के अपने पिछले जन्मों के कर्मों के फल हैं, जिनके कारण उसे आज विधवा का रूप धारण करने के लिये विवश होना पड़ा है !

❋ ❋ ❋

फिर सन् 1905 में जब मैनाताई का प्रसवकाल धीरे धीरे समीप आने लगा, तो जामनेर में अनायास ही मैनाताई की स्थिति भी उसी गति से गंभीर होती गई !

जामनेर से शिरडी लगभग सौ मील की दूरी पर स्थित थी। अतः इस गंभीर अवस्था में मैनाताई को साईश्री के आशीर्वाद हेतु शिरडी ले जाना भी संभव नहीं था।

फिर बच्चे की पैदाइश के एक दिन पूर्व, मैनाताई की दशा एकदम अत्यंत ही गंभीर हो गई। डाक्टरों के समुचित उपचार के बावजूद, जब मैनाताई की गंभीर दशा में कोई सुधार अनुभव नहीं हुआ, तो इस कठिन परिस्थिति में नानासाहेब ने अपने साईश्री को सहायता के लिये याद किया। उनकी करुण पुकार सुनकर शिरडी में साईबाबा क्षणिक उद्विग्न हो उठे ! उन्होंने अपने एक अन्य भक्त, जिन्हें सदा वह बहुत स्नेह से बापूगीर के नाम से सम्बोधित करते थे, अपने समीप बुलाया और कहा–

"तुम आज अपने घर खानदेश वापस जा रहे हो। मैं तुम्हें एक और आवश्यक कार्य सौंप रहा हूँ। तुम खानदेश जाने की बजाय, पहले जामनेर चले जाना और यह उदी की पुड़िया नानासाहेब को दे आना ! उनकी बेटी की बड़ी गंभीर अवस्था है। अतः यह पुड़िया उन तक पहुँचाना अत्यंत ही आवश्यक है !"

इस आदेश को सुनकर बापूगीर एक गहरे सोच में डूब गया क्योंकि किराये के लिये मात्र उसके पास इतने ही रुपये शेष बचे थे कि वह उनसे

केवल खानदेश तक ही जा सकता था। उसने बड़ी कठिनाई से बाबा के सम्मुख अपनी विवशता प्रगट करते हुये कहा–

"लेकिन देवा.... ! मेरे पास तो केवल इतने ही रुपये शेष बचे हैं, जो केवल जलगांव तक के किराये के लिये ही पर्याप्त हो सकेंगे। जामनेर तो और आगे तीस मील दूर है। फिर मेरा वहां तक पहुंचना कैसे सम्भव हो सकेगा ?"

इस प्रश्न पर साईश्री धीरे से मुस्कराये और उसे समझाते हुये वह बोले– "इसकी तुम्हें कोई चिन्ता करने की आवश्यकता नहीं है ! तुम तो तत्काल ही अपना सफर प्रारंभ करो ! बाकी तुम्हारी सारी व्यवस्था वही करेगा, जो सबका **मालिक** है।"

इस तरह उदी की पुड़िया एवं आरती की एक प्रतिलिपि बाबा से प्राप्त करने के पश्चात्, बापूगीर ने तत्काल ही जामनेर के लिये, शिरडी से प्रस्थान किया।

जब वह जलगांव के रेल्वेस्टेशन पहुँचे, तो उस समय रात्रि अपने अंतिम प्रहर में पहुँच चुकी थी। अभी वह इस चिन्ता में डूबा हुआ यह सोच ही रहा था कि यहाँ से जामनेर तक जाने का क्या प्रबन्ध किया जाये कि सहसा एक ऐसे पुरुष ने, जो चपरासी की वेशभूषा में था, उसके समीप आकर सम्मान पूर्वक उससे पूछा–

"क्या आपका नाम बापूगीर है और आप शिरडी से यहाँ आये हैं! मुझे नानासाहेब चांदोरकर ने, आपको जामनेर ले जाने के लिये, यहां भेजा है।"

उस आगन्तुक की यह बात सुनकर, बापूगीर को बड़ा आश्चर्य हुआ और वह मन ही मन यह सोचने लगे कि उसके यहाँ पहुँचने से पूर्व, चांदोरकर साहब को यह कैसे विदित हो गया है कि मैं उनके कार्य के लिये ही, यहाँ आया हूं !

वह अपने ही विचारों में लीन खोया खोया सा स्टेशन के बाहर आ गया।

चपरासी ने उसे एक शानदार तांगे में बिठाया। अगले क्षण ही वो तांगा अपने पूर्ण वेग से जामनेर की ओर दौड़ने लगा ! रास्ते में एक नाले के पास तांगेवाले ने अपना तांगा रोककर, अपने घोड़ों को पानी पिलाया। फिर चपरासी ने बापूगीर से यह कहकर, जलपान करने के लिये, उनसे विनती की – "नानासाहेब ने आपके लिये यह नाश्ता भी भेजा है ! कृपा करके इसे स्वीकार कीजिये.... ! वैसे भी आपने रात्रि का भोजन अभी तक नहीं किया है ! अतः आपको यह नाश्ता ग्रहण करने में कोई आपत्ति और संदेह नहीं होना चाहिये।"–रामगीर बुआ और उस चपरासी ने एक समतल स्थान पर बैठकर जलपान ग्रहण किया। फिर वह दोनों आगे के सफर के लिये, पुनः तांगे में आकर बैठ गये।

जब उनके तांगे ने जामनेर की सीमा में प्रवेश किया, तो सूर्योदय होने में केवल कुछ ही मिनट शेष बचे थे ! रामगीर बुआ ने लघुशंका इत्यादि से निवृत्त होने की अपनी इच्छा प्रगट की। उस चपरासी ने तांगेवाले को वृक्ष के नीचे, उचित स्थान पर तांगा रोकने का निर्देश दिया।

रामगीर बुआ अपनी लघुशंका एव प्रातः के अन्य आवश्यक कार्यों से निवृत्त होने के विचार से, दूर एक ऐसे उचित स्थान की ओर निकल गये, जहां उन्हें जल इत्यादि उपलब्ध हो सके।

फिर जब वह अपने सभी प्रातः के आवश्यक कार्यों से निवृत्त होकर, वृक्ष के निकट पहुँचे, तो उन्हें वहाँ न तो तांगा.... न तांगेवाला.... और न वह चपरासी ही कहीं नजर आया ? बस उन्हें अपने सामान का थैला वृक्ष के नीचे सुरक्षित रखा हुआ दिखायी दिया। कुछ देर तक उन्होंने तांगे के पुनः आने की प्रतीक्षा की। किन्तु जब वह तांगा उन्हें कहीं भी दृष्टिगोचर नहीं हुआ, तो इस विचित्र घटना ने उन्हें एक गहरे विस्मय में डुबा दिया ! अब तांगे की और अधिक प्रतीक्षा करने की बजाय, वह नगरवासियों से चांदोरकर साहब के निवास स्थान का पता ठिकाना पूछते हुये, उनके घर पहुँच गये !

घर पहुँचकर उन्हें नौकरों द्वारा मामलतदार साहब की बेटी की गंभीर अवस्था के विषय में ज्ञात हुआ। वहाँ एक लेडी डाक्टर के साथ, अनेक डाक्टर

भी मौजूद थे और सब लोग मैनाताई के जीवन की आशा छोड़ चुके थे ! नानासाहेब की पत्नी, साईबाबा के चित्र के सम्मुख बैठी हुयी अपने अश्रु बहा रही थीं ! सबके चेहरों पर घोर निराशा के गहरे बादल छाये हुये थे। डाक्टरों ने भी अपनी ओर से चांदोरकर साहब को निराशा पूर्ण उत्तर दे दिया था। उनकी आँखों से भी निरन्तर अश्रु बह रहे थे। वह मुर्छित अवस्था में पलंग पर निर्जीव सी पड़ी हुयी अपनी बेटी के सिर पर, अपना कांपता हुआ एक हाथ फिराते हुये, बाबाश्री का ही निरन्तर स्मरण कर रहे थे। उन्हें अपने बाबा पर अब भी यह पूर्ण विश्वास था कि वह अवश्य ही मैना के प्राण बचा लेंगे!

सहसा उनके एक नौकर ने उस कमरे में प्रवेश किया, और उसने चांदोरकर साहब को बताया–

"शिरडी से रामगीर बुआ नामक कोई भक्त साईबाबा का संदेश लेकर आया है।"

यह सुनकर उनके अश्रुपूर्ण चेहरे पर आशा की एक नई किरण उभर आयी ! वह अपने तेज कदमों से तत्काल ही बाहर आ गये। बापूगीर ने उन्हें प्रणाम करते हुए, सर्वप्रथम उनसे **साईराम** कहा। फिर अपने थैले में से उदी की पुड़िया और आरती की एक प्रतिलिपि निकालकर, उसे चांदोरकर साहब को देते हुए वह बोले –

"बाबाश्री ने यह दोनों चीजे, आपके पास भिजवाई हैं। यदि आप मुझे यहां लाने के लिए तांगा नहीं भेजते, तो मेरा आपके पास इतनी जल्दी समय पर पहुंचना संभव नहीं हो पाता। किन्तु एक बात मेरी समझ में अभी तक नहीं आ सकी है कि आपका चपरासी और तांगेवाला, मुझे जामनेर नगर की सीमा के अन्दर, अकेला छोड़कर न जाने कहां चला गया ?"

बापूगीर की इन बातों को सुनकर चांदोरकर साहब भी आश्चर्यचकित हो उठे और वह इस विषय में केवल इतना ही कह सके –

"क्या कह रहे है आप...? न तो मुझे आपके यहां आने की कोई पूर्व सूचना थी... और न मैंने आपको यहां लाने के लिये, अपना कोई चपरासी

एवं तांगा भेजा है।"

अब बापूगीर को साईबाबा के यह शब्द याद आने लगे कि– "तुम तो तत्काल ही अपना सफर प्रारंभ करो। बाकी तुम्हारी सारी व्यवस्था वही करेगा, जो सबका **मालिक** है !"

अब बापूगीर तत्काल ही यह समझ गये कि यह सब कुछ साईबाबा का एक मात्र विलक्षण चमत्कार है ! वह मन ही मन धीरे से मुस्कराये और चान्दोरकर साहब से बोले–

"आप इस उदी को जल में मिलाकर तत्काल ही बिटिया रानी को पिला दीजिये, और अपने घर में इस आरती का पाठ प्रारंभ कराने का प्रबन्ध कीजिये !"

उन दोनों वस्तुओं को लेकर, तत्काल ही चांदोरकर साहब अपने पूजागृह में आ गये। वहां उनकी पत्नी बाबाश्री के चित्र के सम्मुख मौन बैठी हुई, अब भी अपने अश्रु बहा रही थीं !

नानासाहेब ने पूर्ण विश्वास के साथ अपनी पत्नी से कहा– "अब घबराने की कोई आवश्यकता नहीं है ! अपनी मैना को कुछ नहीं होगा... ! वह ठीक हो जायेगी ! तुम इस आरती का पाठ प्रारंभ करो ! मैं बाबाश्री की यह उदी जल में मिलाकर, मैना को पिलाकर आता हूं !"

उन्होंने पूजा चौकी पर रखे हुए पात्र से थोड़ा सा जल एक कटोरे में उड़ेला और उसमें बाबा द्वारा भेजी हुई उदी घोल दी। फिर वह उसे लेकर उस कमरे की ओर चले गये, जहां मैना अब भी मूर्छित अवस्था में पलंग पर निर्जीव सी पड़ी हुई थी और वहां मौजूद दोनों डाक्टरों के चेहरों पर विषाद की गंभीर रेखायें उभरी हुई थीं !

इस बीच नानासाहेब की पत्नी ने आरती का पाठ प्रारंभ कर दिया। उनके साथ इस साईपूजन में बापूगीर भी सम्मिलित हो गये।

नानासाहेब ने चम्मच द्वारा जैसे ही उदी मिश्रित जल मैना के मुख में

डाला, तो उसी क्षण से मैना को धीरे धीरे होश आने लगा ! यह विचित्र नजारा देखकर, वहां मौजूद दोनों डाक्टर भी हैरान रह गये और अब उन्हें रोगी की गंभीर अवस्था में अचानक स्पष्ट सुधार नजर आने लगे !

उन डाक्टरों ने अपने संकेत द्वारा नानासाहेब को कमरे से बाहर जाने का आदेश दिया, जिससे वह कुशल प्रसव हेतु, अपनी डाक्टरी क्रिया प्रारंभ कर सकें।

कमरे से बाहर आकर नानासाहेब भी पूजागृह में आ गये और वह भी आरती के पाठ सम्मिलित हो गये।

लगभग बीस मिनिट के उपरांत एक नौकर ने पूजागृह में आकर, कुशल प्रसव के साथ पुत्र होने का सबको सुखद समाचार दिया ! सबकी खुशियों का कोई ठिकाना नहीं रहा और वे सब बाबाश्री के चित्र के सम्मुख अब हर्ष में झूमझूमकर नाचने लगे !

इस घटना के पश्चात्, नानासाहेब को बाबाश्री की उदी पर एक अटूट विश्वास हो गया ! वह जब भी शिरडी जाते थे, तो वहां से पर्याप्त मात्रा में उदी लाकर अपने पूजागृह में सुरक्षित रख लिया करते थे। इसके अतिरिक्त जब कभी भी वह यात्रा में कहीं बाहर जाते थे, तो भी वह एक पुड़िया में उदी सदा अपने पास रखते थे।

जिस समान बाबाश्री अपने मन, कर्म और वचन से अपने गुरू के प्रति पूर्ण समर्पित थे ! ठीक वैसे ही समर्पण और भक्तिभाव की, वह सदा अपने भक्तों से भी अपेक्षा करते थे।

एक बार साईश्री ने नानासाहेब को गुरू के उत्तरदायित्व के विषय में अपना ज्ञान प्रदान करते हुए कहा –

"आजकल इस धरती पर **गुरू** थोक के भाव में मिलने लगे हैं। किन्तु उनमें से अधिकांश गुरू अपने भक्तों और शिष्यों के प्रति अपना कर्तव्य और उत्तरदायित्व पूर्ण नहीं करते हैं। वास्तव में सच्चा गुरू वही कहलाता है,

जो शिष्य और अपने भक्त को महज शिक्षा और ज्ञान प्रदान करने तक ही अपना दायित्व न समझे... बल्कि वह निरंतर यह देखने के लिये, उस पर अपनी कड़ी नजर रखे कि उसके द्वारा प्रदान किये हुये ज्ञान और शिक्षा का, वह कितनी निष्ठा से अनुसरण कर रहा है और वह उसे अपने नित्य व्यवहार में कैसे ढाल रहा है ?''

इसी कारण साईश्री सदा ही एक कछुये के समान अपने भक्तों पर एक कड़ी नजर रखते थे और जब भी उन्हें अपना कोई भी भक्त सदाचार से विचलित होता नजर आता था, तो वह उस पर क्रोधित हो उठते थे !

उन्होंने एक बार नानासाहेब को जनहित और दूसरों की सहायता के विषय में अपनी शिक्षा प्रदान करते हुए कहा था –

''यदि कोई तुम्हारे पास किसी जनहित के कार्य की सहायता के लिये, अपनी विनती लेकर आता है और यदि तुम उसकी सहायता करने में पूर्ण समर्थ हो, तो तुम निःसंकोच उसकी सहायता अवश्य करो ! यदि तुम वास्तव में उसकी सहायता करने की स्थिति में नहीं हो या फिर अपने किसी निज कारण से, उसकी सहायता करने के लिये इच्छुक नहीं हो, तो तुम उसके प्रति अमानवीय और अभद्र व्यवहार कभी न करो, और उसे जानबूझकर टालने का प्रयास न करो ! उससे नम्रतापूर्वक उसके कार्य के लिये मना कर दो। यदि तुम उसका उपहास उड़ाओगे या फिर उसके सम्मुख अपने बड़ेपन का अहं दर्शाओगे, तो तुम्हारे यह कृत, दूसरों के सम्मुख तुम्हारी अपनी अयोग्यता के परिचायक होंगे।''

साईश्री की इस शिक्षा को सहर्ष ग्रहण करते हुये, नानासाहेब ने उन्हें अपना पूर्ण आश्वासन देते हुये कहा –

''मैं आपकी इस शिक्षा का, अपने जीवन के व्यवहारों में, पूर्ण रूप से अनुसरण करने का प्रयास करूंगा देवा !''

किन्तु साईश्री ने इस संदर्भ में शीघ्र ही नानासाहेब की परीक्षा ले ली।

नानासाहेब जब भी शिरडी जाते थे, तो वह कोपरगांव में गोदावरी नदी के तट पर स्थित भगवान दत्तात्रेय के मंदिर में दर्शनों के लिये अवश्य जाते थे ! इस कारण उस मंदिर के पुजारी से धीरे धीरे उनका एक निकट संबंध स्थापित हो गया था।

एक बार उस मंदिर के पुजारी ने नानासाहेब से, मंदिर के सम्मुख एक घाट के निर्माण हेतु, आर्थिक सहायता की प्रार्थना की। नानासाहेब ने इस शुभ कार्य के लिए, अपनी ओर से शीघ्र ही तीन सौ रूपये का सहयोग प्रदान करने के लिये, उस पुजारी को पूर्ण आश्वासन दे दिया। नानासाहेब की इस सहमति से, मंदिर का पुजारी अत्यंत ही प्रसन्न हुआ !

किन्तु दो तीन माह व्यतीत हो जाने के बाद भी, नानासाहेब ने अपने वचनानुसार सहयोग राशि, उस पुजारी के पास नहीं पहुंचाई ! फिर जब नानासाहेब का शिरडी जाने का विचार हुआ, तो भी वह इस अतिरिक्त राशि का प्रबंध नहीं कर सके। अतः उन्होंने पुजारी के तकाजे से स्वयं को बचाने के लिये, शिरडी जाने हेतु, कोपरगांव जाने की बजाय, एक अन्य रास्ते से जाना उचित समझा। वो रास्ता दूर और घुमावदार होने के साथ साथ, अनेक जंगली कटीली झाड़ियों के बीच से भी गुजरता था।

अतः इस बार नानासाहेब को अपनी यात्रा में अनेक कष्ट भोगने पड़े। अनेक कठिनाइयां और शारीरिक कष्ट भोगने के बाद, जब नानासाहेब, साई दर्शनों के लिये शिरडी पहुंचे, तो साईश्री ने उनके प्रति अपनी रूष्टता दिखाते हुये, उनके आने की कोई खुशी प्रगट नहीं की ! वह उनके सम्मुख एकदम गुमसुम और खामोश बैठे रहे ! साईश्री के इस विपरीत व्यवहार ने, नानासाहेब को अब एक गहरे सोच में डुबो दिया !

अंततः नानासाहेब ने साईश्री से पूछा– "मुझसे ऐसी कौन सी भूल हो गई देवा, जो आप आज मुझसे इतने रुष्ट प्रतीत हो रहे हैं !"

इस कथन को सुनकर, अब साईश्री क्रोध में, नानासाहेब पर बरस पड़े– "तुमसे भूल नहीं, बल्कि एक बहुत बड़ा अपराध हुआ है नाना ! मेरे निकट

सान्निध्य में रहकर, मेरी शिक्षाओं का क्या तुम पर यही प्रभाव पड़ा है ? तुमने इस डर से कि मंदिर का पुजारी, तुमसे उस आर्थिक सहायता का तकाजा न कर बैठे, जिसका तुमने उसे कुछ माह पूर्व वचन दिया था। अतः आज तुमने उस पुजारी की भेंट को टालने के प्रयास में, शिरडी आने के लिये नियमित मार्ग न अपनाकर, अन्य दूसरा रास्ता अपनाया है। क्या तुम मेरी शिक्षाओं और उपदेशों का अपनी जीवन में ऐसा ही अनुसरण करते हो नाना ? यदि तुम्हारे पास इस समय पुजारी को देने के लिये अतिरिक्त तीन सौ रूपये नहीं थे, तो तुमने उसे सच सच बताने की बजाय, ऐसा असिद्धान्तिक व्यवहार क्यों किया ? तुम्हारे इस अपराध के लिये ही, तुम्हें आज अपनी यात्रा में अनेक कष्ट भोगने पड़े हैं। यदि कटीली झाड़ियों ने तुम्हें लहुलुहान कर दिया है, तो फिर मैं इसमें क्या कर सकता हूं ?"

साईश्री के इन शब्दों को सुनकर, नानासाहेब को साईश्री की सर्वज्ञता का पुनः पूर्ण ज्ञान हुआ। उन्होंने अपनी भूल की क्षमा के लिये, उनके चरण पकड़ लिये और दीनभाव से, वह विनती करते हुये बोले –

"इस बार मुझे और क्षमा कर दीजिये देवा। मैं वचन देता हूं कि भविष्य में फिर कभी मुझसे ऐसी भूल नहीं होगी !"

साईश्री ने उन्हें क्षमा तो कर दिया। किन्तु इस संदर्भ में उन्होंने उन्हें यह समझाते हुए भविष्य के लिए आगाह किया– "प्रत्येक व्यक्ति को सदा यह बात याद रखनी चाहिये कि वह अपनी आर्थिक हैसियत के अनुरूप ही, किसी को दान देने का वचन दे। यदि दान लेने वाला, तुम्हारे इस दान से फिर भी सन्तुष्ट और खुश नहीं है, तो तुम उसे कुछ और दान देने के लिये नम्रता पूर्वक उसको स्पष्ट इंकार कर दो ! किन्तु उसके प्रति क्रोध में अपने विवेक का सन्तुलन कभी न खोओ और अपने बड़ेपन का अहं दिखाते हुये, उसके साथ कभी कोई अभद्र व्यवहार न करो।"

नानासाहेब ने साईश्री को उनकी इस नवीन शिक्षा का भी, अपने जीवन के व्यवहार में पूर्ण अनुसरण करने का आश्वासन दिया ! किन्तु वह पुनः उस

समय अपना यह वचन नहीं निभा सके, जब वह कल्याण के अपने पैत्रिक मकान में कुछ दिनों के लिये सपरिवार रहने के लिये आये हुये थे ! उनके पिताश्री के समय से, इस पैत्रिक मकान की सदा से यह परंपरा रही थी कि इस मकान के द्वार से, कभी भी कोई भिखारी खाली हाथ और निराश नहीं लौटा था ! उन्हीं दिनों एक भिखारिन उनके मकान के द्वार पर भिक्षा लेने आई। अतः परम्परा के अनुसार नानासाहेब की पत्नी ने उस भिखारिन को भी भिक्षा प्रदान की।

किन्तु भिखारिन ने वो भिक्षा अस्वीकार करते हुए कहा– "मुझे यह नहीं मां; बल्कि खाने के लिये भाजनी की रोटियां चाहिये।"

वास्तव में पांच किस्म के अनाज अर्थात गेहूं, मक्का, जौ, ज्वार और चना के पिसे हुए आटे को भाजनी कहते हैं। **भाजनी** की रोटी नानासाहेब को अत्यंत ही प्रिय थीं। इसी कारण उनकी पत्नी स्वयं अपने हाथों से प्रतिदिन भाजनी पीसा करती थीं।

उस भिखारिन की इस विशेष मांग पर, नानासाहेब की पत्नी को यह समझ लेना चाहिये था कि यह भिखारिन, जो आज उनके द्वार पर भिक्षा लेने आई है, कोई साधारण भिखारिन नहीं है ! किन्तु वह इस वास्तविक रहस्य को नहीं समझ सकीं कि भिखारिन के भेष में, आज स्वयं साईश्री उनके द्वार पर भिक्षा और उनकी परीक्षा लेने आये हैं।

अपनी उदार प्रवृत्ति के अनुसार, नानासाहेब की पत्नी ने भाजनी की दो रोटियां लाकर, उस भिखारिन की झोली में सहर्ष डाल दीं।

किन्तु जब उस भिखारिन ने भिक्षा में भाजनी की और रोटियां मांगी, तो वह मन ही मन यह सोचकर थोड़ा सा खीज उठीं कि यदि वह उस भिखारिन को भाजनी की और रोटियां दानस्वरूप दे देंगी, तो साईश्री के नैवेद्य और नानासाहेब के लिए रोटियां कम पड़ जायेंगी ! फिर भी नानासाहेब की पत्नी ने अनिच्छित होते हुए भी, दो तीन भाजनी की रोटियां और लाकर, उस भिखारिन की झोली में डाल दीं।

मगर वो भिखारिन फिर भी संतुष्ट नहीं हुई ! वह भिक्षा में और रोटियां

मांगती हुई बोली – "मुझे और दे माई !"

इस पर नानासाहेब की पत्नी क्रोध में झुंझला उठीं और क्रोध में वह उस भिखारिन को डांटती हुई बोली – "तुझे जो मिल गया है, उसे लेकर जा यहां से। अब और रोटियां नहीं मिलेंगी।

मगर वो भिखारिन अपनी जिद पर अड़ी रही और अपने हठीले स्वर में बोली – "उसने जो भिक्षा मांगी है, उसे वो लेकर ही इस द्वार से जायेगी; अन्यथा वह यूं ही द्वार पर खड़ी रहेगी।"

उसकी इस जिद पर अब नानासाहेब की पत्नी पूर्णरूप से क्रोधित हो उठीं। उन्होंने उस भिखारिन से छुटकारा पाने के लिये, अपनी सहायता हेतु अपने पति और नौकर को पुकारा। उस भिखारिन की जिद ने अब नानासाहेब को भी क्रोधित कर दिया। उन्होंने अपने नौकर द्वारा उस भिखारिन को धक्के देकर, गेट से बाहर निकलवा दिया। किन्तु गेट से बाहर जाती हुई वो भिखारिन बोली –

"यदि तुम मेरी भिक्षा मुझे नहीं देना चाहते हो, तो मुझे न दो! किन्तु मेरे साथ ऐसा अमानवीय और अभद्र व्यवहार तो न करो ! मैं तो जा रही हूं; किन्तु तुम अपने इस **अहंकार** की अवश्य सजा पाओगे !"

उस भिखारिन के जाने के बाद, दो दिन तक उसके शब्द नानासाहेब को अन्दर ही अन्दर कचोटते रहे ! फिर धीरे धीरे यह बात आई गई हो गयी और नानासाहेब इस घटना को पूर्णतया भूल गये।

फिर दो महीने बाद, जब साईश्री के दर्शनों हेतु, नानासाहेब शिरडी गये, तो इस बार उन्होंने पुनः साईबाबा को अपने प्रति रूष्ट पाया ! उन्होंने जान बूझकर नानासाहेब से कोई बात नहीं की।

साईश्री के इस विपरीत व्यवहार ने नानासाहेब को पूर्णतया अधीर कर दिया ! उन्होंने किसी तरह अपना साहस संजोकर साईश्री से पूछा – "अब फिर मुझसे ऐसी कौन सी भूल हो गई है देवा, जो आप इतने रूष्ट हैं ?"

इस पर साईश्री क्रोध में नानासाहेब को लताड़ते हुए बोले– "मैं अपने ऐसे किसी भक्त से बात करना नहीं चाहता हूं, जो बार बार अपना वचन तोड़ता है। पिछले जन्म में भी, तुमने मेरे लाख प्रयास करने पर सदा ही जाने और अनजाने में ऐसे अनेक दुष्कर्म किये थे, जिनका फल तुम्हें इस जन्म में भोगना पड़ा है ! लगता है कि तुम अपने किसी भी जन्म में, **पाप** और **पुण्य** का **समन्वय** पूर्ण करने के इच्छुक नहीं लग रहे हो, जिससे तुम मुक्ति पा सको! मैं कब तक अपना संरक्षण देकर, तुम्हारी इस तरह सहायता करता रहूंगा !"

नानासाहेब को अब भी याद नहीं आया कि साईश्री किस दिन की घटना को लेकर, उससे आज इतने रूष्ट हैं ! अतः उन्होंने एक बार पुनः विनम्र निवेदन करते हुए कहा –

"यदि मानव में अपने **पाप** और **पुण्य** के कर्मों का अन्तर समझने की पर्याप्त क्षमता होती देवा, तो फिर वह अपने जीवन में भूल ही क्यों करता? मुझसे जो भी भूल हुई है, मैं आज उसका दंड सहर्ष भोगने के लिये तैयार हूं ! किन्तु मैं आपकी रूष्टता सहन नहीं कर सकता हूं।"

इस पर साईश्री ने नानासाहेब को घटना की याद दिलाते हुए उनसे कहा– "वो दिन याद करो नाना, जब तुमने दो माह पूर्व अपने **अहं** के कारण, उस गरीब भिखारिन को अपने नौकर द्वारा, घर से धक्के देकर इसलिये बाहर निकलवा दिया था कि वो तुम लोगों से भरपेट भाजनी की रोटियां भिक्षा में मांग रही थी। इसमें उसने ऐसा कौन सा बड़ा अपराध कर दिया था नाना कि तुमने उसके साथ ऐसा अमानवीय व्यवहार किया ! तुमने तो मुझे वचन दिया था नाना कि तुम भविष्य में फिर किसी के साथ ऐसा कभी व्यवहार नहीं करोगे। जो अपने **वचन** पर कायम नहीं रह सकता है, उसे मेरा **भक्त** कहलाने का कोई अधिकार नहीं है ?"

घटना याद आते ही, नानासाहेब का हृदय आत्मग्लानि से भर उठा ! इस घटना के बाद, उन्होंने इस सत्य को पूर्ण रूप से समझ लिया था कि सदा ही बाबाश्री अपने भक्तों की इसी समान परीक्षा लेते हैं, जिनसे वह इस

सच्चाई को जान सकें कि उनके भक्तों पर उनके ज्ञान...उपदेश और शिक्षा का कितना प्रभाव पड़ रहा है ?

इस घटना के बाद, नानासाहेब ने भविष्य में फिर कभी ऐसी गलती को जीवन भर नहीं दोहराया।

***

बाबाश्री अक्सर अपने भक्तों के सम्मुख **गुरू** के महत्व का गुणगान किया करते थे और अपने भक्तों को **गुरूभक्ति** के विषय में अपना ज्ञान प्रदान करते हुये, उनसे सदा यह कहते थे –

"आज के इस कलियुग में, प्रत्येक मानव के लिये **गुरू** के स्थान की गरिमा सबसे अधिक महत्वपूर्ण है ! अपने **गुरू** के प्रति श्रद्धा से पूर्ण समर्पित होने के पश्चात ही, जीवन में कुछ पाना संभव है ! वास्तव में जो **गुरू** अपने भक्त को देता है; वही उसकी संपूर्ण शक्ति और सुरक्षित पूंजी होती है ! इसीलिये गुरू को **परमपुरुष** के रूप में मानने वाला, सदा ही **मोक्ष** प्राप्त करता है !"

साईश्री के दर्शनों हेतु, जो भी श्रद्धालु उनके निकट आते थे, तो बाबाश्री को, उनके अन्दर की भावना का बहुत पूर्व ही आभास हो जाता था। अतः उनके पास, जो **आध्यात्मिक ज्ञान** की खोज में आते थे, उन्हें वह सदा ही अपने गुरू की सिद्धियों और ईश्वर में उनकी **एकाग्रचित्तता** के विषय में अवश्य बताया करते थे। इसके अतिरिक्त वह अपने गुरू के प्रति, अपनी **एकनिष्ठ** सेवा भाव के साथ साथ **भक्तियोग** के विषय में भी, उन्हें अपने अनेक उपदेश दिया करते थे।

धीरे धीरे नानासाहेब ने अपनी जीवन के मूल परिवर्तनों द्वारा, साईश्री के सम्मुख यह सिद्ध कर दिया था कि अब वह उनकी भक्ति सांसारिक एवं भौतिक सुखों की चाह में नहीं कर रहे हैं; बल्कि वह एक सच्चे साधक बनकर, अपनी **आध्यात्मिक** प्रगति के सहारे, मोक्ष पाने के लिए उनकी शरण में आये हैं। इसी कारण जब कुछ माह पश्चात मैनाताई की एकमात्र सन्तान की भी अकस्मात मृत्यु हो गई, तो उन्हें इसका दुख तो अवश्य हुआ ! किन्तु उनका

यह दुख **जीवनमृत्यु** के उस **शाश्वत ज्ञान** के कारण, जिसे साईश्री ने उनके दामाद की मृत्यु के समय, उन्हें प्रदान किया था, उन्हें अब मानसिक रूप से तोड़ने में समर्थ नहीं हो सका !

अब नानासाहेब ने साईश्री को अपने **मन, वचन** और **कर्म** से अपना सदगुरू स्वीकार कर लिया था ! इसी कारण जब उन्हें पंढरपुर के तबादले हेतु, अपने ऑर्डर प्राप्त हुए, तो वह एक गहरे धर्मसंकट में पड़ गये ! क्योंकि साईश्री को अपना इष्ट और सद्‌गुरू मानने से पूर्व, वो भगवान श्रीकृष्ण अर्थात् पंढरपुर में विराजमान भगवान विठोबा को अपना इष्ट मानते थे। इस विचार ने उन्हें अंदर से अत्यंत ही उद्वेलित कर दिया कि पंढरपुर जाने के पश्चात्, कहीं उनकी निष्ठा दो भागों में विभक्त न हो जाये ?

अन्ततः उन्होंने पंढरपुर जाने से पूर्व, अपने अन्दर उत्पन्न हुई आशंका का समाधान पाने के लिये, सपरिवार शिरडी जाने हेतु, अपना निर्णय लिया। अतः पंढरपुर जाते समय, जब बीच में कोपरगांव पड़ा, तो वह पंढरपुर जाने की बजाय, सपरिवार शिरडी की ओर रवाना हो गये। ठीक उसी क्षण, शिरडी में अपने कुछ अन्य भक्तों के साथ बैठे हुये साईश्री, अनायास ही बोल उठे–

"पंढरी के द्वार हम सबके लिए खुले हैं ! आओ हम सब मिलकर, अपने अन्तर्मन से भगवान विठोबा की वन्दना करें !"

साईश्री के इस कथन ने वहां मौजूद सभी भक्तों को एक गहरे आश्चर्य में डुबो दिया ! वे सब मन ही मन यह सोचने लगे कि अचानक ही बाबाश्री आज किस संदर्भ में भगवान विठोबा की वंदना के लिये सबसे कह रहे हैं ? वहां मौजूद सभी भक्तों में से, किसी का भी यह साहस नहीं हो सका कि वह इस विषय में साईश्री से कोई प्रश्न करें।

फिर जब साईश्री इस भजन को स्वयं गाने लगे, तो वहां मौजूद अन्य सभी भक्तों ने भी, अपनी पूर्ण लय और ताल के साथ, उनके इस भजन में अपना पूर्ण सहयोग दिया –

"प्रभु मुझे जाना है, पंढरपुर जाना है, अपना धाम बनाना है।
नित वास करूं, वहीं वास करूं, जो मेरे प्रभु का है धाम।।"

जब मस्जिद में सभी भक्त इस भजन की पक्तियों को साईश्री के साथ अपनी पूर्ण लय और ताल में गा रहे थे, तो नानासाहेब ने अपने संपूर्ण परिवार सहित मस्जिद में प्रवेश किया। नानासाहेब ने अपने शिरडी आगमन के विषय में किसी को भी कोई पूर्व सूचना नहीं दी थी। अतः उनके इस अचानक आगमन पर, वहां उपस्थित सभी भक्त आश्चर्यचकित हो गये ! किन्तु साईश्री को उनके इस अकस्मात् प्रोग्राम और उनके संशक्ति मन की उथलपुथल का बहुत पूर्व ही आभास हो चुका था !

इसी कारण साईश्री ने उनके वहां पहुंचने से पूर्व ही, ऐसा वातावरण उत्पन्न कर रखा था, जिससे नानासाहेब के मन में उत्पन्न हुई शंका का स्वतः ही निवारण हो सके।

जब नानासाहेब ने साईश्री के इस विशेष भजन के बोल सुने, जिसमें यह स्पष्ट रूप से कहा गया था कि पंढरपुर के द्वार सभी भक्तों के लिये खुले हुये हैं, तो नानासाहेब के मन की संपूर्ण उलझन और दुविधा स्वतः ही दूर हो गई !

फिर उन्होंने जब साईश्री से कुछ दिनों के लिये पंढरपुर आकर, उनके साथ रहने की प्रार्थना की, तो साईश्री ने अपनी एक मधुर मुस्कान के साथ, उन्हें समझाते हुये कहा—

"मैं तो अपने भक्तों के लिए सदा ही सर्वत्र विद्यमान रहता हूं! यह उसकी अपनी निष्ठा के ऊपर ।नेर्भर करता है कि वह मुझे किस रूप में अपने समीप अनुभव करना चाहता है ! यदि कोई निर्जीव वस्तु भी, किसी सच्चें साधक के निकट संपर्क गें आ जाती हैं, तो वो भी सजीव हो उठती है ! ईश्वर तो सदा से ही सर्वव्यापी है और वो इस ब्रह्माण्ड के प्रत्येक जड़ और चेतन में व्याप्त रहता है !"

* * *

एक बार नानासाहेब चांदोरकर, म्हालसापति, शामा और कुछ अन्य भक्त साईबाबा के सम्मुख मस्जिद में बैठे हुए थे कि बीजापुर का एक मुस्लिम परिवार बाबाश्री के दर्शनार्थ मस्जिद में आया। परिवार की सभी नारियां अपने चेहरे और शरीर को पूर्णतया बुरके के आवरण में छिपाये हुये थीं। सभी स्त्रियां बारी बारी से आगे बढ़ीं और उन्होंने अपने चेहरे का आवरण हटाकर, बाबा के आशीर्वाद हेतु, उनके चरणों में प्रणाम किया ! उन कुलवन्तियों में एक महिला वास्तव में अपूर्व सुन्दरी थी। उसने बाबा के चरणों में नमन करने के लिये, जैसे ही अपने सुन्दर चेहरे का आवरण हटाया, तो नानासाहेब की अपलक दृष्टि उस सुन्दरी पर ठहर गई। वह उसके इस अपूर्व सौंदर्य पर मोहित हो उठे! फिर जब बाबाश्री से आशीर्वाद पाने के पश्चात्, उस सुन्दरी ने अपना चेहरा पुनः आवरण में छिपा लिया, तो नानासाहेब उसके सौंदर्य की छटा को एक बार पुनः देखने के लिये अन्दर ही अन्दर विचलित होने लगे !

बाबाश्री तो सर्वज्ञता के एक ऐसे विराट स्वरूप थे कि वह प्रत्येक व्यक्ति के अन्तःकरण की मनोवृत्तियों को पहले से ही पूर्णताया जान लेते थे ! उन्होंने नानासाहेब के मन के द्वन्द्व की सत्यता भी जान ली थी ! अतः उस मुस्लिम परिवार के सभी सदस्यों के जाने के पश्चात्, वह नानासाहेब से बोले–

"तुम किसी के सौन्दयै पर, व्यर्थ में इतना मोहित क्यों हो रहे हो चादोरकर ? शान्त अन्तःकरण वाले ही, अपने भटकते मन की इन्द्रियों को वश में कर सकने की शक्ति रखते हैं ! और कर्मों में यथायोग्य चेष्टा करने वाले ही **पराकाष्ठा** की शान्ति प्राप्त कर सकते हैं ! ऐसे ही पुरूष अपनी संपूर्ण कामनाओं से **स्पृहारहित** हो जाते हैं ! सृष्टि का निर्माण करने वाला, सबका **मालिक** एक है ! वही प्रत्येक जीव की, उसके पिछले जन्मों के कर्मों के अनुसार उसकी रचना करता है, तो फिर हमें उसके द्वारा रचित अपूर्व सौंदर्य की अपने शुद्ध चित्त से सराहना करनी चाहिये। यदि कभी भी मन में किसी भी प्रकार का कुविचार आता है, तो उससे भयभीत होने की बजाय.... हमें उस पर पूर्ण नियंत्रण करने का प्रयास करना चाहिये। अन्यथा उसे **जन्ममृत्यु** के बाहुपाश से कभी छुटकारा नहीं मिल सकेगा !"

बाबाश्री के इस उपदेश को सुनकर, नानासाहेब अपनी भूल के लिये, उनके सम्मुख मन ही मन लज्जित हो उठे ! उन्होंने स्वयं को संयत करते हुये साईश्री से कहा–

"मैं इस बात के लिये अत्यंत ही लज्जित हूं देवा कि आपकी छत्रछाया और संगति में रहते हुये भी, मैं **विषयपदार्थ** की लालसा में, आज क्योंकर पथभ्रष्ट होकर, अपनी इन्द्रियों पर नियंत्रण खो बैठा ?"

नानासाहेब के इस क्षोभ पर, साईश्री ने अपनी प्रतिक्रिया व्यक्त करते हुए कहा–

"इसमें इस तरह परेशान होने की कोई आवश्यकता नहीं है नाना। जब शरीर की कोई इंन्द्रि, अपना प्राकृतिक कार्य कर रही होती है, तो उसमें कभी कोई बाधा उत्पन्न नही करनी चाहिये। इस ब्रह्माण्ड की रचना ब्रह्माजी ने की है ! यदि हम उनकी इस **सृषटि** की प्रशंसा करने की बजाय, उसका हर क्षण तिरस्कार करेंगे, तो हम प्रकृति के **सौन्दर्यबोध** से स्वयं को सदा के लिए वंचित कर लेंगे ! इसी कारण हमें अपनी इन्द्रियों को **शनैःशनैः** अपने पूर्ण नियंत्रण में रखने का प्रयास करना चाहिये। यदि इस प्रयास में, किसी के सौन्दर्य का आकर्षण, तुम्हें कितना ही अपनी ओर आकर्षित क्यों न करे ? किन्तु यदि तुम्हारा हृदय पवित्र है और तुम्हारी अपनी भावनाओं में **विषय वासना** के अंकुर अंकुरित नहीं हुये हैं, तो तुम्हें किसी भी रूप में इस आकर्षण से भयभीत नहीं होना चाहिये।"

साईश्री के इस तार्किक विवेचन ने अब नानासाहेब पर एक गहन प्रभाव किया। नानासाहेब पर उनके इस अद्‌भुत ज्ञान और शिक्षा का कितना प्रभाव पड़ा है, इसकी परीक्षा लेने हेतु, साईश्री ने पुनः उनके समक्ष एक विचित्र सी घटना का संयोग उत्पन्न कर दिया ! बानूगाई नाम की एक बीस वर्षीय मुस्लिम महिला ने अपनी इस कम आयु में ही **ब्रह्मावाद** की आत्मिक ऊंचाईयों को पार कर लिया था। इसी कारण वह प्रायः किसी से कोई बातचीत नहीं करती थी ! वह अपने ग्राम बोडेगांव, के निकट घने वन में सदा एकान्तवास करती

थी। वह परमानंद में लीन होकर जब कभी अपने ग्राम की गलियों में नग्न अवस्था में विचरती हुई दृष्टिगोचर होती थी, तो गांव के कुछ मनचले लोगों के मन में एक हलचल सी मच जाती थी ! जब कभी भी कोई अपने मन में वासना के कुविचारों को लेकर, उसके नग्न शरीर के समीप आने का विचार करता था, तो उस देवी के चेहरे और शरीर से झलते हुए **ब्रह्मतेज** के पुञ्ज प्रकाश के कारण, उसके शरीर के निकट आने का वह साहस नहीं कर पाता था।

इसी कारण अधिकांश ग्रामवासी बानूमाई को पागल समझते थे। किन्तु कुछ लोग उसे एक उच्च श्रेणी की एक महान संत मानकर, उसे सम्मान की दृष्टि से देखते थे...!

नानासाहेब की परीक्षा लेने के विचार से, साईश्री ने उनके मन में भी बानूमाई के दर्शनों की एक प्रबल अभिलाषा उत्पन्न कर दी ! फिर जब नानासाहेब ने साईश्री के समक्ष उस अदभुत महिला से अपनी भेंट की इच्छा प्रकट की, तो उन्होंने उन्हें बोडेगांव जाने की अपनी सहर्ष अनुमति प्रदान कर दी !

अगले दिन नानासाहेब उस अद्‌भुत महिला को उपहार स्वरूप कुछ वस्त्र और आभूषण इत्यादि प्रदान करने के लिये और उसे अपना नैवेद्य अर्पण करने के विचार से, शिरडी से अपने तांगे द्वारा बोडेगांव की ओर रवाना हो गये।

बोडेगांव पहुंचकर, नानासाहेब ने गांव के अनेक लोगों से बानूमाई के विषय में आवश्यक पूछताछ की। उन्होंने उनसे यह जानने का हर सम्भव प्रयास किया कि इस समय वो विशिष्ट महिला उन्हें कहां मिल सकेगी ?

सभी ग्रामवासियों ने नानासाहेब को बताया कि उन्हें घने वन में ढूंढ़ पाना अत्यंत ही दुर्लभ है; क्योंकि वह किसी भी एक निश्चित स्थान पर कभी टिककर नहीं ठहरती हैं।

किन्तु नानासाहेब को पूर्ण विश्वास था कि वह बानूमाई को अवश्य ही घने वन में कहीं न कहीं ढूंढ़ने में समर्थ हो जायेंगे। किन्तु लगभग एक घंटे तक घने वन में निरन्तर इधर उधर भटकने के बाद भी, जब वह उन्हें ढूंढ़ने

में असमर्थ रहे, तो वह एक वृक्ष के नीचे बैठकर, साईश्री को नमन करके, उनसे सहायता की प्रार्थना करने लगे।

इसी मनोदशा में अभी कुछ ही मिनट व्यतीत हुये होंगे कि अनायास ही बानूमाई अपनी नग्न अवस्था में, उनके समक्ष न जाने कहां से प्रगट हो गईं ! इस समय उनके नग्न शरीर पर अनेक नुकीले कांटे चुभे हुये थे और उनसे निरन्तर रक्त बह रहा था !

एक सुन्दर और युवा महिला को, इस तरह अकेले में नग्नअवस्था में देखकर, आज उनका मन **मोहवासना** में विचलित नहीं हुआ। उनकी वो इन्द्रियां, जो सदैव विषय पदार्थो की प्राप्ति के लिये, अपना नियंत्रण खो देती थीं, आज नानासाहेब को अपने वशीभूत करने में समर्थ नहीं हो सकीं !

नानासाहेब ने अपनी पूर्ण श्रद्धा और सम्मान से, उस दैवीय शक्ति को अपना साष्टांग प्रणाम किया। फिर वह अपने साथ लाये हुये वस्त्र और आभूषणों को उन्हें भेंट करने के उपरांत, उनके शरीर पर चुभे हुये कांटो को, स्वयं अपने हाथों द्वारा बाहर निकालने लगे ! इस क्रिया ने बानूमाई पर कोई प्रभाव नहीं किया। वह मौन रहकर, नानासाहेब को एकटक अपनी अपलक दृष्टि से निहारती रहीं !

जब नानासाहेब ने उनके शरीर पर चुभा हुआ अन्तिम कांटा बाहर निकाला, तो अगले क्षण ही वह उनसे बिना कुछ बोले, उनकी दृष्टि से अनायास ही पुनः कहीं ओझल हो गईं ! नानासाहेब ने उस घने वन में, उन्हें पुनः ढूंढ़ने का हर संभव प्रयास किया। किन्तु वह उन्हें कहीं भी ढूंढ़ पाने में सफल नहीं हो सके।

अन्ततः वह अपने मन मे एक गहरी निराशा लिये हुये, उस घने वन से बाहर आ गये। उनके मन में इस बात की हार्दिक इच्छा थी कि उनके द्वारा भेंट किये हुये वस्त्रों और आभूषणो को ग्रहण करके, बानूमाई उनके समक्ष एक बार पुनः प्रगट हों और उनका नैवेद्य स्वीकार करें !

अतः वह उस ग्राम की बाहरी सीमा पर स्थित, एक मंदिर में बैठकर,

अपनी हार्दिक अभिलाषा की पूर्ति के लिये, साईश्री की आराधना करने लगे। जब तेज हवाओं के झोकों के साथ आकाश में बादल जोरजोर से गरजने लगे और तीव्र गति से बिजली कड़कने लगी, तो अब बानूमाई अपने दैवीय स्वरूप में उनके समक्ष पुनः प्रगट हो गईं। इस समय वह अपने शरीर पर वही वस्त्र और आभूषण धारण की हुई थीं, जो नानासाहेब ने उन्हें उपहार स्वरूप भेट किये थे !

फिर उन्होंने अपनी एक मधुर मुस्कान के साथ नानासाहेब का नैवेद्य सहर्ष स्वीकार किया। और वह उन्हें अपना एक मौन आशीर्वाद प्रदान करने के बाद, वहां से तत्काल ही कहीं पुनः ओझल हो गईं।

❊ ❊ ❊

साईश्री इस धरती के प्रत्येक **जड़** और **चेतन** में सदा विद्यमान रहते हैं ! इस सत्य का उन्होंने अपने अनेक भक्तों को अपने जीवनकाल में पूर्ण आभास कराया था। और अपनी **महासमाधि** लेने के उपरान्त, वह आज भी अपने अनेक भक्तों को इस सत्य का निरन्तर आभास कराते रहते हैं।

इसी कारण जो भी पुरूष **अनन्यचित्त** से ईश्वर के साकार स्वरूप भगवान श्री साईनाथ में स्थित होकर, उन्हें निरन्तर स्मरण करता रहता है, तो वह उसे सहज ही प्राप्त हो जाते हैं ! इस अटूट सत्य में कहीं भी किसी प्रकार के संशय की कोई गुंजाइश नहीं है !

इस संदर्भ में भगवान श्रीकृष्ण ने भी गीता के आठवें अध्याय के पंचम् श्लोक में कहा है–

अन्त काले च मामेव स्मरन्मुक्तवा कलेवस्म्।
यः प्रयाति स मम्दावं यति नास्त्यत्र संशयः।।

"अर्थात् जो पुरूष अन्तकाल में मुझको या मेरे किसी भी अन्य स्वरूप को स्मरण करता हुआ, अपने शरीर को त्यागकर जाता है ! तो वह मेरे साक्षात् स्वरूप को प्राप्त होता है !

इसी समान सन् 1908 में साईश्री ने अपने परम भक्त नानासाहेब को भी इस सत्य का आभास कराया था कि, वह अपने साकार एव निराकार रूप में, सदा ही इस धरती के प्रत्येक जड़ चेतन में विद्यमान रहते हैं !

एक बार जब नानासाहेब सन् 1908 में, अपने छोटे पुत्र बापूराव के साथ, साईश्री के दर्शनों हेतु पंढरपुर से शिरडी आये हुये थे, तो बाबाश्री ने नानासाहेब को स्वयं अपने हाथ से, नैवेद्य बनाने का आदेश दिया। इस आदेश को सुनकर, नानासाहेब अत्यंत ही हर्षित और उत्साहित हो उठे ! वास्तव में साईश्री उस नैवेद्य के द्वारा उनके मन में उत्पन्न हुये इस भ्रम को दूर करना चाहते थे कि उनके स्वरूप की दैवीय एवं ईश्वरीय शक्ति, उनके अपने शरीर तक ही सीमित नहीं है; बल्कि अपनी उस शक्ति के सहारे, उनके स्वरूप का अंश इस धरती के प्रत्येक **जीवजन्तु** अर्थात् **जड़चेतन** में पूर्णरूप में समाया हुआ है !

नानासाहेब ने साईश्री को अर्पण करने के लिये, स्वयं अपने हाथों से नैवेद्य बनाया। वह उसे एक थाली में सजाकर, साईश्री के सम्मुख ले आये। उन्होंने साईश्री से उस नैवेद्य को ग्रहण करने की विनती की। मगर साईश्री ने उस नैवेद्य को ग्रहण करना तो दूर रहा, उन्होंने उसे स्पर्श तक नहीं किया। किन्तु इस बीच चार पांच मक्खियां उड़ती हुई आईं और वो उस नैवेद्य का रसपान करने के उपरान्त, वहां से उड़ गईं।

इसके पश्चात् साईश्री धीरे से मुस्कराये और नानासाहेब से बोले–"इस नैवेद्य को प्रसाद स्वरूप सब भक्तों में वितरण कर दो नाना।"

इस पर नानासाहेब ने एक दृढनिश्चय के साथ अपने मन की बात उनके सम्मुख पुनः दोहराते हुये कहा–

"अभी तो आपने इस नैवेद्य का थोडा सा भी अंश ग्रहण नहीं किया है देवा, तो फिर इसे प्रसाद स्वरूप वितरण करने का कोई औचित्य नहीं है। पहले आप इसका थोड़ा सा अंश ग्रहण कीजिये, तभी यह प्रसाद स्वरूप वितरित होगा !"

"मैं इसका अंश ग्रहण कर चुका हूं नाना !"

"ऐसी बातें कहकर मुझे व्यर्थ में भ्रमित मत कीजिये देवा। यदि आपने मेरे द्वारा बनाया हुआ नैवेद्य ग्रहण नहीं करना था, तो फिर मुझे इसे बनाने का आदेश क्यों दिया ?" – यह कहकर नानासाहेब अपने मन में एक गहरा असंतोष लिये हुये, जब साईश्री के सम्मुख से हटकर, दूसरी ओर जाने लगे, तो साईश्री ने उन्हें पुकारते हुये कहा–

"ठहरो नाना ! जाने से पूर्व, तुम मेरी एक बात सुनते जाओ। तुम पिछले अठ्ठारह वर्षों से मेरे निकट सान्निध्य में हो ! मैंने सदा ही अनेक घटनाओं और शिक्षाओं के सहारे, तुम्हारे अन्दर **ईश्वरीयशक्ति** का ज्ञान भरने का प्रयास किया है, जिससे आध्यात्मिक स्तर पर तुम्हारा पूर्ण मानसिक विकास हो सके ! यह सचमुच कितने आश्चर्य की बात है कि तुम मेरे इतना निकट होते हुये भी, मेरे वास्तविक स्वरूप को आज तक नहीं पहचान सके हो ! और इस सत्य पर तुम कभी विश्वास नहीं कर सके हो कि मेरे अपने स्वरूप का अस्तित्व, मात्र मेरे अपने शरीर तक ही सीमित नहीं है; बल्कि उस अस्तित्व के अंश, इस धरती के प्रत्येक जड़ और चेतन में भी विद्यमान हैं !"

इस घटना के उपरान्त, नानासाहेब के मन के अब सारे संदेह पूर्णरूप से दूर हो चुके थे ! अब वह निस्वार्थ भाव से साईश्री के पूर्ण शरणागत हो गये थे।

❋❋❋

इंसान की यह कैसी विचित्र फितरत है कि जब तक वह सुखी रहता है, तो वह उस सुख में इस तरह खो जाता है कि उसे ईश्वर को स्मरण करने का भी अवकाश नहीं मिलता है ! किन्तु जैसे ही दुर्दिन आते हैं और दुर्भाग्य के घेरे, जब उसे चारों ओर से घेर लेते हैं, तो उसे स्वतः ही ईश्वर याद आने लगता है। इस संदर्भ में संत कबीरदास जी ने कहा है–

"दुख में सुमिरन सब करैं, सुख में करे न कोय।
जो सुख में सुमिरन करैं, तो दुख काहे को होय।।"

नारायण गांव के निवासी भीमापाटील अपनी पूर्ण समृद्धि के साथ एक

सुखी जीवन व्यतीत कर रहे थे। अपने उन सुख के दिनों में, उन्होंने कभी ईश्वर को याद करने की कोई आवश्यकता नहीं समझी। सन् 1909 में अनायास ही उनके वक्षस्थल में एक ऐसा भयंकर रोग उत्पन्न हुआ, जो बाद में गंभीर रूप से क्षयरोग में परिणत हो गया। उन्होंने अपनी चिकित्सा में पानी की तरह पैसा लगाया ! किन्तु उन्हें कोई यथेष्ट लाभ प्राप्त नहीं हुआ।

जब वह हर ओर से हताश हो गये, तो उन्होंने एक दिन मन ही मन ईश्वर का स्मरण किया और उनसे प्रार्थना करते हुये वह बोले–

"सुख में सुमरिन न किया, दुख में किया है याद।
अब तू ही बता हे प्रभु, कौन सुनेगा मेरी फरियाद।।"

उनकी अन्तरात्मा के किसी कोने से उन्हें अपनी इस विनती के उत्तर में, यह संदेश सुनायी दिया– "यदि तू वास्तव में अपने इस भयंकर रोग से मुक्ति पाना चाहता है, तो शिरडी जाकर साईबाबा के कमलचरणों में शरण ले।"

नानासाहेब चांदोरकर उनके एक पुराने परिचित मित्र थे। उन्हें यह भी विदित था कि वह साईबाबा के परम भक्तों में एक हैं ! अतः उन्होंने अपनी बीमारी के पूर्ण विवरण के साथ, अपने उचित मार्गदर्शन हेतु, उन्हें एक पत्र लिखा। उन्होंने उनसे यह भी विनती की कि वह किसी प्रकार उन्हें अपने साथ शिरडी ले जाने का कष्ट करें।

पत्र मिलते ही, नानासाहेब ने अपने एक वाहक द्वारा भीमापाटील के पास, बाबाश्री की उदी की एक पुड़िया भेज दी और उन्होंने उन्हें यह संदेश भी दिया कि अगले सप्ताह जब वह बाबाश्री के दर्शनार्थ शिरडी जायेंगे, तो वह उन्हें अपने साथ अवश्य ले लेंगे। तब तक इस पुड़िया की उदी जल में घोलकर, वह प्रतिदिन प्रयोग करें और पूर्ण आस्था और श्रद्धा के साथ बाबाश्री के नाम का प्रतिदिन स्मरण करें।

भीमापाटील ने जल में थोडी सी उदी मिलाकर प्रतिदिन प्रयोग करनी प्रारंभ कर दी। वह शिरडी जाने के लिये नानासाहेब की बड़ी उत्सुकता से प्रतीक्षा करने लगे। इसी प्रतीक्षा में तीन दिन व्यतीत हो गये और उदी के प्रयोग

से भी उन्हें अपने रोग में कोई संतोषजनक लाभ अनुभव नहीं हुआ। किन्तु फिर भी बाबा के प्रति उनके मन में उत्पन्न हुये विश्वास में, कोई कमी नहीं आयी। वह दिनरात बाबा के नाम का स्मरण करने लगे।

पांचवें दिन जब नानासाहेब, अपने मित्र भीमापाटील के घर नारायण गांव पहुंचे, तो अपने मित्र की इस गंभीर दशा को देखकर, उनका हृदय भी विह्वल हो उठा ! उन्होंने एक पूर्ण विश्वास के साथ भीमापाटील को सान्तावना देते हुये कहा–

"बाबाश्री तो बड़े दयालु और कृपालु हैं ! वह शिरडी की पावन धरती का एक ऐसा अनोखा संत है, जो सदा ही कष्टों में सबकी रक्षा करता है ! वह तुम्हारा रोग भी अवश्य ही ठीक कर देंगे। और तुम उनकी दया और आशीर्वाद से अवश्य ही पूर्ण स्वस्थ हो जाओगे।"

नानासाहेब के इस आश्वासन ने भीमापाटील पर मानसिक रूप से एक गहन प्रभाव किया ! अन्ततः नानासाहेब उनके परिवार के एक निकट सम्बन्धी के साथ, उन्हें नारायण गांव से शिरडी ले आये।

फिर साईश्री के अद्‌भुत चमत्कार और उनकी असीम कृपा से, वह धीरे धीरे तीन दिन के अन्दर पूर्ण निरोग और स्वस्थ हो गये। एक चिरसंतोष के साथ अपने गांव वापस लौट आने पर, अब भीमापाटील ने स्वयं को पूर्णरूप से साईश्री की भक्ति में समर्पित कर दिया। उन्होंने प्रत्येक गुरूवार को अपनी **साईभक्ति** की पुण्यस्मृति में, नियमित रूप से उपवास रखना प्रारंभ कर दिया था। उन्होंने अपने इस व्रत को **सत्यसाई व्रत** के नाम से सभी भक्तों के मध्य प्रमुखता से प्रचलित किया।

❋❋❋

सन् 1910 में दीपावली के शुभ पर्व पर साईश्री ने अपने सभी भक्तों के सम्मुख अपनी सर्वव्यापकता और दयालुता का एक बार पुनः परिचय दिया था ! वह उस समय अपनी धुनी के समीप बैठकर, अग्नि ताप रहे थे। अपने ही विचारों में लीन साईश्री ने, अचानक अपना सीधा हाथ उस प्रज्वलित धुनी

के अंदर डाल दिया और उस प्रज्वलित धूनी में उनका हाथ पूर्णरूप से झुलसने लगा ! उनके समीप बैठे हुये शामा ने तत्काल ही साईश्री का हाथ बलपूर्वक धूनी से बाहर खींच लिया और वह अपने रुंधे हुये स्वरों में बोले--

"यह आपने क्या किया देवा ? हमारे किस अपराध के लिये, आपने अपना हाथ इस तरह जला लिया है ?"

अगले क्षण ही साईश्री ने स्वयं को संयत किया और वह बोले– "मुझे अपना हाथ जल जाने का कोई दुख नहीं है शामा। मुझे इस बात का हर्ष है कि मैं आज अपने एक भक्त के, एक मात्र मासूम शिशु के प्राण बचाने में सफल हो सका हूँ। अभाग्यवश उसका शिशु फिसलकर जलती भट्टी में गिर गया था। मैंने धूनी में अपना हाथ डालकर, उसके प्राण बचा लिये हैं !"

नानासाहेब को जब शामा के पत्र द्वारा साईश्री के हाथ जलने का समाचार प्राप्त हुआ, तो वह अत्यंत ही दुखी और अशान्त हो उठे ! वह उसी दिन बंबई के एक सुप्रसिद्ध डाक्टर श्री परमानंद के साथ कुछ आवश्यक दवाइयां, लेप और इन्जेक्शन इत्यादि लेकर, शीघ्र ही शिरडी पहुंच गये।

उन्होंने साईश्री से प्रार्थना की कि वह डाक्टर परमानंद को, जले हुये हाथ के घावों का परीक्षण करने दें, जिससे जले हुये हाथ का समुचित डाक्टरी उपचार हो सके।

किन्तु साईश्री ने उनकी इस प्रार्थना को यह कहते हुये अस्वीकार कर दिया–"मेरा डाक्टर, मेरा अल्लाह ! मेरा मालिक, हर क्षण मेरे साथ है ! मुझे किसी अन्य डाक्टर के उपचार की कोई आवश्यकता नहीं है नाना !"

इस तरह नानासाहेब द्वारा हरसंभव प्रयास करने पर भी, डॉ. परमानन्द की दवाइयों का डिब्बा शिरडी में नही खुल सका। बस साईश्री ने कुष्ठ पीड़ित भक्त भागोजी सिंधिया को, प्रतिदिन उनके जले हुये हाथ के घावों पर घी मलने के पश्चात्, उसके ऊपर एक पत्ता रखकर, एक पट्टी कसकर बांध देने की अनुमति दे रखी थी।

कुछ दिनों के उपरान्त जब साईश्री के हाथ के घाव पूर्णतया भर गये, तभी सब भक्त सुखी हो सके ! किन्तु प्रतिदिन प्रातःकाल के समय, भागोजी द्वारा उस हाथ पर घृत का मर्दन करना और फिर उस हाथ पर कसकर पट्टी बांधना, श्रीसाई बाबा की महासमाधि लेने तक नियमित रूप से चलता रहा! यथार्थ में घाव पूर्णरूप से ठीक हो जाने के पश्चात्, भागोजी द्वारा इस चिकित्सा की कोई आवश्यकता नहीं थी। किन्तु, भागोजी की यह सेवा, साईश्री ने उनकी नियमित उपासना के रूप में स्वीकार कर ली थी !

***

पिछले अनेक वर्षों से मौत के घने साये नानासाहेब को अपने क्रूर पंजों में दबोचने का निरन्तर प्रयास कर रहे थे ! किन्तु वे साये साईश्री के सटके के भय के कारण, उनके समीप आने का साहस नहीं कर पाते थे।

अन्ततः सन् 1913-14 में अनायास ही नानासाहेब गंभीर रूप से बीमार पड़ गये ! उन्हें अपने गिरते हुये स्वास्थ्य के कारण, अब अपने ऑफिस से तीन माह की एक लम्बी छुट्टी लेने के लिये विवश होना पड़ा। अपनी इस बीमारी के दौरान, वह अपनी पत्नी के साथ शिरडी में आकर रहने लगे।

उदी के नियमित प्रयोग और साईश्री के निकट सान्निध्य के कारण, उनके गिरते हुये स्वास्थ्य में धीरे धीरे सुधार होने लगा और मौत के साये उनके निकट आने का पुनः साहस नहीं कर सके।

इस बीच उनके छोटे पुत्र बापूराव, अब उन्नीस वर्ष के एक युवा बालक हो गये थे। वह पूना के एक कॉलेज में अध्ययनरत थे। वह अपने पिताश्री से मिलने के लिये, प्रत्येक सप्ताह एक बार शिरडी अवश्य आते थे।

एक बार बापूराव ने अपने मन की एक गहरी उदासी के साथ, साईश्री से कहा— "देवा ! पिछले दो माह से बाबू जी आपकी शरण में, शिरडी में रह रहे हैं। किन्तु वह अभी तक पूर्णरूप से निरोग नहीं हो सके हैं। अब तो मुझे उनकी हर क्षण चिन्ता लगी रहती है और इसी कारण मैं अपनी पढ़ाई के साथ भी पूर्ण न्याय नहीं कर पा रहा हूं !"

इस पर साईश्री ने अपनी एक भेदभरी मुस्कान के साथ, बापूराव के शीष पर, अपना एक वरदहस्त रखते हुये कहा--

"तुम्हारा अपने पिताश्री के लिये चिन्तित होना स्वाभाविक है। किन्तु मेरे जीवित रहते हुये, तुम व्यर्थ में अपने पिताश्री की इतनी चिंता न करो। अपने जीवन में तुम सदा वैचारिक सिद्धांतों को अपनाने का प्रयास करो।" –फिर वह एक बूढ़े की हिलती हुई गर्दन की सजीव मुद्रा में, अपना एक हाथ हिलाते हुये अपने मसखरे अंदाज में बापूराव से बोले–

"मी आतां जाईन बापूचे पोटी जन्म घेईन ! त्यावेळी नामार्ध मान आशी अशी हलत असेल।"– (अर्थात् जब मैं इस धरती से चला जाऊंगा, तो बापू के पुत्र के रूप में, पुनः इस धरती पर मानवयोनि में जन्म लूंगा। उस समय नाना इतना बूढ़ा हो जायेगा कि उसकी गर्दन और हाथ ठीक इसी समान हिला करेंगे।)

साईश्री के इस कथन ने नानासाहेब की पत्नी और उनके पुत्र बापूराव को, अब नानासाहेब की बीमारी की चिन्ता से पूर्ण मुक्त कर दिया था। क्योंकि अभी तो बापूराव अविवाहित थे और उनके संतान के जन्म का अभी कोई प्रश्न ही नहीं उठता था। अतः साईश्री के कथनानुसार उन सबको इस बात कर पूर्ण विश्वास हो गया था कि जब तक बापूराव के पुत्र उत्पन्न नहीं होगा, तब तक नानासाहेब हर हालत में जीवित रहेंगे।

कुछ दिनों के उपरान्त, अब नानासाहेब धीरे धीरे पूर्ण स्वस्थ हो गये। पूर्ण स्वस्थ और निरोग हो जाने के पश्चात्, लगभग बीस दिन तक नानासाहेब, अब साईश्री की निष्काम सेवा हेतु, शिरडी में ही ठहरे रहे ! अब उनके मन में साईश्री के **सर्वज्ञ** और **सर्वव्यापी** होने की कोई शंका शेष नहीं रह गई थी ! वह **सुख** और **दुख** की भावना से पूर्णतया दूर हो चुके थे। उन्होंने इस सच्चाई को पूर्णरूप से जान लिया था कि व्यर्थ में इधर उधर भटकने में कोई लाभ-नहीं है ! अतः उन्होंने निरभिमान होकर, अपने पूर्ण समर्पण के साथ, साईश्री को अपना **परम इष्ट** स्वीकार कर लिया था ! इसी कारण अब उन्हें साई भक्ति की मीमांसा का ज्ञान धीरे धीरे प्राप्त होने लगा था !

सन् 1913 से शिरडी में देश के प्रत्येक कोने से आने वाले साई भक्तों की संख्या में अत्याधिक वृद्धि हो गई थी। हिन्दु, मुसलमान और अन्य सभी जातियों और धर्मों के लोग, शिरडी में साईश्री के दर्शनों के लिये एक **समभाव** के साथ एकत्रित होते थे ! वहां उनके मध्य धर्म और जाति के नाम पर, न कभी किसी प्रकार का विवाद हुआ और न कोई परस्पर मतभेद उत्पन्न हुआ!

शिरडी में हर क्षण आने वाले भक्तों की एक भारी भीड़ एकत्रित रहने के कारण, अब साईश्री का अपना निज मानसिक सुख और शान्ति छिन गई थी। अब वह हर क्षण भक्तों से घिरे रहते थे !

इस संदर्भ में, एक बार उन्होंने एक बहुत गहरी निश्वास लेते हुये नानासाहेब से कहा था–

"यह मेरे मालिक की कैसी विचित्र विडम्बना है नाना कि मेरे पास आने वाले लोगों में से अधिकांश लोग, मेरे दर्शनों के लिये, अपनी भौतिक इच्छाओं और कामनाओं की पूर्ति की लालसा में आते हैं ! किन्तु वे मुझसे उस **आध्यात्मिक ज्ञान** के यथार्थ को प्राप्त करने का प्रयास नहीं करते हैं, जो मैं उनके **मोक्ष** और **मुक्ति** के लिये, उन्हें स्वेच्छा से प्रदान करना चाहता हूं।"

सन् 1914 से सन् 1918 के बीच, अब नानासाहेब का साईश्री के साथ अत्यंत ही महत्वपूर्ण और एक निकट आत्मीय सम्बन्ध स्थापित हो गया था। उन्हें अब साईश्री की कृपा की छत्रछाया पूर्णरूप से प्राप्त हो गई थी ! उनकी विशुद्ध और भौतिक इच्छाओं की पूर्ति के बजाय, अब उन्हें साईश्री से **आध्यात्मिक ज्ञान** का यथार्थ प्राप्त हो रहा था !

वह इस सच्चाई को मानने लगे थे कि कोई निर्जीव वस्तु भी, साईश्री जैसे एक सच्चे साधक के सम्पर्क में आ जाती है, जिसका हृदय सदैव **ब्रह्मशब्द** के साथ निरन्तर धड़कता रहता है, तो इस समीप्य से, निर्जीव वस्तु भी सजीव हो उठती है ! इसी कारण एक सच्चे **आत्मबोध** के लिये, अब उनकी अपने सद्‌गुरू के प्रति **एकनिष्ठ** भक्ति ने एक गंभीर मोड़ ले लिया था !

वह अब साईश्री को, अपने **सदगुरू** के रूप में, एक **निर्गुण**, **निराकार**,

सच्चिदानंद का एक साक्षात् **स्वरूप** मानने लगे थे। उन्हें इस सत्य का पूर्ण ज्ञान हो गया था कि ईश्वर ने साईश्री के रूप में, मनुष्य जाति और विश्व के कल्याण के लिये, स्वेच्छापूर्वक पुनः मानव शरीर धारण किया है और वह अपनी कार्यप्रणाली को इस धरती पर सफलतापूर्वक अक्षःरित करने के लिये, उन देवदूतों की पुण्य आत्माओं को भी, मानव योनि में, इस धरती पर अपने साथ लाये हैं, जो अनेक जन्मों से, किसी न किसी रूप में, उनके निकट सामीप्य में रही हैं !

इसी कारण जब भी ईश्वर, मानव की देह धारण करके, इस धरती पर अवतरित होता है, तो उसकी सत्ता की अनन्ता में, कभी कोई प्राकृतिक बाधा उत्पन्न नहीं होती है ! उसके सभी कार्य सुचारू रूप से, उसके अपने मौन संकेतों पर संचालित होते रहते हैं !

साईश्री के महान उपदेशों, शिक्षाओं और दीक्षाओं ने अब नानासाहेब के विचारों में, एक विशाल परिवर्तन उत्पन्न कर दिया था ! उन्हें इस सत्य का पूर्ण आभास हो गया था कि प्रत्येक प्राणी को, अपने प्रत्येक जन्म में, उसके पूर्व कर्मानुसार उसे सुख दुख की प्राप्ति होती है ! फिर **सर्वभूतों** में **आत्मदर्शन** न कर सकने के कारण ही, उसके अन्दर भिन्न भिन्न प्रकार के शोक, मोह और दुख उत्पन्न होते हैं और उनमें निरन्तर वृद्धि होती रहती है !

फिर जब सन् 1918 में दशहरे के शुभपर्व पर साईश्री ने, अचानक महासमाधि ले ली, तो नानासाहेब अन्दर से पूर्णतया टूट गये ! वह स्वयं को उनके बिना एकदम असहाय और अनाथ अनुभव करने लगे ! वह अपने जीवन के उन पावन क्षणों की पुण्यस्मृति के सहारे, जो उन्होंने साईश्री के निकट सामीप्य में उनके साथ व्यतीत किये थे, स्वयं को और अधिक जीवित रखने में पूर्ण असमर्थ अनुभव कर रहे थे !

उन्होंने अपने परिवार और जीवन के प्रति सम्पूर्ण मोह को त्याग दिया था और वह हर क्षण अपने पूजागृह में, साईश्री के चित्र के सम्मुख गुमसुम और उदास बैठे रहते थे !

अन्ततः साईश्री ने अपने इस **अद्भुत देवदूत** को, सन् 1921 में **पृथ्वीलोक**

से, अपने समीप **स्वर्गलोक** में वापस बुला लिया और अचानक उनकी हृदयगति रुक जाने के कारण, उनकी पुण्य आत्मा ने, उनका नश्वर शरीर त्याग दिया !

इस तरह संयोग से साईश्री की 1913 में की हुई, वो भविष्यवाणी पूर्णतया सच सिद्ध नहीं हो सकी कि नानासाहेब तब तक जीवित रहेंगे, जब तक कि उनके पुत्र बापूराव के संतान उत्पन्न नहीं होगी। वास्तव में अपने पिताश्री की एक लम्बी आयु की कामना में, बापूराव ने, अभी तक अपना विवाह जानबूझकर नहीं किया था।

अपने पिताश्री के स्वर्गवास हो जाने के पश्चात्, अपनी मां के अनुरोध पर, सन् 1922 में, उन्होंने अपना विवाह कर लिया। फिर सन् 1923 में सन्तान के रूप में, उनके एक पुत्र उत्पन्न हुआ। अपने पुत्र के उत्पन्न होने के पश्चात्, बापूराव को इस बात का अत्यंत ही दुख था कि साईश्री की भविष्यवाणी के अनुसार, आज उन्हें अपने बूढ़े पिताश्री की हिलती हुई गर्दन और उनके हिलते हुये हाथ कहीं भी दृष्टिगोचर नहीं हो रहे हैं !

नानासाहेब की तृतीय पीढ़ी में, अब उनका पोता श्री पी. आर. चान्दोरकर जीवित है ! उनकी लगभग चौहत्तर वर्ष की आयु हो चुकी है और वह अपने परिवार के अन्य सदस्यों के साथ, अहमदाबाद के मनीनगर के, एक फ्लैट में रहते हैं। उनके पास साईश्री की कुछ बहुमूल्य स्मारक वस्तुयें, जो साईश्री ने नानासाहेब को अपनी पुण्यस्मृति में प्रदान की थीं, आज भी उनके परिवार के पूजागृह में सुसज्जित हैं !

अब मैं इस चतुर्थ अध्याय को यही समाप्त करके, अपनी लेखनी को पुनः कुछ देर के लिये विश्राम दे रहा हूं !

इस पुस्तक के अंतिम अध्याय में, अब मैं बायजा मां और उनके बेटे तात्या कोते के उन परिदृश्यों को प्रस्तुत करने जा रहा हूं, जो साईश्री से संबंधित हैं !

卐 ॐ श्री साई मार्गबन्धवे नमः 卐

***

वायजा मां द्वारा साईश्री को नित्य भोजन कराने के आत्मदर्शन

पंचम अध्याय

❖ वायजामां एवं श्री तात्या कोते ❖

अब मैं इस पुस्तक के अन्तिम अध्याय में, साईश्री की एक अनन्य परमभक्त वायजाबाई और उनके पुत्र के जीवन चरित्र पर प्रकाश डालने का प्रयास कर रहा हूं। मैं उनके जीवन के उन मूल दृष्टान्तों ओर परिदृश्यों को कुछ प्रसंगों सहित, इस पंचम अध्याय में सम्मिलित कर रहा हूं, जो केवल भगवान श्री साईनाथ से ही सम्बंधित हैं ! इसके अतिरिक्त मैंने उन घटनाओं का इस अध्याय में विस्तार पूर्वक विवरण नहीं दिया है, जिन्हें इससे पूर्व के अध्यायों में, मैं सविस्तार सम्मिलित कर चुका हूं। अतः क्रम को नियोजित रखने हेतु, मैंने आवश्यकता पड़ने पर उन घटनाओं का संक्षिप्त में मात्र उल्लेख किया है।

वायजाबाई के पति श्री अप्पापाटिल शिरडी ग्राम के एक धनी कृषक परिवार से संबंधित थे। उनके पास उनके पुरखों की पर्याप्त जमीन थी और उस जमीन के अधिकांश भाग पर खेतीबाड़ी होती थी। उनकी पत्नी बायजावाई शुरू से ही ईश्वर के आध्यात्मिक चिन्तन से जुड़ी हुई थीं। उनकी रूचि संध्यापूजन जैसे धार्मिक कार्यों में सदा संलग्न रहती थी। वह नित्य रामायण और गीता का पाठ भी किया करती थीं ! उनका ऐसा विश्वास था कि ईश्वर की भक्ति और चिन्तन से, सदा ही प्रत्येक प्राणी को एक **आत्मशक्ति** प्राप्त होती है, जो उसके नश्वर काया को **मोक्ष** दिलाने में सदा सहायक सिद्ध होती है !

संतान के रूप में, वायजाबाई का, बस एकमात्र पुत्र तात्यापाटिल था, जिसका जन्म लगभग सन् 1852 में हुआ था। सन् 1859 में नाना चोपदार की मां ने, साईश्री को, उनके शिरडी में प्रथम आगमन के दौरान, एक सोलह वर्षीय बालक के रूप में सर्वप्रथम नीम के वृक्ष के तले, घोर तपस्या करते हुये देखा था। उस समय तात्यापाटिल मात्र सातआठ वर्ष का एक बालक था। वह उसी

स्कूल में पढ़ता था, जहां माधवराव देशपांडे जी ने एक अध्यापक के रूप में लगभग सन् 1865 में अपनी नौकरी प्रारंभ की थी !

अपने कुछ सहपाठियों से, जब तात्या ने एक फकीर द्वारा नीम के वृक्ष के तले घोर तपस्या के विषय में सुना, तो उत्सुकतावश उसे देखने के लिए, तात्या भी अपने कुछ मित्र सहपाठियों के साथ उस नीम के वृक्ष की ओर चला गया ! वहां जाकर उस बालक तात्या के अन्तरमन में भी अनायास ही एक विशेष अनुभूति सी उत्पन्न हुई ! उसने घर आकर अपनी मां को बताते हुये कहा– "आई आई सुन सुन ! लिब झाड़ा जावड़ एक मुलगा तपस्या करत आहे!"

अपने पुत्र के मुख से उस तरूण फकीर के विषय में सुनकर, वायजाबाई के मन में भी, उसको देखने की जिज्ञासा उत्पन्न हुई ! जब वह अपने पुत्र तात्या एवं पति अप्पापाटिल के साथ नीम के वृक्ष के निकट पहुंची, तो वहां पर गांव के अनेक परिवार के लोग पहले से ही एकत्रित थे ! म्हालसापति और काशीराम भी वहा मौजूद थे !

अपने सम्मुख एकत्रित भीड़ से अप्रभावित वो तरूण फकीर, अब भी अपने दोनों नेत्र मूंदे हुये, अपनी तपस्या में पूर्ण रूप से लीन था ! किन्तु जब वायजाबाई उस भीड़ में सम्मिलित हुईं, तो एक क्षण को उस तरूण फकीर ने अपने दोनों नेत्र खोलकर, बडे सम्मान से उनकी ओर देखा। फिर अपनी सक्रिय चेतना द्वारा, उसने वायजाबाई को अपने एकात्म का बोध कराने के उपरान्त, अपने दोनों नेत्र पुनः पहले के समान मूंद लिये ! उसकी इस प्रतिक्रिया का, वहां उपस्थित म्हालसापति जी, अप्पा पाटिल ने भी पूर्ण आभास किया ! उन्हें लगा कि यह अद्भूत तरूण फकीर अपनी इस कर्मभूमि पर मानवधर्म के मूल्यवान **सत्य** को प्रतिष्ठित करने के लिये एवं ईश्वर प्राप्ति का **उत्कृष्ट** और **सुलभ** मार्ग दिखाने हेतु, इस धरती पर अवतीर्ण हुआ है !

❋ ❋ ❋

वहां से वापस आने के पश्चात्, वायजाबाई सारी रात अपने अन्तरमन में एक विचित्र सी बेचैनी अनुभव करती रहीं ! यह सोच सोचकर उनका कोमल

हृदय विदीर्ण हो उठा कि यह तरूण फकीर दिन रात भूखा प्यासा अपनी तपस्या में कैसे लीन रहता होगा ? अतः अगले दिन वह एक टोकरी में थोड़ी सी रोटियां, चटनी और सब्जी रखकर, अपने पुत्र तात्या के साथ उस तरूण फकीर के पास पुनः आ गईं, जो नीम के वृक्ष तले अब भी अपनी घोर तपस्या में लीन था !

वायजाबाई के वहां पहुंचते ही, उस तरूण फकीर ने अपने दोनों नेत्र खोलकर, अपनी एक मधुर मुस्कराहट के साथ उनका पुनः स्वागत किया और फिर उसने उनसे कहा–

"तूने मेरे लिये भोजन लाने का कष्ट क्यों किया माई ?"– फिर वह उनके समक्ष अपने भरे हुये पेट का एक झूठा दिखावा करने के लिये, अपने कंठ से एक डकार लेते हुये बोले– "मेरा पेट तो पूर्ण रूप से भरा हुआ है माई । तू यह भोजन गांव के दीन दुर्बल लोगों में बांट दे !"

किन्तु वायजाबाई ने उनके इस कथन को अनसुनी कर दिया। फिर एक केले के पत्ते पर भोजन परोसने के पश्चात्, जब उन्होंने उस तरूण फकीर को भोजन ग्रहण करने के लिये पुनः बाध्य किया, तो अब उस तरूण फकीर को वायजाबाई का भक्तिभाव से परिपूर्ण आग्रह मानने के लिये विवश होना पड़ा ! उन्होंने केले के पत्ते पर परोसे हुये भोजन से केवल तीन ग्रास ग्रहण करके, वायजाबाई को अपने **तन**, **मन** और **वचन** से अपनी मां के रूप में स्वीकार कर लिया ! अब उनके मुखमंडल पर एक ऐसा दिव्य तेज प्रदीप्त हो उठा था कि वायजाबाई को उस तरूण फकीर की आध्यात्मिक शक्ति का पूर्ण आभास हो गया। अब उन्होंने इस तरूण फकीर को प्रतिदिन अपने घर से भोजन लाकर, उसे प्रेमपूर्वक भोजन कराने का मन ही मन संकल्प कर लिया!

फिर अगले दिन उस तरूण फकीर की दैवीय शक्ति के कारण, एक भक्त में भगवान खंडोवा का संचार होने के पश्चात्, सबके समक्ष इस तथ्य का रहस्योघाटन हुआ कि इस नीम के वृक्ष के तले, उस तरूण फकीर के गुरू की समाधि है। और इस तरूण फकीर ने सहस्त्रों वर्ष पूर्व अपने पिछले

किसी जन्म में, इस स्थान पर लगभग बारह वर्षों की कठोर तपस्या की है। जब सबको प्रमाण सहित यह रहस्य विदित हुआ, तो अब सबके मन उस ब्रम्हज्ञानी के प्रति श्रद्धा से भर उठे !

किन्तु उसी दिन वो तरूण फकीर, अनायास ही रात्रि में चुपचाप वहां से कहीं अदृश्य हो गया !

म्हालसापति ने अपने मित्र काशीराम, अप्पाजोगले और शिरडी के कुछ अन्य ग्रामवासियों के साथ, उस तरूण फकीर की आसपास के धने वनों में पूर्ण खोज की ! किन्तु कोई भी उस तरूण फकीर को कहीं भी पुनः नहीं पा सका !

इस तरह शिरडी से उसके अचानक अदृश्य हो जाने के कारण, अब वायजाबाई दिनरात अत्याधिक उदास रहने लगीं ! वह प्रतिदिन इस आशा में अपना भोजन लेकर, उस नीम के वृक्ष निकट आती थीं कि उन्हें वो तरूण फकीर वहां आज अवश्य ही मिल जायेगा। और वो उसे अपने सम्मुख बैठाकर उसको अपने पुत्र के समान भोजन करायेंगी ! इस सुखद घड़ी की प्रतीक्षा में न जाने कितने दिन..... महीने.... और फिर धीरे धीरे अनेक वर्ष बीत गये! किन्तु सन् 1870 तक वो फकीर पुनः शिरडी वापिस नहीं लौटा।

एक दिन वायजाबाई एक टोकरी में खाना रखकर, अपने मन में एक गहरी उदासी और असन्तोष लिये हुये, नीम के वृक्ष के तले उस तरूण फकीर की प्रतीक्षा में एकदम उदास और गुमसुम सी खामोश खड़ी थीं, तो म्हालसापति ने नीम के वृक्ष के तले अपना दीपक जलाने के पश्चात, उनके समीप आकर कहा–

"किस सोच में इतना डूबी हुई हो वायजाबाई ?"

अपने नेत्रों में झलक आये आसुओं को पोंछते हुए वायजाबाई ने एक बहुत गहरी और ठंडी विश्वास के साथ उत्तर दिया– "वायजा जब डूबती है, तो बस उस तरूण फकीर के गहरे सोच में ही डूबती है ! मेरे अन्दर एक मां की ममता उत्पन्न करके, न जाने वो अद्भुत संत अचानक कहां चला गया है ? इस आशा में, मैं उसके लिये हर रोज खाना बनाकर लाती हूं कि आज

वह अवश्य ही वापस लौट आयेगा, और मुझसे खाना मांगेगा। किन्तु आज तक वह न कभी वापस लौटा है... और न उसने मुझसे खाना मांगा है !"

वायजाबाई के इस कथन को सुनकर, म्हालसापति का हृदय भी अन्दर अत्यंत ही भावुक हो उठा ! उन्होंने अपने संयत स्वरों में उत्तर दिया–

"यह सचमुच शिरडीवासियों का कितना बड़ा दुर्भाग्य है वायजा कि एक महान और अद्भुत संत, सबके कल्याण हेतु इस शिरडी में आया था! किन्तु इस ग्राम के कुछ मूर्खों की मूर्खता के कारण, वह यहां से अचानक ही न जाने कहां अदृश्य हो गया है ?"

"सच बताओ म्हालसा, उसके जाने के बाद, क्या तुमने आज तक, अपने खंडोवा की कभी चाव से पूजा की है ?"

"तुम ठीक कहती हो वायजाबाई उसके जाने के बाद, मेरे मंदिर की मूर्ति भी ईंट और पत्थर के समान निर्जीव सी लगने लगी है ! सच तो यह है कि वह यहां से क्या गया, मेरे खंडोवा को भी वह अपने साथ ले गया है !"

❊ ❊ ❊

वास्तव में ईश्वर के प्रत्येक अवतार के रंग हजार होते हैं ! और हर रंग के सदा अगणित रूप होते हैं ! इसी कारण वह अपने प्यार करने वालों और भक्तों की अक्सर इसी समान कठिन और कठोर परीक्षा लेता है !"

अन्ततः सन् 1870 में, जब वो तरूण फकीर चांदपाटिल की छोटी बहन के निकाह में सम्मिलित होने वाले, अन्य बरातियों के साथ, पुनः शिरडी वापस लौट आया, तो सर्वप्रथम म्हालसापति ने ही **साई** सम्बोधन के साथ उसका शिरडी में पुनः सर्वप्रथम स्वागत किया। फिर उस संत के पुनः शिरडी आगमन की सूचना, एक तेज लहर के समान, समस्त शिरडीवासियों के मध्य फैल गई !

म्हालसापति से, अपने इस नये **साई** का सम्बोधन लेने के उपरान्त, जब वो तरूण संत, **साईबाबा** के रूप में, नीम के वृक्ष के तले अपने गुरू की

समाधि को प्रणाम करने पहुंचा, तो उस समय अपने पुत्र तात्या के साथ वायजाबाई भी अपने नेत्रों में ढेर सारे अश्रु समेटे हुये, वहीं उनकी प्रतीक्षा कर रही थीं !

अचानक साईबाबा को अपने सम्मुख पाकर, अब वायजाबाई अपने आंसुओं पर नियंत्रण नहीं रख सकीं और वह उनके सम्मुख सिसक सिसक कर रोने लगीं ! साईबाबा ने स्वयं अपने हाथ से, उनके नेत्रों से बहते हुये आसुओं को पोंछते हुये कहा–

"बस करो मां.... ! बस करो ! अपने नेत्रों से इतने अश्रु न बहाओ, जिन्हें देखकर तुम्हारा यह बेटा भी रो पड़े !"

वायजाबाई ने अपनी प्यार भरी एक झिड़की के साथ, साईश्री का हाथ अपने नेत्रों से हटाते हुये कहा–

"मुझे मां कहते हो ! और अपनी मां से बिना कुछ कहे इतने वर्षों के लिए तुम अचानक कहीं चले गये ? तुमने जाने से पहले एक क्षण भी यह नहीं सोचा कि तुम्हारे जाने के बाद, तुम्हारी यह मां कैसे जीवित रह सकेगी ?"

एक मां की प्यार भरी झिड़की को सुनकर, अब साईश्री ने बहुत स्नेह से तात्या के शीष पर अपना आशीर्वाद स्वरूप एक हाथ रखते हुये वायजा मां से कहा–

"यदि मैं तुम्हें छोड़कर कहीं चला गया था मां, तो तुम्हारा अपना यह सगा बेटा तो तुम्हारे पास था ! किन्तु मेरे पास तो तेरी यादों के अतिरिक्त और कोई अन्य **मां** नहीं थी !"

अब वायजा मां ने एक गहरी और लम्बी निश्वास लेते हुये साईश्री से कहा– "अरे पगले ! यदि रामायण के पृष्ठों को पलटकर देखोगे, तो उनमें सदा यही पाओगे कि सुमित्रा अपने पुत्र लक्ष्मण के लिए नहीं; बल्कि अपने बेटे राम के वियोग में रोई है ! तुम सचमुच कितने निष्ठुर और निर्मोही हो गये थे, जो

तुम अपनी इस मां के प्यार और ममता को नहीं समझ सके और चुपचाप इतने वर्षों के लिये यहां से न जाने कहां चले गये ? इसलिये आज तुम्हें अपनी इस **मां** को, एक वचन देना होगा !"

इस पर एक भेदभरी मुस्कान साईबाबा के अधरों पर सिमट आई ! वह क्षणिक मुस्कराते हुये, अपने शान्त स्वरों में बोले– "मुझे तो तेरी प्रत्येक आज्ञा पहले से ही सदा शिरोधार्य है मां ! तू निसंकोच होकर, जो भी चाहो, मुझसे वचन मांग सकती हो।"

"तो फिर तुम मुझे वचन दो कि इस शिरडी को छोड़कर फिर कभी पुनः कहीं नहीं जाओगे ! और मेरे बाद तुम मेरे तात्या का सदा पूर्ण संरक्षण करते रहोगे !"

इस पर साईश्री ने अपने सहज भाव में वायजा मां को अपना विश्वास दिलाते हुये कहा– "मुझे तेरा यह वचन सहर्ष स्वीकार है मां !"– अभी साईश्री का अपना यह कथन पूरी तरह पूर्ण भी नहीं हो पाया था कि अनायास ही म्हालसापति जी भी उन्हें ढूंडते हुये, अपने मित्र काशीराम और अप्पाजोगले के साथ वहीं आ गये।

***

फिर उन तीनों ने मिलकर गांव की एक टूटी फूटी मस्जिद में, अब साईबाबा के रहने की पूर्ण व्यवस्था कर दी थी। साईश्री ने उस मस्जिद में सहर्ष अपना डेरा जमा लिया। उस मस्जिद में अपना स्थायी रूप से डेरा जमाने से पूर्व, उन्होंने अपनी **यौगिक** एवं **दैवीय** शक्ति के सहारे, वहां सर्वप्रथम एक धूनी प्रज्वलित की ! इस पवित्र धूनी के विषय में भी अनेक लेखकों के अपने अलग अलग मत और विचार हैं ! किन्तु इस सन्दर्भ में मेरा अपना निज मत यही है कि साईश्री ने अपनी **अष्ट महासिद्धियों** के सहारे, नीम के वृक्ष के तले अपने गुरू की समाधि पर जलते हुये चारों दीपों को, वहां से स्थानान्तरण करके, इस पवित्र धूनी को प्रज्वलित किया था। उनके गुरू की समाधि पर जलते हुये चारों दीप **सत्य**, **धर्म**, **प्रेम** और **शांति** के प्रतीक थे।

और इनके सहारे ही साईश्री ने अपनी धूनी के सम्मुख बैठकर, इस धरती पर **समभाव** की एक पवित्र मशाल प्रज्वलित की थी !

सन् 1870 में, लकड़ी के तख्ते पर शयन की घटना के उपरान्त, अब साईश्री ने तात्या पाटिल को भी, म्हालसापति के साथ अपनी मस्जिद में शयन करने की, अनुमति प्रदान कर दी थी। रात्रि में शयन करते समय सदा ही इन तीनों के पैर एक दूसरे के पैरों से जुड़े रहते थे ! बिस्तर पर लेटे लेटे वे तीनों प्रेमपूर्वक परस्पर वार्तालाप किया करते थे ! किन्तु उनकी वार्तालाप का विषय क्या रहता था इस संदर्भ में कोई भी प्रमाणित विवरण प्राप्त नहीं हो सका है, जिसका मैं इस कड़ी में उल्लेख करूं ! सम्भवतः इन तीनों के वार्तालाप **आध्यात्मिक विवेचनाओं** और तर्कों पर आधारित होते होंगे और साईश्री के निकट सान्निध्य में रहकर, उन्हें अवश्य ही **आत्मज्ञान** एवं **ब्रम्हज्ञान** की अनुभूति प्राप्त होती होगी ! भगवान श्रीकृष्ण ने भी अपनी गीता में कहा है कि ईश्वर के साक्षात्कार को प्राप्त करने के लिये, किसी योग्य संत या फिर सदगुरू के पावन चरणों में, उसका समर्पित भाव से पूर्ण आश्रय लेना ही, सबसे सुलभ उपाय है! इसी कारण आध्यात्मिक ज्ञान की उपलब्धि हमें सदा सदगुरू की कृपा एवं आशीर्वाद से ही प्राप्त होती है !

जो भी प्राणी अपने ज्ञान के सहारे **सत्** एवं **असत्** का विवेक प्राप्त करने का प्रयास करता है, तभी वह ईश्वर की लीला को समझने के योग्य बन पाता है, और उसकी आध्यात्मिक उन्नति तभी सम्भव है !

वास्तव में साईश्री ईश्वर के एक ऐसे साकार स्वरूप थे, जो बाह्य रूप से सबके समक्ष सदा एक अनोखे संत और फकीर का अभिनय करते थे। किन्तु आन्तरिक रूप से वह सदैव ईश्वर की तपस्या में **आत्मलीन** रहते थे और इस धरती के प्रत्येक प्राणी में, वह ईश्वर के दर्शन का अनुभव प्राप्त करते थे ! सुख के प्रति उनके मन में कभी कोई आकर्षण और लालसा नहीं थी और दुख में वह कभी विचलित नहीं होते थे ! उनकी कृपा मात्र से एक **रंक** भी **राजा** बन सकता था ! किन्तु वह स्वयं शिरडी में लोगों के द्वार द्वार पर घूमकर भिक्षा मांगा करते थे !

उनके वे कुछ भक्त, जिन्होंने उनकी **आत्मशक्ति** को पूर्णरूप से पहचान लिया था, वे अब यह नहीं चाहते थे कि साईश्री लोगों के द्वार पर जाकर भिक्षा मांगे ! इसी कारण वायजा मां प्रतिदिन साईश्री के लिये स्वयं भोजन बनाकर लाती थीं ! जब कभी भी साईश्री उन्हें मस्जिद में नहीं मिलते थे, तो वो उनकी खोज में समीप के धने वन में इधर उधर भटका करती थीं !

एक बार वायजा मां के मन में साधारण भोजन की बजाय, अनेक प्रकार के विशिष्ट और स्वादिष्ट व्यंजन बनाकर, साईश्री को भोजन खिलाने की इच्छा उत्पन्न हुई। सभी प्रकार के अनेक व्यंजन तैयार हो जाने के उपरान्त, वायजा मां ने आज भोजन एक टोकरी में ले जाने की बजाय, एक थाली में सजाकर ले जाने का निश्चय किया।

अभी वह साईश्री हेतु, भोजन की थाली सजा ही रही थीं कि उनका पुत्र तात्या स्वयं भोजन करने के लिये, रसोईघर में आ पहुंचा ! वह भोजन की सजी हुई थाली को देखकर बोला–

"मां मुझे बहुत तेज भूख लगी है ! ला मुझे जल्दी से यह थाली ऐसे ही दे दे। इस तरह थाली को और सजाने की कोई आवश्यकता नहीं है !"– फिर जब तात्या ने उस थाली को अपनी ओर खींचने के लिये, जैसे ही अपना हाथ आगे की ओर बढ़ाया, तो वायजा मां ने उसका हाथ बीच में ही रोकते हुये कहा–

"इस थाली को हाथ मत लगाना। यह थानी साई महाराज की है ! थोड़ी देर धीरज रख, मैं साई महाराज को भोजन कराकर, अभी दस मिनट में वापस आती हूं। तब तक तेरे बापू भी आ जायेंगे तभी मैं आकर तुम दोनों को भोजन परोसती हूं।"

अगले क्षण ही अपने तेज कदमों से वायजा मां भोजन की थाली लेकर मस्जिद में आ गईं। सौभाग्य से उस समय आज साईश्री मस्जिद में ही मौजूद थे और वह विचारमग्न बैठे हुये, किसी गहनतन्द्रा में डूबे हुये थे ! वायजा मां ने बहुत स्नेह से उनके सम्मुख भोजन की थाली रखते हुये कहा–

"आज आपने सुबह से अभी तक कुछ नहीं खाया है। मैं आपके लिए गरमागरम भोजन लाई हूं।"

साईश्री ने एक क्षण को उस थाली की ओर देखा, जिसमें विविध प्राकर के स्वादिष्ट व्यंजन परोसे हुये थे। उन्होंने एक दीर्ध निश्वास लेते हुये कहा--

"इतने राजस्वी भोजन की मुझे कोई आवश्यकता नहीं है मां ? मैं ठहरा एक फकीर और खुदा का एक नेक बंदा ! मुझे जब भी भूख लगेगी, तो भीख मांगकर, बासी रोटी के टुकड़े ही, मेरे लिऐ पर्याप्त हैं ! यह राजस्वी भोजन तुम वापस ले जाओ मां और घर में जो लोग इस समय भूखे हैं, उन्हें जाकर भोजन कराओ !"

इस पर वायजा मां क्षणिक झुझला उठीं और तुनककर बोलीं– "मैं न तो यह भोजन यहां से वाप्स ले जाऊंगी ! और न मैं यहां से तब तक कहीं जाऊंगी, जब तक कि आप भोजन ग्रहण नहीं करेंगे! भोजन शुरू कीजिये देवा; अन्यथा यह सब ठंडा हो जायेगा।"

साईश्री की शिक्षा के रास्ते सदा से **अनोखे**, **अबोधगम्य** और **रहस्यपूर्ण** रहे हैं ! उनकी **परम्परायें** थी ईश्वर के अन्य अवतारों से सदा भिन्न रही हैं! जब भी उनका कोई भक्त अपने अन्दर के **अहं** के कारण अपने सत्कर्मों से विचालित होने लगता था, तो वह ज्ञान के अद्‌भुत प्रकाश द्वारा, उसे उसकी भूल का एहसास करा देते थे। अतः उन्होंने वायजा मां को पुनः समझाते हुये कहा –

"अपने इस बेटे से इस तरह व्यर्थ में यू नाराज न हो मां ! यदि तुम भोजन वापस ले जाना नहीं चाहती हो, तो सामने की उस कुंडी में सारा भोजन डाल दो और समझ लो कि मैंने उसे ग्रहण कर लिया है !"

अपनी निष्ठापूर्वक सेवा के बदले में, इस उपेक्षा पर वायजा मां अन्दर से तिलमिला उठीं ! क्रोध में अब वह क्षणिक झुंझलाकर बोलीं–

"मैं आज यह भोजन कितनी श्रद्धा और प्यार से आपके लिये

विशेष रूप से बनाकर लाई थी देवा ! और आप इसे गांव के कुत्तों और बिल्लियों को खाने के लिये, कुंडी में डालने का मुझे आदेश दे रहे हैं ! आपका यह न्याय तर्कसंगत नहीं है देवा ! आपकी कृपा से ईश्वर ने मेरे पति को इतना संपन्न बनाया है कि आठ दस लोगों के प्रतिदिन भोजन का भार, हम सहर्ष वहन कर सकते हैं। मेरी समझ में नहीं आता है कि मेरे होते हुये, इस तरह लोगों के द्वार पर जाकर, आपको भिक्षा मांगने की क्या आवश्यकता है ?"

वायजा मां के इस **अहं** के ताप को जब साईश्री सहन नहीं कर सके, तो वह उनके समक्ष से हटकर, अपनी उस धूनी के सम्मुख आकर बैठ गये, जिसमें वह सदा ही अपने भक्तों के कुविचारों और अहंकार की आहुति दिया करते थे ! उन्होंने इस प्रज्वलित धूनी में लकड़ी के कुछ टुकड़े डालकर, धूनी की लौ को तेज करते हुये कहा –

"धन और सम्पत्ति तो चंचल है मां ! और यह शरीर भी नाशवान है ! समस्त भौतिक पदार्थों का मोह त्यागकर, जो **पलायन** करता है, तो **ईश्वर** सदा उसकी ही अविलम्ब सहायता करता है ! इसी कारण मैं अपने भक्तों के ऐसे कर्मों को सदा रोकने का प्रयास करता हूं, जो उनके **अहं** को तुष्ट करते हों... और उनके **अहंकार** का पालनपोषण करते हों ! क्योंकि प्रत्येक प्राणी का अपना ऐसा **अहं** और **अहंकार** ही, उसके आध्यात्मिक मार्ग की उन्नित में सदा एक बाधा उत्पन्न करता है !"

साईश्री के इस कथन को सुनकर, वायजा मां को अगले क्षण ही अपनी भूल का एहसास हुआ ! अब वह उनके समक्ष अपनी भूल की क्षमा मांगती हुई बोलीं– "मुझे क्षमा कर दो देवा ! कुछ क्षणों के लिये अनजाने में, मैं अहंकार से भर गई थी !"– फिर जब वह थाली को लेकर, भोजन को कुंडी में डालने हेतु, जैसे ही आगे की ओर जाने लगीं, तो साईश्री ने भोजन की थाली, अब स्वयं उनके हाथ से ले ली। उन्होंने नैवेद्य स्वरूप थाली का भोजन ग्रहण करने के उपरान्त, वायजा मां को वो भोजन प्रसाद के रूप में, अन्य भक्तों के मध्य बांटने का निर्देश दिया !

* * *

इस घटना के पश्चात्, वायजा मां ने भविष्य में फिर कभी साईश्री के लिये भोजन हेतु विशेष रूप से विशिष्ट व्यंजन बनाकर नहीं लाईं ! किन्तु प्रतिदिन दोपहर के भोजन के समय, वह एक टोकरी में रोटी और भाजी लेकर नियमित रूप से मस्जिद में अवश्य आती थीं। जब उन्हें साईश्री मस्जिद में नहीं मिलते थे, तो वह कुछ देर तक उनकी वहीं प्रतीक्षा करती रहती थीं ! फिर जब वह साईश्री की प्रतीक्षा करते करते थक जाती थीं, तो वह भोजन की टोकरी लेकर, अपने साई की खोज में घने जंगलों की ओर निकल जाती थीं ! दूर दूर तक घने जंगलों में साईबाबा की खोज में भटकने के पश्चात्, वह उन्हें ढूंढ़ पाने में समर्थ हो पाती थीं ! उस घने वन में उन्हें सदा ही बाबाश्री एकान्त में, एक ओर शान्त और ध्यानमग्न बैठे हुये नजर आते थे !

वह कुछ देर तक अपनी एकटक दृष्टि से उन्हें बड़े प्यार और दुलार से निहारती रहती थीं ! फिर वह अपनी स्नेहपूर्ण झिड़की के साथ लगभग रोती हुयी कहती थीं–

"तुम यहां कितने आराम से बैठे हो महाराज ? और मैं तुम्हें ढूंढ़ते ढूंढ़ते थक गयी हूं ! तुम अपनी इस वायजा मां को इतना क्यों सताते हो साई ? कितने निष्ठुर हो गये हो तुम, जो इतना भी नहीं समझते हो कि अब तुम्हारी यह वायजा मां बूढ़ी हो चली है, और तुम्हें इन धने जंगलो में खोजते खोजते थक जाती है ! भगवान के घर से मेरा न जाने कब बुलावा आ जाये। यदि ऐसा हो गया, तो फिर तुम्हें इस तरह ढूंढ़ ढूंढ़कर कौन भोजन करायेगा?"

वायजा मां की इस प्यार भरी झिड़की पर साईबाबा सहज ही मुस्करा उठते थे ! और एक आज्ञाकारी बालक के समान, वह वायजा के सम्मुख भोजन करने बैठ जाते थे ! वायजा की इस विचित्र सेवा और उपासना पर वह आत्मविभोर हो उठते थे ! जब वायजा एक मां के समान बहुत प्यार और दुलार से स्वयं कौरा बनाकर, उन्हें अपने हाथ से खिलाती थीं, तो साईबाबा इतने प्रसन्न हो जाते थे कि वह वायजा मां को कभी भगवान **राम**......तो कभी **श्याम**. ......या कभी **त्रिलोकीनाथ** के साक्षात् स्वरूप में दिखाई देने लगते थे !

जब वायजा मां उनसे यह सत्य जानना चाहती थीं कि साई तुम्हारा वास्तविक स्वरूप क्या है ? तुम किसका.......और कौन सा अवतार हो, तो साईबाबा प्रेमवश उनको सदा यही उत्तर देते थे–

"मेरी इस फकीरी में ही, एक सच्ची अमीरी छिपी हुयी है मां ! इस विचित्र गरीबी में ही, तुम जैसी एक प्यारी मां का एक ऐसा सच्चा प्रेम और सुख निहित है, जिसकी तुलना में **तीन लोक** के असीम सुख भी, मेरे लिये बहुत छोटे और कम हैं !"

फिर कुछ वर्षों के पश्चात्, बाबाश्री ने वायजा मां को, उन्हें ढूंढ़ने के कष्ट से मुक्ति देने के विचार से, अब प्रायः दोपहर का भोजन मस्जिद में करना प्रारम्भ कर दिया था। उन्होंने पहले के समान शिरडी के घने वनों में अकेले विचरना भी, अब बहुत कम कर दिया था। अब वह अधिकांश समय अपनी मस्जिद में ही उपस्थित रहते थे ! और दिन रात प्रज्वलित रहने वाली धूनी के सम्मुख, वह अपनी एक विशेष मुद्रा में लीन और शान्त बैठे रहते थे !

वायजाबाई सचमुच कितनी सौभाग्यशाली थीं कि **ब्रह्म** का साक्षात् स्वरूप, उन्हें अपनी सगी **मां** के समान पूजता था ! और इसके बदले में, साईश्री उनके पुत्र तात्या को अपने एक छोटे भाई का स्नेह प्रदान करते थे !

❊ ❊ ❊

साईश्री शिरडी से जब भी राहाता जाते थे, तो तात्या सदा ही उनके साथ होता था। वहां से लौटते समय वह सदा ही गेंदा, जाई और जुई के पौधे मोल लेकर आया करते थे ! शिरडी आने के पश्चात्, वह उन पौधों को स्वयं अपने हाथों से लगाया करते थे ! वह अपने द्वारा लगाये हुये सभी पौधों को, प्रतिदिन नियामित रूप से स्वयं सींचते थे। पौधों के सिंचन के लिये, तात्या उन्हें नित्य मिट्टी के दो घड़े लाकर दिया करता था।

इन घड़ों द्वारा साईश्री स्वयं ही कुयें से पानी खींचते थे। फिर पौधों में पानी डालने के पश्चात्, जैसे ही साईश्री उन घडों को नीम के वृक्ष तले रखते थे, तो वे घडे स्वतः ही प्रतिदिन फूट जाया करते थे ! दूसरे दिन तात्या

उन्हें पुनः दो नये घड़े लाकर दे दिया करता था। इस तरह यह क्रम तीन वर्ष तक यूं ही निरन्तर चलता रहा ! साईश्री के कठोर परिश्रम से, वहां पुष्पों की एक सुन्दर फुलवारी बन गई, जो पुष्पों के प्रति साईश्री के विशेष मोह को प्रदर्शित करती थी। फिर जब इस स्थान पर बूटी की हवेली का निर्माण प्रारम्भ हुआ, तो साईश्री द्वारा पुष्पों की लगाई हुई, इस फुलवारी का लेंडीबाग में स्थानान्तरण कर दिया गया ! अब उसी स्थान पर साईश्री के समाधि मंदिर की भव्य इमारत शोभायमान है !

* * *

धीरे धीरे इस अनोखी मान्यता ने लोगों के मन में एक अटूट विश्वास का रूप ले लिया था कि साईश्री की बिना आज्ञा के, उनका कोई भी भक्त शिरडी से कहीं भी बाहर प्रस्थान नहीं करता था ! अतः शिरडी से बिदा होने के पूर्व, उनका प्रत्येक भक्त उनसे जाने की आज्ञा अवश्य लेता था !

एक बार तात्यापाटील को अपने व्यवसाय के सिलसिले में, किसी आवश्यक कार्य से तत्काल ही कोपरगांव के बाजार जाना आवश्यक हो गया। वह अपने तांगे में बैठकर, बाबा से आज्ञा लेने मस्जिद पहुंचे। उन्होंने बाबा को नमन किया और आज्ञा लेने की बजाय, वह बाबाश्री से बोले–

"बाबा मैं एक आवश्यक कार्य से कोपरगांव के बाजार जा रहा हूं।"– इस पर बाबाश्री ने अपनी शांत मुद्रा में तात्या से कहा–"ऐसी भी कोपरगांव जाने की क्या जल्दी है? यदि बहुत आवश्यक न हो, तो आज वहां जाने का तुम अपना विचार छोड़ दो !"

"देवा.....! मेरा वहां शीघ्र ही पहुंचना अत्यत ही आवश्यक है ! अन्यथा व्यर्थ में रूपयों के लेन देन का भयंकर झंझट उन्पन्न हो जायेगा।"

"यदि तुम जाने के लिये इतने ही उतावले और इच्छुक हो रहे हो, तो कम से कम शामा को अपने साथ लेते जाओ । क्योंकि रास्ते में, तुम्हें उसकी सहायता की आवश्यकता पड़ेगी !"

"नहीं देवा.... ! शामा को साथ ले जाने की कोई आवश्यकता नहीं है। मैं शीघ्र ही बाजार का काम निपटाकर, आपके पास वापस लौट आऊंगा!"

और इस तरह बाबाश्री की आज्ञा की अवहेलना करके, तात्या तत्काल ही अपने तांगे द्वारा कोपरगांव की ओर चल दिया। अभी उसका तांगा सांवली विहीर ग्राम के निकट ही पहुंचा था कि उसके तांगे का घोड़ा अनायास ही बेतहाशा तेज भागने लगा और सांवली विहीर ग्राम को पार करते ही, वो घोड़ा अचानक लड़खड़ाकर नीचे गिर पड़ा, जिसके फलस्वरूप तांगा भी पलट गया...। तात्या को भी अनेक चोटें आयीं, जो बाबा के आशीर्वाद के कारण अधिक गंभीर नहीं थीं ! उसे तत्काल ही अपनी उस भूल का एहसास हुआ कि आज उसने बाबाश्री की आज्ञा की अवहेलना करके, कोपरगांव की ओर प्रस्थान किया था। उसने दूसरे ही क्षण अपने बाबा का स्मरण किया और उनसे अपनी भूल की क्षमा मांगते हुये वह धीरे से बुदबुदाया–

"मुझे क्षमा कर दो देवा....! मुझसे आज पुनः भूल हो गयी है ! इससे पूर्व भी अनजाने में मुझसे एक वार आपके आदेश की अवज्ञा हुई थी और मुझे इसी समान उस बार भी दुर्घटना का शिकार होना पड़ा था ! सचमुच मैं कितना मूर्ख और अज्ञानी हूं कि अपने देवा की आज्ञा की अवहेलना करने का साहस कर बैठता हूं.....! मुझे इस बार और क्षमा कर दो......क्षमा कर दो देवा ! भविष्य में फिर मुझसे ऐसी भूल कभी नहीं होगी !"– और वह पश्चात्ताप में सिसक सिसककर रोने लगा !

बाबा तो **सर्वव्यापक** थे... और **दया** के अथाह सागर थे ! उन्हें अपने भक्तों की पुकार हजारों मील दूर से भी स्पष्ट सुनाई देती थी ! उन्हें इस सत्य का तत्काल ही बोध हो गया था कि उनका परम भक्त तात्या, अपनी भूल के लिये पश्चाताप कर रहा है ! उन्होंने धूनी के सम्मुख अपना सीधा हाथ हवा में लहराया और उसी क्षण तात्या को ऐसा अनुभव हुआ कि कोई एक अदृश्य हाथ उसकी पीठ को थपथपाते हुये उसे सान्तावना दे रहा है ! फिर वह कोपरगांव जाने की बजाय, अपने उसी तांगे द्वारा शिरडी वापस लौट आया। वापस आकर, वह सर्वप्रथम मस्जिद में बाबा के पास गया। उसने उनसे क्षमा

मांगी और बाबाश्री ने उसे सहर्ष क्षमा करते हुये, धूनी से कुछ राख उठाकर उसकी चोट और घावों पर मल दी !

❋ ❋ ❋

तात्यापाटिल ने चौदह वर्षों तक बाबाश्री के साथ उनकी मस्जिद में निवास किया था। उन्होंने और वायजामां ने बाबाश्री की इतनी निस्वार्थ सेवा और उपासना की थी कि उनकी अटूट स्मृति बाबा के मन में, अपने जीवन की अन्तिम क्षणों तक साक्षात् बनी रही ! मां बेटे की बाबाश्री पर एक दृढ़निष्ठा थी और वे सदा उनको ईश्वर के साकार रूप में ही पूजते थे......! बाबा ने भी उनकी निस्वार्थ सेवाओं और भक्ति के बदले में, उन्हें आशीर्वाद द्वारा अत्याधिक आर्थिक लाभ पहुंचाया और अब शिरडी में उनका परिवार सबसे सम्पन्न परिवार माना जाने लगा था !

तात्या के पिता की मृत्यु के पश्चात्, बाबाश्री ने तात्या को अपने परिवार के प्रति कर्तव्यों का बोध कराया और अब वह उनकी आज्ञानुसार रात्रि में मस्जिद की बजाय, अपने घर में रहने लगा था। किन्तु उसके मानसपटल से उन विगत 14 वर्षों की पुण्यस्मृतियां एक क्षण को भी कहीं लुप्त नहीं हो पाती थीं, जब कि उसने अपने जीवन की हर रात, बाबाश्री के निकट सान्निध्य में उनकी मस्जिद में बितायी थी।

❋ ❋ ❋

रामनवमी का पर्व साईश्री को अत्याधिक प्रिय था ! इस दिन उन्होंने उरुस और रामनवमी के उत्सवों का एकीकरण करके शिरडी में हिन्दू मुस्लिम एकता की पवित्र मशाल प्रज्वलित की थी !

जब सन् 1877 में सर्वप्रथम शिरडी में रामनवमी का उत्सव प्रारम्भ हुआ था, तो उन दिनों शिरडी एक छोटा सा ग्राम होने के कारण, वहां जल का अत्याधिक अभाव था ! गांव में केवल दो कुऐं थे, जिनमें से एक का जल गर्मियों में प्रायः सूख जाया करता था और दूसरे कुऐं का जल खारा था !

जब प्रथमबार रामनवमी का उत्सव निकट आया, तो साईश्री ने बाहर के समस्त कार्यों का भार तात्यापाटिल और भीतर के कार्यों का भार, अपनी एक परम भक्त राधाकृष्ण माई को सौंप दिया। तात्यापाटिल के कार्यों में हाथ बटाने के लिये, अनेक स्वयंसेवक स्वेच्छा से तैयार हो गये, जिन्होंने तात्या के साथ मेले के सभी प्रबन्धों में अपना सक्रिय भाग लिया।

तात्या के सम्मुख सबसे गम्भीर समस्या मेले में जल के प्रबन्ध की थी! उसे ऐसी पूर्ण आशा थी कि इस मेले में सम्मिलित होने के लिये, बाहर से आने वाले भक्तों की संख्या लगभग पांच हजार से अधिक हो जायेगी ! अतः आने वाले इतने भक्तों के लिये, जल की पूर्ति हेतु, जब तात्या ने कुछ अन्य भक्तों के साथ, साईश्री के समीप जाकर, इस समस्या के निराकरण हेतु, उनसे प्रार्थना की, तो साईश्री ने उस कुऐं में, जिसका जल खारा था, एक पुष्प डालकर, उसका जल मीठा कर दिया ! दूसरे कुऐं में, जिसका जल प्रायः मार्च अप्रैल के माह में ही पूर्णतया सूख जाया करता था, साईश्री ने तात्या को उस कुऐं में, वो सभी वस्तुयें डालने का आदेश दिया, जो आज साईश्री को प्रातः की भिक्षा में प्राप्त हुई थीं और वो सभी वस्तुयें प्रसाद स्वरूप एक पत्तल में रखी हुई थीं !

साईश्री के आदेशानुसार, तात्या ने पत्तल में रखी हुई खाने की सभी वस्तुयें, जैसे ही उस कुऐं में डाली, तो कुऐं की तलहटी से जल की एक तेज धारा फूट पड़ी ! कुछ ही देर में वो सूखा कुआं जल से पूर्णतया भर गया !

साईश्री की इस **यथासंकल्पसं सिद्धि** को देखकर सभी भक्तगण हर्ष में आनन्दित हो उठे ! इस तरह साईश्री ने शिरडी में जल की समस्या का सदा के लिये निराकरण कर दिया !

❋ ❋ ❋

पिछले कुछ दिनों से बीमारी के कारण वायजा मां का स्वास्थ्य निरन्तर गिरता जा रहा था, जिसके कारण अब तात्या भी हर क्षण चिन्तित रहने लगा था !

एक दिन बाबाश्री को अपनी धूनी के सम्मुख, जब अचानक ही इस सत्य का आभास हुआ कि अब उनकी वायजा मां के जाने का अंतिम समय निकट आ गया है, तो उनकी आंखों में ढेर सारे अश्रु छलछला आये.......! उन्होंने अनायास ही अपना पूर्ण मौन धारण कर लिया और उनके मुखमंडल पर विषाद की ऐसी अनेक गंभीर रेखायें उभर आयीं, जिनको देखकर उनके निकट मौजूद सभी भक्तगण चिंतित हो उठे! भक्तों ने अपने बाबा को ऐसी विचित्र सी दशा में प्रथमबार इतना दुखी देखा था ! सभी एक दूसरे की ओर अपनी प्रश्नसूचक दृष्टि से देखने लगे ! किन्तु कोई भी बाबा से उनकी इस अनोखी दशा के विषय में, प्रश्न करने का साहस नहीं जुटा पा रहा था! समस्त वातावरण में एक अजीब सा अटूट मौन व्याप्त था ! सहसा मस्जिद के बाहर से आती हुई एक करुण रुदन के स्वरों ने, सबको चौंका दिया ! किन्तु बाबाश्री अब भी अपनी उसी मौन अवस्था में शांत बैठे रहे !

इससे पूर्व कि कुछ लोग उठकर, बाहर की ओर देखें कि यह किसके करुण रुदन के स्वर हैं, रोताबिलखता तात्यापाटिल मस्जिद के अंदर आ गया और वह बाबाश्री के चरणों में गिरकर सिसकते हुये बोला–

"देवा.......! वायजा मां को न जाने क्या हो गया है ...? वह कुछ बोल ही नहीं रही हैं ! बस वह केवल अपनी फटीफटी आंखों से द्वार की ओर देख रही हैं.......!"

फिर जब बाबाश्री का अटूट मौन टूटा, तो उन्होंने धूनी में कुछ और लकड़ियां डालकर, उसे तेज प्रज्वलित कर दिया ! फिर वह तात्या के सिर पर आशीर्वाद स्वरूप, अपना हाथ फिराते हुए, एक ठंडी निश्वास के साथ बोले–

"**कर्मगति** कभी टाली नहीं जा सकती है ! किन्तु इंसान अपने आवागमन का चक्कर जानते हुए भी, न जाने क्यों उससे अनजान बन जाता है.....? और वह इस **कटुसत्य** को भूल जाता है कि जो भी इस धरती पर आया है, उसे एक न एक दिन यहां से जाना अवश्य ही होगा...!"

इस पर तात्या अब अपनी करुण सिसकियों के साथ रोने लगा और

वह साईश्री के दोनों चरण कसकर पकड़ते हुये बोला– "नहीं देवा....! नहीं. ...! तात्या की मां जा सकती है ! किन्तु साई की मां नहीं !"

तात्या के इस कथन ने अब साईश्री को भी अन्दर से अत्यन्त ही भावुक कर दिया। उन्होंने तात्या को अपना ज्ञान प्रदान करते हुये कहा-- "अरे पगले.... ! जाना तो एक दिन सबको ही पड़ेगा ! चाहे वह **राम** हो...! **रहीम** हो....! **कृष्ण** हो... या फिर तेरा **साई** ! जो भी इस धरती पर आता है, वह अपने एक निश्चित कर्म के लिए, यहां आता है..., और उस कर्म को पूर्ण करने के पश्चात्, वह यहां से चला जाता है ! भगवान श्रीकृष्ण ने भी अपनी गीता में यही कहा है कि **जिनके प्राण चले गये हैं, उनके लिए शोक नहीं करते हैं, क्योंकि आत्मा नित्य है और उसके लिए शोक करना उपयुक्त नहीं है ! शरीर के नष्ट होने पर भी, आत्मा का कभी नाश नहीं होता है, क्योंकि वह अजन्मी, नित्य, शाश्वत और पुरातन है।"**

"लेकिन देवा ... ! शायद मां आपसे कुछ पूछना चाह रही थी? इसलिए उसकी नजरें आपके आने की प्रतीक्षा में, द्वार की ओर ही टिकी हुई थीं ! उससे चलकर बात कर लीजिये; अन्यथा उसकी आत्मा भटकती रहेगी!"

अगले क्षण ही बाबाश्री ने अपनी जलती हुई धुनी में अंतिम आहुति दी और वह तात्या के संग, उसके घर जाने के लिये, उसके साथ चल पड़े ! मस्जिद में मौजूद अन्य भक्तों ने भी, उनका अनुसरण किया।

सहसा तेज हवाओं के झोकों के साथ आकाश में घने बादल छा गये और कुछ इस समान जोर जोर से गरजने लगे, जैसे मानों वे घटित होने वाली, किसी महान घटना की ओर अपना संकेत दे रहे हों!

तात्या के मकान के अंदर आकर, बाबाश्री ने एक क्षण को, अपने सजल नेत्रों से अपनी बायजा मां के उस निर्जीव शरीर की ओर देखा, जो अब एक ओर लुढ़क गया था ! उन्होंने स्वयं अपने हाथों, द्वारा वायजा मां के निर्जीव शरीर को फर्श पर सावधानी पूर्वक लिटा दिया और फिर वह उनके चरणों के निकट खड़े होकर, अपने सीधे हाथ की हथेली को उनकी ओर करते हुए,

अपनी शांत मुद्रा में बोले –

"तेरा साई....! तेरे चरणों में खड़ा है मां ! तू उससे जो कुछ भी पूंछना चाह रही थी ? उसे तू निःसंकोच अपने साई से पूंछ ले मां ! तेरे साई ने आज तक कभी किसी को निराश नहीं किया है। फिर तू तो उसकी वायजा मां है...!"– साई के इन शब्दों के साथ ही आकाश पर पुनः बादल जोरों से गरजने लगे और एक कौंधती हुई बिजली आकाश में अपनी पूर्णगति से कड़कने लगी !

अगले क्षण ही वायजा मां के निर्जीव शरीर में, प्राण पुनः वापस लौट आये ! उसने अपने कांपते स्वरों में साई से कहा –

"तुम आ गये साई....! मैं तो कब से तुम्हारा इंतजार कर रही थी....?"

"मैं तुम्हारे पास से कहीं गया ही कब था मां ? तुमने जब भी मुझे याद किया होगा, तो हमेशा इस साई को अपने पास ही पाया होगा।"

"**कर्म** बनाने वाले भी तुम हो....! और उस कर्म को निश्चित करने वाले **सर्वसमर्थ** तुम ही हो **साई**...! मैंने तुम्हें एक फकीर से लेकर, द्वारकाधीश के रूप तक में देखा है ! किन्तु आज तक मैं यह नहीं समझ सकी कि तुम्हारा यह रूप, वास्तव में किसका स्वरूप है ? तुम कौन हो साई? राम हो...! रहीम हो....! कृष्ण हो....! या त्रिलोकीनाथ हो ! कम से कम आज तो मुझे सच सच बता दो कि तुम किसका अवतार हो साई ?"

"मैं किसी का कोई अवतार नहीं हूं... मां ? मेरे और तुम्हारे बहुत से जन्म हो चुके हैं ! मैं तो **अल्लाह का बंदा** और ईश्वर का **एक सेवक** हूं मां...! जो भी मुझे जिस रूप में याद करेगा... वह मुझे उसी रूप में पायेगा! फिर जब कोई अपनी संपूर्ण कामनाओं को त्यागकर, ममतारहित और अहंकाररहित होकर, अपनी पूर्ण निष्ठा से, मुझमें स्थित होने की कोशिश करेगा, तो वह **परमपद** और **मुक्ति** को प्राप्त करेगा।"

वायजा मां ने एक बहुत ठंडी और गहरी विश्वास ली ! फिर वह साईश्री को अपना अंतिम प्रणाम करती हुईं बोलीं –

''सम्पूर्ण जगत का निर्माण करने वाले मेरे साई...! तुम्हें मेरा कोटि कोटि प्रणाम ! अब मेरे मन की सारी शंका दूर हो गई है। मैंने यह सत्य जान लिया है कि इस संसार के **आधारभूत** और **सर्वव्यापी** ईश्वर तुम हो ! तुम्हारी कृपा से अब मेरा मोह नष्ट हो गया है ! अब मैं संशयरहित होकर, तुम में सदा के लिये स्थित होना चाहती हूं ! अतः अपनी इस वायजा मां को विदा दो साई...! आज मैं अपने तात्या को तुम्हें सौंप रही हूं ! उसका सदा संरक्षण करना।''

साई बाबा ने **तथास्तु** कह कर, अपना वरदहस्त ऊपर की ओर उठाया! इसके साथ ही वायजा मां का शरीर, पुनः पहले के समान निर्जीव हो गया! अब आकाश में कौंधती हुई बिजली और तेज गरजते बादल भी एकदम शान्त हो गये थे...!

इस अनोखी घटना ने वहां मौजूद सभी भक्तों को एक गहरे आश्चर्य में डुबो दिया ! साईबाबा ने अपनी शांतमुद्रा में एक क्षण को उन सबकी ओर देखा। फिर वह यह कहकर वहां से अचानक अंर्तध्यान हो गये –

''ईश्वर की इस अपार महिमा पर तुम सब यूं आश्चर्य न करो ! जिस परमात्मा से **सर्वभूतों** की उत्पत्ति हुई है, वह सर्वजगत में हर क्षण व्याप्त रहता है ! उसे अपने स्वाभाविक कर्मों द्वारा पूजकर, **परमसिद्धि** को प्राप्त करो ! फिर मेरे भक्तों के घर, कभी किसी वस्तु का अभाव नहीं रहेगा, क्योंकि मैं उनके कल्याणार्थ हर क्षण चिंतित रहता हूं...!''

वहां मौजूद सभी भक्तगण, अनायास ही बाबा को वहां से अंर्तध्यान पाकर, एक गहरे आश्चर्य में पुनः डूब गये ! किन्तु सब लोग लगभग भागते हुये, जब पुनः मस्जिद में वापिस पहुंचे, तो उन्होंने बाबाश्री को पहले के समान ही अपनी धुनी के सम्मुख, एक शांत मुद्रा में लीन पाया... !

* * *

वायजा मां की मृत्यु के पश्चात् साईश्री ने तात्यापाटिल द्वारा मां की पुण्यस्मृति में, शिरडी के प्रायः सभी मंदिरों का जीर्णोद्धार कराया ! उन्होंने शिरडी ग्राम में स्थित शनि, गणपति, शिव, ग्राम देवता और मारूतिमंदिर, तात्यापाटिल द्वारा ठीक करवाये। इस शुभकार्य में तात्या का पर्याप्त धन व्यय हुआ !

तात्या अपनी ओर से साईश्री की मस्जिद का भी जीर्णोद्धार करना चाहता था। किन्तु इस कार्य का श्रेय सम्भवतः उसे प्राप्त नहीं होना था ! मस्जिद का एक कोना गिरने के दृष्टांत के उपरांत, प्रायः सभी भक्त यह चाहते थे कि साईश्री की मस्जिद का भी शीघ्र से शीघ्र जीर्णोद्धार कर दिया जाये। जब कभी भी किसी भक्त ने इस कार्य का प्रस्ताव साईश्री के सम्मुख रखा, तो उन्होंने इस कार्य के लिये अपनी स्वीकृति प्रदान नहीं की !

❊ ❊ ❊

एक बार साईश्री अपने कुछ भक्तों के साथ मस्जिद में भोजन कर रहे थे। म्हालसापति जी और तात्या सबको भोजन परोसने में व्यस्त थे। अचानक मस्जिद का वो कोना, जो अत्यंत ही जीर्ण अवस्था में था, टूटकर गिरने हेतु, जोर जोर से चरचराने लगा ! साईश्री ने एक क्षण को उसकी ओर देखा। फिर वह उस ओर अपना सीधा हाथ उठाकर, अपने अधिकारपूर्ण स्वरों में चिल्लाते हुए बोले – "सहर... ! सहर... ! सहर.... !"

अगले क्षण ही साईश्री की दैवीय शक्ति के कारण, चरचराने का स्वर अनायास ही थम गया ! सभी भक्त निश्चिंत होकर शांतिपूर्वक मस्जिद में भोजन करते रहे ! भोजन का कार्य समाप्त होने के पश्चात, तात्या और म्हालसापति ने भोजन के बर्तन इत्यादि वहां से हटा दिये। फिर जब वे दोनों भी साईश्री के साथ, जैसे ही मस्जिद से बाहर आये, तो मस्जिद की छत का एक हिस्सा टूटकर, ठीक उसी स्थान पर आ गिरा, जहां कुछ देर पूर्व सब लोग बैठकर भोजन कर रहे थे !

साईश्री के इस विलक्षण चमत्कार को देखकर, सभी भक्त एक गहरे आश्चर्य में डूब गये ! अब वे सब इस सत्य पर विश्वास करने के लिये विवश

हो गये कि साईश्री की अलौकिक शक्ति, निर्जीव वस्तुओं पर भी अपना गहन प्रभाव दिखा सकती है !

इस घटना के उपरांत अन्ततः साईश्री ने भी अपनी मस्जिद के जीर्णोद्धार हेतु, शामा और म्हालसापति के अनुग्रह को सहर्ष स्वीकार कर लिया ! मस्जिद की जीर्णोद्धार में नानासाहेब चान्दोरकर और काकासाहेब दीक्षित ने अपनी यथेष्ट धनराशि व्यय की ! मस्जिद की छत की आवश्यक मरम्मत के साथ साथ, मस्जिद का पूरा फर्श भी नया बना दिया गया। सभामंडप का भी सभी भक्तों ने मिलकर, अपने घोर परिश्रम द्वारा नवीनीकरण कर दिया। जिस स्थान पर साईश्री एक टाट के टुकड़े पर बैठा करते थे, वहां पर साईश्री के बैठने हेतु, एक गादी की व्यवस्था कर दी गई।

मस्जिद का आंगन बहुत छोटा और असुविधाजनक होने के कारण, काकासाहेब दीक्षित और तात्या अब आंगन को बढ़ाकर, उस पर छप्पर डालना चाहते थे। उन दोनों ने आवश्यक धनराशि व्यय करके, इस कार्य हेतु, लोहे के खम्भे और बल्लियां इत्यादि और अन्य वस्तुयें पहले से ही खरीद लीं। फिर जिस दिन साईश्री रात्रि के विश्राम हेतु, चावड़ी में गये हुये थे, तो सभी भक्त इस कार्य को पूर्ण करने के प्रयास में जुट गये !

दूसरे दिन साईश्री जब चावड़ी से अपनी मस्जिद में वापस लौटे, तो वह इस नवीनीकरण के कार्य को देखकर, खुश होने की बजाय, न जाने क्यों अत्याधिक क्रोधित हो उठे ! वह क्रोध के आवेश में, वहां मौजूद सभी भक्तों पर अपनी गालियों की बौछार करने लगे ! अपने एक हाथ से एक खम्भा पकड़कर उखाड़ने के प्रयास में, वह उसे जोर जोर से हिलाने लगे और उन्होंने अपने दूसरे हाथ से तात्या के मुख पर अपने अनेक तमाचे जड़ते हुए, उसका साफा उतारकर प्रज्वलित धुनी में फेंक दिया !

इस क्रोध में साईश्री का चेहरा और उनके नेत्र एक जलते हुये अगारे के समान लाल हो गये थे ! उनकी इस क्रोधित मुद्रा को देखकर, वहां उपस्थित सभी भक्त भयभीत हो उठे ! उनके क्रोध को शान्त कराने के प्रयास में, जब

भागोजी शिंदे उनकी ओर बढ़े, तो साईश्री ने उन्हें भी क्रोध में पीछे की ओर धकेल दिया। शामा और म्हालसापति की भी वही गति हुई ! जो कोई भी उन्हें शान्त करने के प्रयास में, उनके समीप जाने का साहस करता था, तो वह क्रोध में उस पर ईंट और पत्थर के टुकड़े फेंकने लगते थे !

लगभग दस मिनट के इस ताण्डव नृत्य के उपरांत, साईश्री का क्रोध स्वतः ही धीरे धीरे शान्त हो गया ! फिर उन्होंने सर्वप्रथम तात्या को अपने समीप बुलाया और अपने एक हाथ से उसका शीष आशीर्वाद स्वरूप बहुत स्नेह और प्यार से थपथपाने के बाद, उन्होंने उसके सिर पर एक जरीदार फेंटा स्वयं अपने हाथों से बांध दिया ! सभी भक्त इस बात को समझने में स्वयं को पूर्ण असमर्थ पा रहे थे कि आखिर किस कारण से साईश्री सब लोगों पर अचानक इतना क्रोधित हुये थे ? फिर उन्होंने क्योंकर तात्या के गालों पर तमाचे लगाये थे ? फिर तत्क्षण ही उनका क्रोध स्वतः ही कैसे शान्त हो गया था? उनके इस विचित्र व्यवहार का, उनसे कारण पूछने का कोई भी साहस नहीं कर सका ! कुछ ही क्षणों में वहां का वातावरण पुनः कुछ इस समान सामान्य हो गया, जैसे मानो वहां कुछ भी घटित नहीं हुआ था !

***

शिरडी में खेतों से कटा हुआ अनाज रखने के लिये, उन दिनों तात्या का खलिहान सबसे अधिक सुरक्षित माना जाता था ! अतः शिरडी के अधिकांश किसान अपना अनाज रखने के लिये, तात्या के खलिहान को प्रयोग में लाते थे।

एक बार शिरडी में गर्मी अपने पूर्ण यौवन पर थी ! दोपहर के समय साईश्री ने तात्या और कोंडाजी सुतार को अपने समीप बुलाकर, उनसे कहा– "जाओ जाकर देखो, तुम्हारे खलिहान में आग लग गई है ! जाकर जल्दी से आग बुझाओ; अन्यथा सारा अनाज जलकर राख हो जायेगा।"

साईश्री के इस कथन को सुनकर, वे दोनों अपने तेज कदमों से लगभग भागते हुए खलिहान की ओर चले गये। वहां जाकर, उन्होंने खलिहान में चारों ओर अपनी नजरें दौड़ायीं। किन्तु उन्हें अग्नि का वहां कहीं भी कोई चिन्ह

नजर नहीं आया ! अतः तात्या ने कोंडाजी को वहीं खलिहान में छोड़ दिया और वह स्वयं साईश्री के पास पुनः वापस आकर बोले – "वहां तो कहीं भी कोई सुलगती हुई आग हमें नजर नहीं आ रही है देवा ?"

इस पर साईश्री ने उसे लगभग डांटते हुए कहा – "अरे ओ बेवकूफ...! फिर से ध्यान से जाकर देख ! मकई के ढेर में अब भी आग सुलग रही है !"

जब तात्या पुनः खलिहान में वापस पहुंचा, तो उसने देखा कि मकई की एक पूली मे सचमुच आग सुलगी हुई थी और तेज हवा के गर्म थपेड़ों में, यह सुलगती हुई आग, किसी भी क्षण अपना प्रचण्ड रूप धारण कर सकती थी !

तात्या ने साईश्री को इस आकस्मिक सहायता के लिए, उन्हें मन ही मन नमन किया। फिर उसने आग में सुलगती हुई पूलियों पर पानी छिड़ककर उस आग को तत्काल ही बुझा दिया।

साईश्री के ऐसे अद्वितीय चमत्कारों की विस्तार से व्याख्या देना, किसी के लिए सम्भव नहीं है ! जिन्होंने उनके चमत्कारों को घटित होते हुये, स्वयं अपनी आंखों से देखा है, वे वास्तव में अत्यंत ही भाग्यशाली थे ! अब तो हम उनके सभी चमत्कारों को, अविस्मरणीय अनुभवों के रूप में, बस केवल महसूस ही कर सकते हैं ! किन्तु जो भी अपना तन मन और धन अर्पण करके, उन्हें पूजता है, तो वह उनके **ईश्वरीय स्वरूप** की साकार **अनुभूतियां** आज भी अवश्य अनुभव करने लगता है।

❋ ❋ ❋

राव बहादुर एस.एस. धूमाल नासिक के एक सुप्रसिद्ध अभिवक्ता थे। वह साईश्री के एक ऐसे परमभक्त थे कि उनकी परामर्श और आज्ञा के बिना, वह कभी भी अपना कोई महत्वपूर्ण कार्य नहीं करते थे ! वह एक योग्य वकील थे और अपने पेशे के प्रति सच्चाई से सदा पूर्ण समर्पित रहते थे ! उनकी साईश्री में पूर्ण श्रद्धा थी और उन्होंने अपने अन्दर का **अहं** साईश्री के पावन

चरणों में निस्वार्थ भाव से पूर्णतया अर्पित कर दिया था ! साईश्री की असीम कृपा से, उन्होंने उन महत्वपूर्ण मुकदमों में भी जीत की सफलता अर्जित की थी, जिन्हें अन्य बड़े बड़े वकील लेने का साहस भी नहीं कर पाते थे !

सन् 1911 में साईश्री के एक भक्त रघु और उसके अन्य पांच मित्रों के ऊपर, शिरडी से एक अपराधिक मामला दर्ज हुआ। उन लोगों के ऊपर एक मारवाड़ी महिला के साथ, अनैतिक छेड़छाड़ के आरोप में मुकदमा चलाया गया था ! वास्तव में रघु और उसके सहयोगी मित्र पूर्ण निर्दोष थे ! किन्तु दो गुटों के परस्पर द्वेष के कारण, उन पर झूठा आरोप लगाकर, उन्हें इस केस में जानबूझकर फसाया गया था। कई झूठे प्रत्यक्ष गवाहों के बयानों के आधार पर, निचली अदालत ने उन लोगों को छः महीने के कठोर कारावास की सजा सुना दी थी !

तात्या को यह सच्चाई अच्छी तरह विदित थी कि रघु और उसके अन्य पांचों सहयोगी पूर्ण निर्दोष हैं ! अतः उन लोगों के प्रति तात्या की पूर्ण सहानुभूति थी। तात्या ने स्वयं अपना पैसा खर्च करके, निचली अदालत के फैसले के विरोध में, ऊपरी अदालत में अपील कराने का निश्चय किया।

फैसले की एक प्रतिलिपि और मुकदमे के सभी आवश्यक कागजातों को लेकर, अपील के संदर्भ में तात्या सर्वप्रथम जी.एस. खापर्डे जी से मिले। फिर उन्होंने श्री एच. एस. दीक्षित जी और रिटायर्ड मजिस्ट्रेट श्री एच.बी. साठे जी से भी आवश्यक परामर्श किया। कानून के इन सभी योग्य सलाहकारों ने तात्या को बताया कि निचली अदालत का फैसला, गवाहों के आधार पर इतना पुख्ता और सटीक है कि ऊपरी अदालत की अपील व्यर्थ जायेगी !

अंततः तात्या ने मुकदमे के सभी कागजात लाकर, साईश्री के चरणों में रख दिये और वह उनसे प्रार्थना करते हुए बोले –

"यह आपका कैसा न्याय है देवा कि आपका एक भक्त निर्दोष होते हुये भी, कठोर कारावास के दण्ड के लिये अदालत द्वारा दंडित किया गया है !"

इस पर साईश्री ने तात्या को समझाते हुए कहा – "प्रत्येक प्राणी को अपने पिछले जन्मों के अच्छे और बुरे कर्मों का समन्वय पूर्ण करने के लिये, अपने नवीन जन्म में अनायास ही अनेक कष्ट भोगने पड़ते हैं ! ऐसे असमय कष्टों से, जो विचलित नहीं होते हैं, वे अन्त में **ईश्वर** की कृपा से सुख को अवश्य प्राप्त करते हैं ! किन्तु जो मर्मान्तक पीड़ाओं से घबराकर, निरर्थक ही इधर उधर भटकने का प्रयास करते हैं, वे सदा के लिये आने वाले सुख से वंचित हो जाते हैं ! मेरा आशीर्वाद, मेरे अपने प्रत्येक भक्त के साथ, उसके अपने कर्मों के अनुसार सदा बना रहता है। रघु के केस के लिये तुम इधर उधर परेशान होने की बजाय, धुमाल से जाकर मिलो, वह अवश्य ही अपनी कानूनी योग्यता के सहारे रघु को इस केस से बचा लेंगे !"

साईश्री के निर्देशानुसार अब तात्या केस के सभी अदालती कागजातों को लेकर, श्री धुमाल से मिलने के लिये, शिरडी से नासिक आ गये। अदालत के सभी कागजातों के सूक्ष्म निरीक्षण के बाद, श्री धुमाल की भी वही राय हुई, जो अन्य अभिवक्ताओं ने की थी ! किन्तु जब तात्या ने उन्हें बताया कि साईश्री के निर्देशानुसार ही, वह उनके पास आये हैं, तो श्री धुमाल ने रघु का केस ऊपरी अदालत में लड़ने हेतु सहर्ष स्वीकार कर लिया।

उन्होंने निचली अदालत के फैसले के विरूद्ध, अपनी संपूर्ण योग्यता और साईश्री के आशीर्वाद के सहारे, ऊपरी अदालत में एक ऐसी महत्वपूर्ण अपील प्रस्तुत की कि जज को अभियुक्त पक्ष के इस तथ्य को स्वीकार करने के लिये बाध्य होना पड़ा कि निज द्वेष और दो गुटों के परस्पर मतभेदों के कारण ही, रघु और उसके अन्य पांच साथियों को जान बूझकर इस झूठे केस में फंसाया गया है !

अदालत में दोनों पक्षों के वकीलों की बहस सुनने पश्चात्, अपने एक निर्णयात्मक सोच के साथ, जज महोदय ने श्री धुमाल की अपील स्वीकार कर ली ! उन्होंने रघु और उसके अन्य पांचों साथियों को निर्दोष बरी कर दिया ! फिर उन्होंने श्री धुमाल से साईश्री के विषय में अपना निज प्रश्न करते हुए उनसे पूंछा –

"मैंने सुना है कि आपके ऊपर किसी साईबाबा नाम के फरिश्ते की विशेष कृपा है ! आपके बाबा हिन्दू हैं अथवा मुसलमान ? और वह आपको क्या शिक्षा देते हैं?"

जज महोदय के इस प्रश्न पर श्री धुमाल मन ही मन धीरे से मुस्कराये और बोले –

"योर ऑनर ! साईश्री न तो हिन्दू हैं और न मुसलमान ! वह तो इन सबसे ऊपर साक्षात् **ईश्वर** का एक साकार स्वरूप हैं ! उनकी संपूर्ण शिक्षाओं का वर्णन करना, किसी के लिये संभव नहीं है ! उनकी शिक्षाओं के गूढ़ रहस्य को जानने और समझने के लिये, उनके शरण में **निष्कामभाव** से जाना अत्यंत ही आवश्यक होता है।"

"तो क्या वह सबके मन की मुरादें पूरी कर देते हैं ?"

"इस विषय में अपनी ओर से कुछ भी कहना अत्यंत ही दुर्लभ है योर ऑनर। लेकिन हां, मैं इस संदर्भ में इतना अवश्य कहूंगा कि उनकी शरण में आने वाले की यदि **श्रद्धा** सच्ची है। यदि उसके मन में उनके प्रति अटूट **विश्वास** है... और फल की आशा में वह **सबूरी** रख सकता है, तो उसकी मनोकामना एक न एक दिन अवश्य ही पूर्ण होती है ! यदि **ईश्वर** के पूर्व निश्चित विधान के अनुसार, उसकी मनोकामना पूर्ण नहीं होनी होगी, तो साईश्री की कृपा और उनकी अगम्य दैवीय शक्ति के कारण, उसकी निराशा का **संताप**, उसके मन को दुखी और विचलित कभी नहीं कर सकेगा।"

"फिर तो मैं भी ऐसे अद्भुत फरिश्ते के दर्शन करना चाहूंगा मि. धुमाल !"

"यहां आपके चाहने और न चाहने का तर्क व्यर्थ है योर ऑनर ! आपका उनके दर्शनों के लिये शिरडी जाना, तभी संभव होगा, जब वह स्वयं इस बात को चाहेंगे !"

दूसरी ओर श्री धुमाल और तात्या के शिरडी पहुंचने से पूर्व ही साईश्री

ने इस मुकदमे की जीत के विषय में, अपने समीप बैठे हुये सभी भक्तों को बहुत पूर्व ही सूचित कर दिया था !

❋ ❋ ❋

बाबाश्री के एक परम भक्त रामचन्द्र दादापाटिल बहुत दिनों से गंभीर अवस्था में बीमार चल रहे थे ! अपनी बीमारी के कारण, वह इतना निर्बल और कमजोर हो गये थे कि अब वह उठने बैठने में भी स्वयं को पूर्ण असहाय और असमर्थ अनुभव करने लगे थे !

अपनी इस बीमार अवस्था में भी, वह हर क्षण बाबाश्री का ही नमन करते रहते थे ! वह उनसे सदा यही प्रार्थना करते थे कि उनके प्राण लेकर, अब साईश्री उन्हें उनके कष्टों से सदा के लिये मुक्ति प्रदान कर दें। उन्हें और जीने की लालसा में, अब इस तरह घिसटना स्वीकार नहीं था !

एक दिन रात को पेट और सीने की असहनीय पीड़ा के साथ साथ जब उनका समस्त शरीर भी तेज ज्वर में तपने लगा, तो वह मूर्छित हो गये! उस मूर्छित अवस्था में, बाबाश्री उनके स्वप्न में प्रगट हुये... और उन्हें अपना आशीर्वाद प्रदान करते हुये, वह दादापाटिल से बोले –

"कर्मयोग की भट्टी में एक न एक दिन अपने अपने कर्मों के अनुसार, इसी तरह सबको जलना ही पड़ता है ! चाहे वह साई हो.... या उसका कोई भक्त !"

दादापाटिल अपनी उसी स्वप्नअवस्था में धीरे से बड़बड़ाये– "यह कैसी विडम्बना है देवा कि मैं उस भट्टी में तिल तिल कुछ इस समान जल रहा हूं कि चाहकर भी मुझे मेरी मौत प्राप्त नहीं हो रही है...?"

अगले क्षण ही दादापाटिल का स्वप्न टूट गया ! उन्हें ऐसा अनुभव होने लगा कि अब साक्षात् में बाबाश्री उसके सम्मुख खड़े हैं.... और वह उससे कह रहे हैं–

"तुम घबराओ नहीं दादापाटिल ! अब तुम शीघ्र ही स्वस्थ हो

जाओगे ! यमराज द्वारा भेजा हुआ तुम्हारा बुलावा, मैंने यमदूत के हाथों उन्हें वापस लौटा दिया है ! लेकिन अब मुझे तुम्हारी नहीं .... बल्कि तात्या की बड़ी चिन्ता है ! उसके जाने के लिये सन् 1918 में दशहरा का शुभ दिन निश्चित हो चुका है ! मैंने वायजा मां को, उनके जीवन के अंतिम क्षणों में, तात्या के पूर्ण संरक्षण का वचन दिया था। यदि मैं अपना वचन पूर्ण नहीं कर सका... तो ऊपर जाकर, वायजा मां को क्या उत्तर दूंगा ? किन्तु तुम यह रहस्य अभी तात्या पर प्रगट मत करना। अन्यथा वह व्यर्थ में भयभीत हो जायेगा !"

अगले क्षण ही बाबाश्री की साक्षात् प्रतिमा उनकी नजरों के सम्मुख से कहीं ओझल हो गयी ! फिर उसी क्षण से दादापाटिल को अपनी दशा में अचानक ही आश्चर्यजनक सुधार अनुभव होने लगा !

कुछ ही दिनों में अब दादापाटिल धीरे धीरे पूर्ण स्वस्थ हो गये ! किन्तु तात्या के आने वाले भविष्य के विषय में, वह मन ही मन अत्यंत ही दुखी और चिन्तित रहने लगे ! उन्हें इस बात का पूर्ण विश्वास था कि बाबाश्री का कथन कभी भी असत्य नहीं हो सकता ! अतः अपने हृदय का बोझ कम करने के प्रयास में, अब उन्होंने यह बात भक्त बालाशिम्पी पर भी प्रगट कर दी। अब वे दोनों तात्या के जीवन हेतु, हर क्षण चिन्ताग्रस्त रहने लगे....! किन्तु वे इस घटना के उस वास्तविक मर्म को नहीं समझ सके कि बाबाश्री ने तात्या के विषय में बताकर, स्वयं अपने **महानिर्वाण** की ओर संकेत किया है !

❋ ❋ ❋

बाबाश्री की भविष्यवाणी के अनुसार, सन् 1918 में अश्विनी मास के प्रारंभ होते ही, तात्या गंभीर रूप से अनायास ही बीमार पड़ गया ! कुछ ही दिनों में उसकी स्थिति इतनी गंभीर हो गयी कि अब वह चलने फिरने के लिये भी पूर्ण असमर्थ हो गया था ! उसके जीवन के लिये दादापाटिल और बालाशिम्पी अत्याधिक चिन्तित रहने लगे ! क्योंकि दो वर्ष पूर्व वह बाबाश्री द्वारा इस सत्य को जान चुके थे कि सन् 1918 में विजयादशमी के शुभदिन तात्या की जीवनलीला समाप्त हो जायेगी !

विजयादशमी से लगभग एक सप्ताह पूर्व, जब बाबाश्री स्वयं श्वांस के

रोग से अत्याधिक पीड़ित थे, तो उन्होंने दादापाटिल को अपने समीप बुलाकर, उन्हें अपना आदेश देते हुये कहा--

"मुझे तात्या की अत्याधिक चिन्ता है ! उसकी इस गंभीर दशा में, अब तुम्हें ही उसकी सेवासुश्रुषा का समस्त भार अपने ऊपर लेना पड़ेगा दादापाटिल ! और हां...! तुम उसे मेरी बीमारी के विषय में अभी कुछ न बताना! अन्यथा वह अपनी इस गंभीर दशा में भी, मेरे पास आने का अपना पूर्ण प्रयास करेगा !" अतः बाबाश्री के निर्देशानुसार दादापाटिल और बालाशिम्पी अब हर क्षण तात्या के निकट उपस्थित रहने लगे और वे दोनों तात्या की संपूर्ण रूप से देख भाल करने लगे !

तात्या को पूर्ण विश्वास था कि सदा के समान इस बार भी उसके बाबाश्री उसे अवश्य ही, उसके इस भयंकर रोग से मुक्ति दिला देंगे। वह फिर पहले के समान स्वस्थ होकर, बाबाश्री की सेवा एवं दर्शनों के लिये, नियमित रूप से मस्जिद शीघ्र ही जा सकेगा ! किन्तु उसकी दशा में कोई भी सुधार होने की बजाय, और भी अधिक चिन्ताजनक हो गयी ! अब वह अपने पलंग पर हिलने डुलने में भी पूर्ण असमर्थ हो गया। बस वह अपने पलंग पर दिन रात खामोश पड़ा, हर क्षण अपने साई का नमन और स्मरण करता रहता था !

फिर जैसे ही 15 अक्टूबर सन् 1918 को विजयादशमी का शुभ दिन आया, तो प्रातः से ही तात्या की नाड़ी अत्यंत ही मन्दगति से चलने लगी, और सबको उसकी मृत्यु निश्चित ही निकट दिखायी देने लगी थी ! दादापाटिल और अन्य परिचित लोगों के मन इस आशंका में बुरी तरह भयभीत हो गये थे कि अब किसी भी क्षण तात्या के प्राण निकल सकते हैं! उसके पलंग के सिरहाने कुछ लोगों ने, उसकी आत्मा की शांति के लिये साईकीर्त्तन प्रारंभ कर दिया था !

दूसरी ओर आज विजयादशमी के दिन, प्रातः की कांकड़ आरती के पश्चात्, बाबाश्री अचानक ही पूर्ण स्वस्थ से दिखाई देने लगे थे। वह बिना किसी की सहायता के स्वयं उठकर, अपने आसन पर विराजमान हो गये ! लोगों को ऐसा अनुभव होने लगा कि अब संभवतः बाबाश्री का संकट पूर्ण रूप से

टल गया है और वह शीघ्र ही पूर्ण निरोग होकर, पहले के समान ही स्वस्थ हो जायेंगे ! उन सबको तो इसकी स्वप्न में भी आशा नहीं थी कि आज बाबाश्री इस तरह ही अचानक सबसे विदा ले लेंगे !

बाबाश्री ने लक्ष्मीबाई को अपने समीप बुलाया और बहुत स्नेह से, उसके शीष पर अपना हाथ फिराते हुये, वह बोले –

"तूने मेरी बड़ी सेवा की है लक्ष्मी ! और मैं वायजा मां के समान, तेरी सेवाओं को भी सदैव याद रखूंगा ! आज मुझे अपने जीवन के इन अंतिम क्षणों में, न जाने क्यों अपनी वायजा मां की अत्यंत ही याद आ रही है...? मुझे वे क्षण अच्छी तरह याद हैं जब उन्होंने तात्या का हाथ मेरे हाथों में सौंपा था... और मैंने उसकी पूर्ण सुरक्षा का उन्हें अपना वचन दिया था ! यदि मैं आज अपना वचन पूर्ण न कर सका तो ऊपर जाकर वायजा मां को क्या उत्तर दूंगा...?"

दूसरी ओर जब बाबाश्री अपने प्राण त्यागने वाले थे, तो ठीक उसी क्षण, तात्या भी अपने जीवन की अंतिम हिचकियां ले रहा था ! उसके पलंग के निकट मौजूद दादापाटिल भी, उसके मुख में गंगाजल और तुलसीपत्र डाल रहे थे ! वहां उनके साथ तात्या के परिवार के जो अन्य लोग उपस्थित थे, वे सब मिलकर साईश्री का भजन कीर्त्तन कर रहे थे। दोपहर के ठीक दो बजकर तीस मिनट पर, वहां भी अनायास ही एक ऐसी विचित्र सी घटना घटित हुई, जिसकी किसी ने स्वप्न में भी कल्पना नहीं की थी !

एक करूण चीख के साथ तात्या अचानक ही अपनी पूर्ण निरोग अवस्था में उठकर बैठ गया और हिचकियों के साथ विलाप करते हुये बोला –

"नहीं देवा....! नहीं ! आप मेरे साथ इतना बड़ा छल... और फरेब नहीं कर सकते हैं ! मेरी मृत्यु को टालने के लिये... इतना बड़ा पग उठाने का, आपको कोई अधिकार नहीं है.... ?"

किन्तु जो होना निश्चित था.... ! वो दुर्भाग्य से घटित हो चुका था ! तात्या की मृत्यु को टालने के लिये, बाबाश्री ने स्वय अपने प्राण त्याग दिये थे !

❋ ❋ ❋

साईश्री की महासमाधि के उपरांत, तात्यापाटिल लगभग चौबीस वर्ष और जीवित रहे ! अपने जीवन के इस अंतिम और शेषकाल में, उनकी अपनी गतिविधियां अत्यंत ही सीमित हो गई थीं ! साईश्री के विछोह की असहनीय पीड़ा, उन्हें अन्दर ही अन्दर दिनरात कचोटती रहती थी ! वह अक्सर साईश्री की समाधि पर एक गंभीर और मौन अवस्था में बैठकर, अपने अनगिनत अश्रु बहाते रहते थे ! उनकी मर्मान्तक पीड़ाओं के इन क्षणों में, सदा ही इस बात का एक भारी बोझ उनके मन पर विद्यमान रहता था कि उसको मृत्यु के क्रूर पंजों से बचाने के लिये, साईश्री को अपने पार्थिव शरीर का त्याग करना पड़ा है।

साईश्री की महासमाधि लेने के उपरांत, अब्दुलबाबा ने धीरे धीरे एक पुजारी के रूप में, समाधि की संपूर्ण देख रेख और साईश्री की आरती एवं अभिषेक इत्यादि का पूर्ण कार्यभार अपने हाथों में ले लिया था। बाबाश्री की समाधि को प्रातः एवं संध्या का नैवेद्य अर्पण करने के लिये, सदा ही नैवेद्य लक्ष्मीबाई एवं तात्यापाटिल के परिवार से नियमित रूप से प्रतिदिन आता था!

अन्ततः अब्दुल बाबा के महत्व और एकाधिकार को समाप्त करने के लिये, सन् 1922 में काकासाहेब दीक्षित ने अहमदनगर की जिला अदालत की स्वीकृति से, **पब्लिकट्रस्ट** एक्ट के अन्तर्गत बाबाश्री की समाधि और उनके अन्य **पूज्यस्थलों** के उचित प्रबंध हेतु, एक **प्रबंधसमिति** की स्थापना की ! उस समिति में श्री तात्यापाटिल, श्री सावंत, थाणे के श्रीदेव, नासिक के श्री पी.के. सावंत इत्यादि अनेक भक्तों को उनकी निज योग्यता के अनुसार, उन्हें कमेटी का पदाधिकारी एवं सदस्य बनाया गया।

दिनांक 1-12-1945 को अपनी 60 वर्ष से अधिक की आयु में साईश्री के इस अद्‌भुत देवदूत ने भी एक दिन अनायास ही अपना पार्थिव शरीर त्याग दिया ! और इस **अद्‌भुत देवदूत** की पुण्यआत्मा की **दिव्यज्योति** साईश्री के **दिव्यप्रकाश** में सदा के लिए विलीन हो गई ! फिर सभी भक्तों की सहमति से, उनके परिवार के सदस्यों ने संस्थान के प्रांगण में तात्यापाटिल की पुण्यसमाधि स्थापित कर दी, जो आज भी लेंडीबाग में स्थित है !

अपने पीछे तात्यापाटिल, अपने तीन पुत्रों का भरापूरा एवं हर रूप में

एक सम्पन्न और समृद्धि परिवार छोड़कर गये थे। उनके तीनों पुत्रों के नाम श्री बाजीराव जी, श्री उत्तमराव जी, और श्री शिवाजीराव जी थे।

उनके सम्पन्न परिवार के पास साईश्री की असीम कृपा से लगभग 250 एकड़ खेतीबाड़ी के योग्य जमीन थी, जिसमें से लगभग सौ एकड़ जमीन पर, सदा ही गन्ना उत्पन्न होता था !

कुछ ही वर्षों के बाद, जब **प्रबंधसमिति** ने एक **अधिकृत संस्थान** का रूप ले लिया था, तो तात्यापाटिल के परिवार के किसी भी सदस्य को संस्थान की इस कमेटी में, कोई भी महत्वपूर्ण एवं प्रमुख स्थान प्राप्त नहीं हुआ !

किन्तु आज भी तात्यापाटिल के परिवार से साईश्री का नैवेद्य प्रतिदिन नियमित रूप से आता है ! प्रत्येक गुरूवार को साईश्री की पालकी उठाने के लिये भी, उनके परिवार का कोई न कोई सदस्य सदा ही विशेषरूप से संस्थान की ओर से आमंत्रित रहता है ! इसके अतिरिक्त हर वर्ष साईश्री की हांडी फोड़ने हेतु, इस परिवार के किसी सदस्य को संस्थान की ओर से विशेषरूप से आमंत्रित किया जाता है !

तात्यापाटिल के तीनों पुत्रों के भी, साईआशीष से तीन तीन पुत्र उत्पन्न हुये थे। उनमें से श्री बाजीराव के पुत्र श्री मुकुंदराव जी ने प्रत्येक क्षेत्र में एक उच्चकोटि की उन्नति प्राप्त की है ! वह शिरडी क्षेत्र के एक कर्मठ कांग्रेसी नेता हैं और शिरडी के गुरूप्रसाद होटल एवं गुरूप्रसाद पुष्पभंडार के अधिकारी भी हैं ! इसके अतिरिक्त वह आज कल श्री पी.डी. सावंत के साथ मिलकर साईश्री की अध्यात्मिक शक्ति एवं उनकी अवर्चनीय लीलाओं और प्रमुख संदेशों पर आधारित **अनोखे संत** के नाम से एक भव्य एवं मेघा सीरियल के निर्माण में व्यस्त हैं ! साईश्री की असीम कृपा से इस सीरियल के पटकथा लेखक श्री बसंत पोतदार जी के साथ, मेरा भी एक लेखक के रूप में निज सहयोग रहने की पूर्ण आशा है।

*

卐 ॐ श्री साई परमसुखदाय नमः 卐

* * *

षष्टम् अध्याय

❖ अपनी शैल को मेरे श्रद्धा सुमन ❖

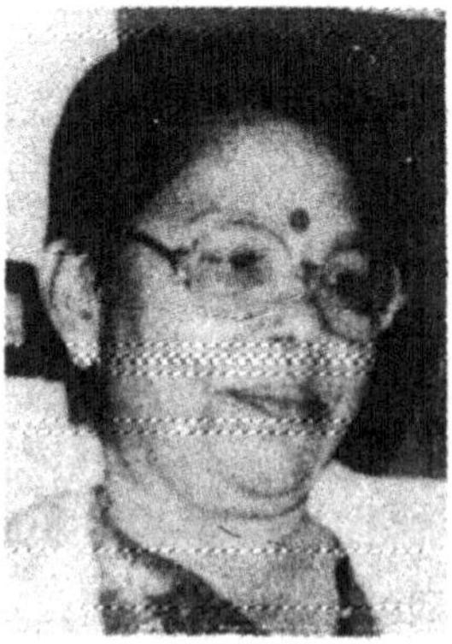

(स्वर्गीय श्रीमती शैलबाला)

जीवन के अन्तिम पढ़ाव पर दिनांक 8.2.98 को रात्रि के 21.40 बजे, मेरे जीवन में अनायास ही एक ऐसा भयानक तूफान आया कि उसके निर्मम थपेड़ों में मेरा सब कुछ टूटकर बिखर गया ! और जाने वाला मुझे जीवनपथ पर नितान्त अकेला छोड़कर, श्रीसाई के पास अनन्त की ओर चला गया। मैं किंकर्त्तव्यविमूढ़ और ठगा सा रोता बिलखता रह गया; और निस्सहाय सा कुछ न कर सका ! अपनी मर्मान्तक पीड़ाओं में साईश्री के चित्र के सम्मुख जब मेरा अन्तर चीख उठा, तो साईश्री ने मुझे इस सत्य का बोध कराया कि **जिनके प्राण चले गये हैं. ....उनके लिये शोक नहीं करते हैं, क्योंकि आत्मा नित्य है और जाने वाली आत्मा के लिये शोक करना उपयुक्त नहीं है ! शरीर के नष्ट होने पर, आत्मा का कभी नाश नहीं होता है, क्योंकि वो अजन्मी, नित्य शाश्वत और पुरातन है ! तुम इस सत्य से अनजान क्यों बन रहे हो कि कर्मगति कभी टाली नहीं जा सकती है ! जो भी इस धरती पर आया है, उसे यहां से एक न एक दिन पूर्व निश्चित समय पर अवश्य जाना ही होगा!**

इस कटुसत्य के सहारे मैं अब स्वयं को हर क्षण सम्हालने का प्रयास करता हूं ! किन्तु जब विगत जीवन की पुण्यस्मृतियां, मेरे मन को अन्दर से बहुत टटोलने और कचोटने लगती हैं, तो नेत्रों से बहते हुये अश्रु अपना नियंत्रण खो बैठते हैं ! फिर जब मेरा अपना विश्वास साईश्री के न्याय के प्रति डगमगाने लगता है, तो साईश्री के साकार स्वरूप में सिमटी हुई, मेरी अपनी शैल की पुण्यआत्मा मेरा सबल सहारा बनकर, मुझे अपनी मंजिल की ओर आगे बढ़ने

के लिये प्रेरणा प्रदान करती है ! अपना नश्वर शरीर त्यागने से कुछ माह पूर्व शैल ने कुछ साई भजनों की रचना की थी, और अपने वो भजन, स्वरचित धुनों पर मुझे गाकर सुनाये थे ! आज मैं उनमें से कुछ भजन, उनकी श्रद्धाजंलि हेतु, इस पुस्तक के माध्यम से सभी साईभक्तों को समर्पित कर रहा हूं :–

भजन १ (ओ मेरे साई)

ओ मेरे साई शिरडी वाले।
एक बार तो आजा, आ एक बार तो आजा।
तरस रही हैं तुम बिन अंखियां, आके धीर बंधा जा।।
एक बार तो आजा।
ओ एक बार तो आजा।।
अंधियारा गम है, अंधियारी हैं रातें।
कहां से लाऊँ चांदनी रातें, कब तक तेरी बाट निहारूँ
आके दरस दिखा जा।
आजा एक बार तो आजा।।
घड़ियाँ गिन गिन, दिन बीतत हैं।
तारे गिन गिन, बीतत है रजनी।
एक बार तो मेरे साई, मनमंदिर में आजा।।
एक बार तो आजा।
आके दरस दिखा जा।।

* * *

भजन २ (पार करो मेरे साई)

पार करो पार करो मुझे, मेरे साई पार करो।

भवसागर में डूब रही हूं, मेरा तुम उद्धार करो।।
पार करो............साई पार करो।
शिरडी में तुम जाकर बैठे।
नीम तले तुमने कृपा बरसाई।
भक्तों ने मंदिर-मस्जिद एक बनाकर।
तेरे समभाव का जाप किया।।
पार करो............साई पार करो !
कोई कहे तुम्हें भोला भंडारी।
कोई तुम्हें राम और कृष्ण कहे।
मैं तो तुम्हें पुकारूँ अपना साई।
मेरे अन्तरमन का ताप हरो।।
पार करो.........साई पार करो !
उदी देकर सबके दुख हैं टारे।
तुमने भक्तों के मन की पीर हरी।
तुम हो सर्वेश्वर अन्तर्यामी साई।
अपने भक्तों का बेड़ा पार करो।।
पार करो.........साई पार करो !

❊❊❊

भजन ३ (नादान समझ ले)

नादान समझ ले इक दिन, तू भी इस जग से जायेगा।
यह मानव चोला लेकर, फिर न जाने तू कब आयेगा।।
तू कहता मेरा तेरा, तुझे मोह माया ने है घेरा।
क्या लेकर तू आया था, क्या लेकर तू जायेगा।।

मुट्ठी बांधकर आया जग में, हाथ पसारे जायेगा।
उठ जाग अभी सवेरा है, फिर पीछे पछतायेगा।।
नादान.........जग से जायेगा।
यह मानव.........कब आयेगा।।
भक्ति शक्ति उसे मिलेगी, जो है साई का दीवाना।
इधरउधर क्यों भटकत मनवा, तेरा और नहीं ठिकाना।
सबकुछ उसको अर्पण कर दे, तब मोक्ष अन्त में पायेगा।
भज ले भज ले साई का नाम, भवसागर से तर जायेगा।।
नादान.......जग से जायेगा।
यह मानव......कब जायेगा।।

***

भजन ४ (साई तेरे द्वारे पर)

साई तेरे द्वारे पर एक दीन भिखारिन है आई।
तेरे दर्शन भिक्षा को, दो नयन कटोरे है लाई।।
साई तेरे.......... है आई !
आओ भक्तों शिरडी चलकर, साई के दर्शन कर लें।
मन प्रेम के सुन्दर उपवन में, साई की छबि भर लें।।
साई तेरे........ है आई।
तेरे दर्शन........कटोरे है लाई
मतलब की है दुनिया सारी, पूर्ण करो मेरी अभिलाषा।
तुम साकार प्रभु वरदाता, फिर क्यों भ्रम में है भटकाया।।
साई तेरे...........है आई।
तेरे दर्शन........कटोरे है लाई।।

इस दुनिया में मैं क्यों आई, यह भेद मैं समझ न पाई।
झूठी काया, झूठी माया, इनसे मैंने फिर क्यों नेह लगाई।।
साई तेरे..........है आई।
तेरे दर्शन.......कटोरे है लाई।।

* * *

भजन ५ (मुझे अपना बना ले)

हे साई तू मुझे अपना बना ले।
इस जग में मेरा कोई नहीं सहारा है।।
साकार रूप मैं तेरा देखूं, मन मंदिर में बस जाना है।
मेरी जीवन नैया पार लगा, जीवन का नहीं ठिकाना है।।
हे साई...........बना ले।
इस जग में.........सहारा है।।
शिरडी के दाता तुम हो साई, तुम हो इस जग के स्वामी।
तेरा द्वार सदा खुला रहे, तुम हो भक्तों के अंतर्यामी।।
हे साई.............बना ले।
इस जग में............सहारा है।।
यह दुनिया अंधेरी जब लगे मुझे, तो ज्योतिदीप जला देना।
सबके संवारे बिगड़े काज, मेरा जीवन भी पार लगा देना।।
हे साई.............बना ले।
इस जग में.......सहारा है।।

शुभ इति

साई सेवक सुशील भारती द्वारा रचित

डायमंड पॉकेट बुक्स (प्रा.) लि. देहली एवं साई प्रकाशन सागर

द्वारा

प्रकाशित साई साहित्य

अपने जीवन के मुमुक्षु सन्मार्ग हेतु

एक बार अवश्य पढ़िये

- साई दर्शन (संशोधित पंचम् संस्करण) 10/-
- साई उपासना (संशोधित षष्ठम् संस्करण) 13/-
- साई सुख चालीसा (संशोधित पंचम् संस्करण) 4/-
- साई कृपा के पावन क्षण (प्रथम संस्करण) 8/-
- साई संदेश (संशोधित तृतीय संस्करण) 10/-
- साई धाम (संशोधित तृतीय संस्करण) 15/-
- साई महिमा (संशोधित द्वितीय संस्करण) 12/-
- बच्चों के साई (प्रथम संस्करण) 15/-
- साई गीतमाला (प्रथम संस्करण) 13/-

डायमंड पॉकेट बुक्स (प्रा.) लि. द्वारा प्रकाशित

- साई चिन्तन (प्रथम संस्करण) 30/-
- साई श्री के अद्भुत देवदूत (प्रथम संस्करण) 50/-

प्रेस में

- साई सरिता (प्रथम संस्करण) 70/-
- साई कृपा के पावन क्षण (संशोधित द्वितीय संस्करण) 30/-
- सबका मालिक एक 30/-

Sai Literature in English & Hindi
Published by Diamand Pocket Books

1. साई बाबा के संदेश : (डॉ. एस. पी. रुहेला)	30.00
2. साई बाबा ने सुनायी कहानियां : (डॉ. एस. पी. रुहेला)	30.00
3. श्री शिरड़ी साई बाबा के संग मेरा जीवन : (डॉ. एस. पी. रुहेला)	20.00
4. संत शिरोमणि श्री शिरड़ी साई बाबा : (डॉ. एस. पी. रुहेला)	40.00
5. श्री साई अवतार त्रिमूर्ति : (डॉ. एस. पी. रुहेला)	30.00
6. Divine Grace of Sri Shirdi Sai Baba (Dr. S. P. Ruhela)	150.00
7. Shirdi Sai, The Supreme (Dr. S. P. Ruhela)	80.00
8. Sri Sathya Sai Baba : Understanding His Mystery and Experience His Love (Dr. S. P. Ruhela)	80.00
9. World Peace and Sri Sathya Sai Avatar (Dr. S. P. Ruhela)	25.00
10. Divine Revelation of a Sai Devotee (Dr. S. P. Ruhela)	80.00
11. Thus spake Sri Shirdi Sai Baba (Buma Maheswara Rao)	30.00
12. गागर में साई क्षीर सागर (प्रो. आई.डी. सिंह)	30.00
13. साई चिंतन (सुशील भारती)	30.00
14. साई श्री के अद्भुत देवदूत (सुशील भारती)	50.00
15. शिरडी साई बाबा : प्रकाश नगायच	30.00
16. एक चमत्कारिक व्यक्तित्व सत्य साई बाबा : प्रकाश नगायच	30.00
17. शिरडी साई बाबा (चित्रकथा) : सं. गुलशन राय	25.00
18. शिरडी साई बाबा (चित्रकथा) : सं अनन्त पै	15.00
19. The Eternal Sai : S. Maney	25.00
20. Sai Baba of Shirdi : B.K. Chaturvedi	25.00
21. Sai Baba of Shirdi (for Children) : H.S. Ganguly	10.00
22. Sai Baba of Shirdi : Ed. Gulshan Rai	25.00
23. Sai Baba of Shirdi Amarchitra Katha : Ed. Anant Pai	25.00
24. The Miracle Man Satya Sai Baba : B.K. Chaturvedi	25.00
25. Future 15 in out hand : A. Somasundaram	90.00
26. Divine Glory of Sai Shirdi Sai Baba	40.00